徐扬生 教授

香港中文大学(深圳)副校长

中国工程院院士　题于2015年6月

2015

Translation
World

Le monde de
La Traduction

译界

中国应用翻译论文专辑

（第一辑）

王继辉 主编

张如意 副主编

知识产权出版社

全国百佳图书出版单位

图书在版编目（CIP）数据

译界：2015中国应用翻译论文专辑（第一辑）/王继辉主编．—北京：知识产权出版社，2016.2

ISBN 978-7-5130-0337-7

Ⅰ.①译… Ⅱ.①王… Ⅲ.①翻译—学术交流—中国—文集 Ⅳ.①H059-53

中国版本图书馆CIP数据核字（2016）第018148号

内容提要

本书以"第七届翻译职业交流大会"为平台，以论文的形式从理论、实践、教学和市场四方面详细介绍了国内外应用翻译行业的发展热点和动态，为中国翻译教育和语言服务业的发展提供了借鉴。

读者对象：翻译研究人员及相关从业人员。

责任编辑：王玉茂　　　　　　　　　　　　责任校对：董志英

特约编辑：刘　微　　　　　　　　　　　　责任出版：刘译文

译　　界

——2015中国应用翻译论文专辑（第一辑）

王继辉　主编　张如意　副主编

出版发行：知识产权出版社有限责任公司　　网　　　址：http://www.ipph.cn

社　　　址：北京市海淀区马甸南村1号（邮编：100088）　　天猫旗舰店：http://zscqcbs.tmall.com

责编电话：010-82000860转8541　　　　　　责编邮箱：wangyumao@cnipr.com

发行电话：010-82000860转8101/8102　　　　发行传真：010-82000893/82005070/82000270

印　　　刷：北京科信印刷有限公司　　　　　经　　　销：各大网上书店、新华书店及相关专业书店

开　　　本：720mm×1000mm　1/16　　　　印　　　张：19

版　　　次：2016年2月第1版　　　　　　　印　　　次：2016年2月第1次印刷

字　　　数：290千字　　　　　　　　　　　定　　　价：60.00元

ISBN 978-7-5130-0337-7

前　言

　　2008 年初，国家教育部在高等院校设立了翻译硕士专业学位，未经几年，大批学校便纷纷加入了翻译硕士培养的行列，这一将应用翻译教育在全国迅速推广的热潮，不仅使参与其中的教授们面临着空前的挑战，同时也将语言服务产业中有识之士的注意力迅速被吸引到了这一新兴领域。如何把以应用为导向的翻译教育和语言服务产业有机地结合在一起，以使人才培养适合产业发展战略的需求，当然是个亟待解决的重大学术课题。"博雅翻译文化沙龙"便是在这一背景下，于 2009 年在北京大学宣告成立。自此，沙龙陆续网聚了学界和产业界的众多精英，搭建起"中国翻译职业交流大会"这一强调产学研相结合的常态交流平台，并着手筹备这一以弘扬应用翻译学为己任的学术出版物，为中国翻译教育及语言服务产业的发展做了些积极的工作，同时也为"应用翻译学"在中国的正式亮相做出了一点分内的微薄努力。

　　本书是基于"第七届中国翻译职业交流大会"（由河北大学、知识产权出版社联合承办）的部分会议发言，以及聚在"博雅翻译文化沙龙"周围的国内外学者和业界精英们最新研究成果的论文集。为体现沙龙历来倡导的产学一体、交流平台国际化的理念，这部论文集开辟了理论篇、实践篇、行业篇、教学篇四个栏目，并在各论文篇首为读者配备了相应语言的摘要。我们以本论文集抛砖引玉，期待来年收获更多更深入的研究成果。

王继辉

于北京海淀智学苑

金　勋　博士，教授，博士生导师，北京大学外国语学院日语系
　　　　主任

鞠成涛　百通思达翻译咨询有限公司董事长

Lederer，Marianne　巴黎高等翻译学校原校长

Lee – Jahnke，Hannelore　教授，日内瓦大学原翻译学院院长；CIUTI
　　　　荣誉主席

刘和平　博士，教授，北京语言文化大学高级翻译学院名誉院长

刘　微　博士，副教授，北京航空航天大学外国语学院，北京大学
　　　　MTI 教育中心特聘讲座专家

李　尧　悉尼大学荣誉博士，北京外国语大学澳大利亚中心客座教
　　　　授，中国作家协会会员

Robinson，Douglas　教授，香港浸会大学英语系主任，艺术学院院长

尹承东　原中央编译局副局长，资深西班牙语翻译家，大连外国语
　　　　大学客座教授

王东亮　博士，教授，博士生导师，北京大学外国语学院法语系，
　　　　资深法语翻译家

王广州　博士，副教授，北京师范大学外国语学院 MTI 教育中心
　　　　主任

王继辉　博士，教授，博士生导师，北京大学 MTI 教育中心主任，
　　　　英国埃克斯特大学荣誉教授，"博雅翻译文化沙龙"创始人

王立弟　博士，教授，博士生导师，教育部 MTI 教育指导委员会委
　　　　员，原北京外国语大学高翻学院院长

王立非　博士，教授，博士生导师，中国对外经济贸易大学英语学
　　　　院院长

王　宁　博士，教授，博士生导师，清华大学长江学者，欧洲科学
　　　　院院士

俞敬松　博士，副教授，北京大学语言信息工程系副主任

张高里　中版国际传媒有限公司总经理，中译出版社有限责任公司
　　　　总编辑

张　勇　北京双泽管理咨询有限公司总裁，中国翻译协会翻译服务
　　　　委员会副主任，中国语言服务企业联盟执行主席

An Anthology of China Pragmatic Translation Papers
Volume One
A Publication Series of *Translation World*

Lederer, Marianne, PhD, Professor; Former Principal, Institute of Intercultural Management and Communication, France.

Lee-Jahnke, Hannelore, PhD, Professor, University of Geneva, Switzerland; Honorary President of CIUTI.

Li Yao, Honorary Professor, University of Sidney, Australia; Visiting Professor, Center of Australian Studies, Peking University; Member of China Writers Association.

Liu Heping, PhD, Professor; Dean, Graduate School of Translation and Interpreting, Beijing Languages and Cultures University.

Liu Wei, PhD, Associate Professor, School of Foreign Languages and Literatures, Beijing Beihang University.

Robinson, Douglas, PhD, Chair Professor of English, Hong Kong Baptist University.

Wang Dongliang, PhD, Professor, Department of French, Peking University; Senior Translator of French Literature.

Wang Guangzhou, PhD, Associate Professor; Director, Master of Translation and Interpreting (MTI) Education Center, Beijing Normal University.

Wang Jihui, PhD, Professor; Director, Master of Translation and Interpreting (MTI) Education Center; Honorary Professor of Exeter University, UK; Founder of Boya Translation Salon.

Wang Lidi, PhD, Professor; Member of China National Steering Committee for MTI Education; Former Dean, Graduate School of Translation and Interpreting, Beijing Foreign Studies University.

Wang Lifei, PhD, Professor; Dean, School of English Studies, University of International Business and Economics.

Wang Ning, PhD, Professor, Tsinghua University; Member of Academy of Europe.

Yin Chengdong, Former DeputyAssociate Director-General, Central Compilation and Translation Bureau; Senior Translator of Spanish Literature.

Yu Jingsong, PhD, Associate Professor of Engineering; Director, Department of Computational Linguistics, Peking University.

Zhang Gaoli, CEO, International Media Corporation; Editor-in-Chief, China Zhongyi Publishing House.

Zhang Yong, CEO, Sunther Consulting Co. , Ltd. ; Associate Director, Translation Service of China Translation Association.

"翻译改变一切"的重新定义

王 宁[*]

在全球化的时代，翻译发生了明显的变化，这是个不争的事实。这些变化究竟以何种方式表现出来？回答这个问题并不如想象中那般容易。我首先借用美国著名的翻译理论家和研究者劳伦斯·韦努蒂的一本近著的书名来加以概括："翻译改变一切"。确实，诚如韦努蒂在这本论文集的导言中所说，在传统的翻译领地之内，我们已看到了很大的变化。关于这些巨变，韦努蒂作了如下描述：

> 翻译改变了源语文本的形式、意义及效果，甚至当译者努力保持创造了一个可靠的总结和评论基础的语义对应时也是如此。翻译通过声望投资或创造一种固定模式而改变了源语文本产生的文化情境。翻译通过引进一些新的和不同的东西而改变了接受文化的情势，这样一来，所产生的文本便既非源语文本也非翻译语言中的原来成分，而且在这一过程中，它还改变了隐藏在机构中的价值观、信仰和再现手段[❶]。

这就说明，我们过去所一贯奉行的传统的"信、达、雅"的翻译原则，已不再是译者所必须遵守的金科玉律，因为翻译，尤其是具有复杂的文化含量的文学作品和理论著作的翻译，已经不可能做

---

[*] 清华大学外文系长江学者、特聘教授，上海交通大学人文艺术研究院致远讲习教授，欧洲科学院外籍院士。

[❶] 参见 Venuti 第 10 页。

到绝对的忠实或被动的字面意义上的忠实。每一位有着自己主体和创造意识的译者都不可能生活在真空之中，他尽管可以远离意识形态的干预，却无法将其全然摆脱，因此他常常不甘心在译作中总是处于"隐身"的地位，他会不时地通过另一种语言的再现来凸显自身，这样翻译便被赋予了超越语言转换之外的诸多使命。这一点我们尤其可以从五四新文化运动中翻译所起到的文化变革的巨大作用见其端倪。而如今，随着高科技的迅猛发展，互联网和机器翻译部分地取代了科技文献的人工翻译，这样，有着深厚文化底蕴和文字表达功力的译者在翻译过程中便占据了比以往更为重要的位置。每谈到后现代主义艺术观念的时候，人们总不免想起一句耳熟能详的名言：一千个读者眼里就会有一千个莎士比亚。这实际上是指一部文学作品在不同的读者的接受过程中所呈现出的千差万别的样态。我们同样可以将其用于文化含量很高的文学作品和理论著述的翻译：千百个译者产出的译文也一定会千姿百态。这一切均促使我们冷静地思考，是否应该对变化中的翻译进行重新界定？如果答案是肯定的，从何种角度对翻译进行重新界定？

我在近年发表的一篇短文中，曾经质疑了翻译研究领域内由来已久的"语言中心主义"思维模式。考虑到这一模式至今仍有很大的影响，我在此不得不再次从这一点出发来展开观点❷。在我看来，讨论翻译的定义问题，免不了从雅各布森的语言学翻译定义开始，按照他从语言学角度所下的定义或所作的描述，翻译可以在三个层面得到理论的界定：（1）语内翻译；（2）语际翻译；（3）语符翻译或符际翻译❸。由于雅各布森认为语际翻译才是真正的翻译，因而人们一直认为，翻译在很大程度上就是两种语言之间的相互转换，并无什么理论可言。这实际上是一种翻译中的语言中心主义思维模式在作祟。不突破这种思维模式，重新界定翻译就无从谈起。

实际上，随着现代翻译学的崛起以及接踵而来翻译研究的"文化转向"，人们越来越感到，仅仅从语言的界面来定义翻译显然不

---

❷ 参见拙作《走出"语言中心主义"囚笼的翻译学》。

❸ 参见 Jakobson 第 144 – 151 页。

够，它在某种程度上将翻译禁闭在了语言的囚笼之中。从中国高校的学科划分来看，翻译长期被置于外国语言学及应用语言学二级学科之下，仅作为一个相当于三级学科的研究方向和研究领域看待，很少与人文社会科学的其他相关学科对话甚至联系。但是，一个不可忽视的悖论恰恰在于，翻译研究本身并没有自己的理论，它几乎完全从其他学科引进或借鉴理论和方法论，加以改造后用于翻译现象的研究。由于文学和文化研究产生了大量的理论，并且通过从其他学科引进理论后加以改造形成一些影响广泛的跨学科的文化理论，翻译研究也自然从中获益。因而对翻译，尤其是对文学和文化翻译的研究便有了一种比较文学和跨文化的视角，即我们经常提到的翻译研究的"文化转向"。但是这种翻译研究的"文化转向"并没有使翻译走出传统的"语言中心主义"的窠臼。人们不禁要问，面对当代各种社会和文化变革，翻译所能起到的作用仍然仅仅居于语言的层面上吗？

要回答这个问题，就要从我们所处的时代氛围和大环境说起。近年来，高科技以及网络的飞速发展使得人们的阅读习惯发生了极大的变化，尤其是当代青年已经不那么习惯于沉浸在图书馆里尽情享受阅读的乐趣，而更喜爱在手机、平板电脑上下载网上的各种图文来阅读和欣赏。有鉴于此，一些恪守传统阅读习惯的老知识分子不禁惊呼：万众读书的时代已经过去，一个"读图的时代"来临了。这虽然不是整个社会的状况，但至少已经向我们启示：既然传统的阅读习惯已经发生了变化，（书本）语言中心主义还那么坚不可摧吗？如果答案是否定的，我们该如何面对这一变化？翻译作为一种跨语言和跨文化的阅读和阐释方式，是否也会发生相应的变化？今天的不少新闻记者，通过浏览网上的众多新闻进行翻译、概括和编辑，然后用母语加以表达后在中文媒体上发表，而很少像过去那样，依据国外媒体已经发表的一篇或几篇报道进行逐字逐句的或有选择的摘编和翻译。对此，我们应该对在新的形势下依然存在并继续发挥应有功能的翻译作出新的描述和界定。我在国际同行的已有研究基础上，不揣冒昧地从下面七个方面来重新描述和界定翻译：

作为一种同一语言内从古代形式向现代形式的转换；

作为一种跨越语言界限的两种文字文本的转换；

作为一种由符码到文字的破译和解释；

作为一种跨语言、跨文化的图像阐释；

作为一种跨越语言界限的形象与语言的转换；

作为一种由阅读的文字文本到演出的影视戏剧脚本的改编和再创作；

作为一种以语言为主要媒介的跨媒介阐释。❹

当然，学者们也可以从其他方面作出更多的描述和界定，但走出"语言中心主义"的狭隘的翻译模式势在必行。我这里着重从当今的图像时代语言文字功能的萎缩来简略地讨论作为一种跨语言、跨文化的图像阐释的翻译形式，因为，它在我们的生活中占据了很大的比重，并且影响了一代青年的阅读和交流习惯，这种形式的翻译也因此是我们每个人每天都面对的现实。作为翻译研究者，我们理应给出自己的解释。

既然我们现在接触的很多图像和文字并非用中文表述的，这就涉及跨语言和跨文化翻译的问题。若从翻译这个词本身的历史及现代形态来考察，我们便不难发现，它的传统含义也随之发生了很大的变化，它不仅包括各种密码的释读和破译，也包括文学和戏剧作品的改编，甚至国际政治学界关于国家形象的建构和再现，都可被纳入广义的"隐喻式"翻译的框架之内来考察。当然，有学者会说，这并不属于翻译的本体。那么，究竟什么才是翻译的本体？难道翻译的本体永远不变？在一个信息爆炸的时代，我们是不是还得将自己继续禁锢在语言的囚笼中才算是执着于翻译的本体呢？答案肯定是否定的。我们都知道，随着时代的发展，文学也发生了巨大的变化，曾经长期被排斥在文学的高雅殿堂之外的一些亚文类，现已冠冕堂皇地进入了文学的神圣领地。在各种文学文类的序列中，诗歌长期以来雄踞榜首，戏剧次之，小说的地位最低。但是曾几何时，

---

❹　这七个方面的定义最初发表于《中国翻译》，参见拙作《重新界定翻译：跨学科和视觉文化的视角》。

这种文类的序列也发生了戏剧性的变化，小说竟然后来者居上，已占据各种文学文类之首，而诗歌的传播和阅读范围则日益萎缩。在市场经济的制约下，专门发表诗歌的刊物甚至都难以为继。这就说明，随着图像翻译范围的扩大，文字翻译的领地必将呈萎缩之势。对翻译的研究也应该走出"语言的囚笼"。

确实，在当今这个"读图的时代"，仍然拘泥于雅各布森五十多年前提出的"语言中心主义"翻译定义是远远不够的。因此，我仍然要从质疑雅各布森的翻译三要素开始，着重讨论当代翻译的一种新的形式：图像的翻译和语符的转换。我认为，这是对传统的翻译领地的拓展和翻译地位的提升，同时也有助于促使翻译研究成为人文社会科学中的一门独立的分支学科。在当今这个全球化的时代讨论视觉文化现象，已经成为近几年来文学理论和文化研究界的一个热门话题。这也应该是翻译领域拓展的一个新的增长点。面对这一不可抗拒的潮流的冲击，传统的拘泥于文字的翻译，多少也应逐步将其焦点转向图像的翻译了。

因此，我认为，从事翻译工作的学者，面临这样两个问题：如果当代文学艺术批评中确实存在这样一种"图像的转向"，它与先前的文字创作和批评有何区别？另外，我们如何将一些用图像来表达的"文本"翻译成语言文字的文本？如果说，将同一种语言描述的图像译成文字文本仍是语内翻译，将另一种文字描述的图像文本译成中文，那就显然属于语际和符际翻译了。这样一来，翻译的领地被扩大，随之对翻译者的知识储备和技能也提出了新的要求。我曾指出，如果将后现代性仅用于文学艺术批评，那我们不妨将其当作一种超越时空界限的阐释代码，因为由此视角出发，我们可以解释不同时期和不同文化背景下的文学艺术现象，而在一个跨越语言和文化界限的层面上阐释这些现象实际上就是一种翻译❺。

所以，翻译者所起到的作用就不仅仅是所谓被动的"忠实"，而更是一种能动的"再创造"。他所赖以出发的原点就是图像和对图像略加解释的文字描述。我们都知道，后现代主义在很大程度上是对

---

❺　关于作为一种翻译的跨文化阐释，参见 Iser 第 5 页。

现代主义的部分继承和更大的反叛。同样，后现代主义的文学艺术文本往往留给读者巨大的阅读和阐释空间，从而赋予他们进行创造性阐释和能动性建构的权利。在翻译史上，凡是能够载入史册的具有主体能动性和独特翻译风格的译者，都不是原文的被动忠实者，而更是基于原文、高于原文并具有自己表达风格的再创造者。我认为，在文学和图像的翻译方面，能动的忠实和基于原文的"再创造"应被视为最高境界的忠实。这一点尤其见于诗歌的翻译和一些实验性很强的文学文本或"超文本"的翻译。我们都知道，瓦尔特·本雅明当年参与翻译的普鲁斯特的巨著《追忆逝水年华》早已被新一代译者所超越，但他为自己翻译的波德莱尔的诗集《巴黎图景》撰写的序言《译者的任务》，却成了翻译研究史上的经典文本。这一经典不断地引发新的讨论甚至争论，其中一个重要观点就是，译者通过自己的独具一格的翻译使原文具有了"持续的生命"和"来世生命"❻。本雅明的这种观点完全可以从这一事实中见出：今天的法国读者大都认为，由于傅雷的翻译，巴尔扎克在中国的读者中有了大大超过他在法国的影响和知名度❼。而相比之下，另一位同样伟大的法国作家雨果则没有巴尔扎克那么幸运，由于他的中国译者远不如傅雷的名声大，因而他的作品在中国的传播和影响就赶不上巴尔扎克。在中国的语境下，文学翻译家许渊冲则走得更远，在他看来，翻译应与原文竞赛，进而超过原文。他的这种近乎"偏激"的观点已因他的翻译实践最终得到国际翻译界的承认和褒奖而证明是合理的。我们要问，上述所有这些难道仍是一种被动的"忠实"吗？显然不是。我认为，一流的译者一定是居于"隐身"和"显身"之间：他的译作绝不是原文在另一语境的简单复制，而是呈半透明状的相似物。既来源于原文的本质内核，同时又不拘泥于原文的译作是一种"再现"（representation）和"再创造"（recreation）意义上的忠实。

---

❻ 参见 Benjamin 第 71 - 82 页。

❼ 傅雷的翻译成就除了将巴尔扎克的作品带有创造性且忠实地翻译成中文外，还在图像的翻译上起到了先驱的作用，这方面我曾作过阐述。参见《从语符翻译到跨文化图像翻译：傅雷翻译的启示》。

　　显然，在图像翻译领域，译者的阐释作用更为重要，但无论多么重要，译者毕竟是译者，他的译作无论多么优秀，都不是他的原创性作品，因此，即使他试图"显身"也不能离开原文滥加发挥。后现代意义上的译者既是文本的读者同时又是其阐释者，他们往往从多元的视角对文本进行阐释，以发掘出文本中可能蕴含的不同意义，然后再通过另一语言的中介建构出自己的源于原文，又不完全等同于原文的译文。我认为这应该是我们从事任何蕴含丰富的文字和图像文本的翻译所应达到的境界，同时也应该是今后相当长的时间内翻译研究者关注和研究的对象。

参考文献

王宁. 重新界定翻译:跨学科和视觉文化的视角 [J]. 中国翻译，2015 (3).

王宁. 从语符翻译到跨文化图像翻译: 傅雷翻译的启示 [J]. 中国翻译，2008 (4).

王宁. 走出"语言中心主义"囚笼的翻译学 [J]. 外国语，2014 (4).

Benjamin, Walter. "The Task of the Translator." Trans. Harry Zohn. Theories of Translation: An Anthology of Essays from Dryden to Derrida. Eds. Rainer Schulte and John Biguenet. Chicago and London: U of Chicago P, 1992. 71 – 82.

Iser, Wolfgang. The Range of Interpretation. New York: Columbia UP, 2000.

Jakobson, Roman. "On Linguistic Aspects of Translation." Theories of Translation: An Anthology of Essays from Dryden to Derrida. Eds. Rainer Schulte and John Biguenet. Chicago and London: U of Chicago P, 1922. 144 – 51.

Venuti, Lawrence. Translation Changes Everything: Theory and Pratice. London and New York: Routledge, 2013.

目　录

理 论 篇

实 践 篇

行 业 篇

教 学 篇

现代阐释学：文化翻译新途径

玛丽雅娜·勒代雷 (Marianne Lederer)*

卢 宁**

ABSTRACT

Various translation theories adopt some of the stances of hermeneutics without espousing all of them, as does the Interpretive Theory of Translation (ITT). The first part of this paper argues that, contrary to the view held by a number of translational hermeneutists, language and culture are far from being inseparable. It also tries to put into perspective the question of the translator's subjectivity. It then deals with the comprehension of culture in intra-lingual communication and compares it to translators' comprehension and readers' comprehension of translated texts. The last part of the paper asks whether it is possible for translators to transmit a source culture as a whole and how a translator can make readers of translations understand the relevant parts of culture included in the text.

KEY WORDS: hermeneutics, culture, comprehension, interpretive theory of translation, domestication, foreignization

摘 要

不是所有的翻译理论都能全盘接受阐释学，但会坚持阐释学的部分立场，释意理论也不例外。本文在第一部分论证的观点是：与许多翻译阐释学家所持观点相反，语言和文化是完全可以分离的。

---

* 作者，巴黎高等翻译学校。
** 译者，北京语言大学高级翻译学院。

作者同时试图对译者的主体性提出全面、客观的看法。文章随后讨论语内交际中文化的理解问题，并将其与译者的理解和读者对译文文本的理解进行比较。作者在论文最后提出以下问题：译者是否能将源语文化作为一个整体加以传达？译者如何做才能使读者理解译文文本内包含的相关文化内容？

关键词：阐释学，文化，理解，释意理论，归化，异化

1. 引　言

在阅读翻译阐释学❶著作的时候，我会想到莫里哀笔下的小说人物茹尔丹先生。他一生散文不离口，自己却浑然不知。巴黎释意学派在 20 世纪 70 年代初创建翻译释意理论的时候，也没有意识到其研究方法酷似翻译阐释学。

在达尼卡·塞莱斯科维奇与我（她的追随者之一）创建释意派翻译理论时，我们的研究主要基于会议口译实践，对实践的依赖远远超过哲学理论。从研究开始，翻译活动的主体——"译者"❷ 就成为理论研究的核心问题。因此，在建立释意理论的第一阶段，我们主要关注的是理解（comprehension）。在此，我并不打算提出什么新的理论，比如借用皮亚杰（Jean Piaget）的"同化/调适"（assimilation/accommodation）概念来讨论"阐释循环"（hermeneutical circle）的理论❸；这种理论的要旨可以用斯朵茨（Radegundis Stolze）的一句话来概括："只有在我与某事物之间有共同的基础、只有当我对它有初步了解时，我才能理解它"❹。我在本文中仅谈理解与文化，不涉及其他问题。

---

❶ 阐释学（hermeneutics）也常被译为"诠释学"或"解释学"，甚至有"释义学"及"理解学"等译法。依据学科不同及两岸三地学界的不同沿用传统，本文采用钱钟书先生翻译的"阐释学"，这个译名也多见于语言文学研究领域。——译注

❷ 口译与笔译均包括在内。——原注

❸ 参见 Piaget。

❹ 参见 Stolze 第 143 页。

与许多翻译阐释学家所持的观点相反，我认为，语言与文化远非密不可分。本文将讨论语内交际中文化的理解问题，并将其与译者的理解和读者对译文的理解进行比较。最后还将讨论译者将源语文化作为一个整体进行传达的可能性，以及译者如何才能使读者理解译文文本中包含的源语文化内容。

2. 语言与文化

许多阐释学家认为，语言与文化紧密相连，且不可分离。对这种观点持保留态度的不止一人。奈达（Eugene Nida）写道："既然文化被过分简单地定义为一个社会所有看法和行为的总和，语言当然是文化不可或缺的一部分"❺。但他的观点是："语言是文化的组成部分"，而非"文化是语言的组成部分"，他随即不无道理地补充说："若想让文化发挥作用并延续长存，很大程度上都依赖于语言"。文化依赖语言方可发挥作用这是事实，但却让许多翻译研究者认为二者密不可分。

语言与文化不可分割的观念与历史上长期的"直译意译之争"关系紧密。近年来，在现代语境中"直译意译之争"以"异化与归化"的名义出现，这对术语的直接指向是文化翻译。

施莱尔马赫（Friedrich Schleiermacher）是现代提出语言与文化（或许更准确的表述是"语言与思想"）不可分割观点的第一人。他在1813年撰写的《论翻译的方法》一文中清楚地表明：对他而言，语言与思想是同一的；由此而论，他似乎将语言涵义（meaning）等同于由词语承载的概念（concept），并因而也将文化（及其他事物）等同于由词语承载的概念❻。

施莱尔马赫提出的名言被广为引用："译者要么尽量不去打扰原作者，让读者靠近原作者；要么尽量不去打扰读者，让原作者靠近

---

❺ 参见 Nida 第 193 页。

❻ 参见 Schleiermacher。

读者"❼。如果两者取其一，他的选择很清楚，是倾向于第一种。按照他的主张，源语言应当通过译文现身，其目的在于表现"异质"（the Alien）、"他者"（the Other）。他觉得，若源语言被弃之不顾、只有意义（sense）得到传达，源语文化则被扭曲变形。除他之外，持此看法的还大有人在。

　　一个半世纪之后，这些观点重新出现在研究领域，这应归功于一位法国翻译研究者和一位美国翻译研究者（当然还有其他人）：安托万·贝尔曼（Antoine Berman）和劳伦斯·韦努蒂（Lawrence Venuti）。两位学者一致反对贝尔曼定义的民族中心主义翻译，因为这种翻译"让异域文本被目的语和文化同化，扭曲了异域文本"❽。他们主张异化翻译，因为他们觉得，在翻译中采用他们称之为"流畅"的语言会让译文读起来仿佛是用目的语写成的文本；而这在他们眼中意味着将异域文化"归化"（domesticate）。纽伯特和谢里夫（A. Neubert 和 G. Shreve）对韦努蒂的观点作出如下批评：

　　　　他认定语言和文本肌质（linguistic and textual texture）与文化价值观无法分割，而文化价值观是他关注的首要对象……这种策略旨在目的语文本中使用不流畅的译文，用来夸大源语和目的语的差异。这种策略难道不是基于这样一种假设——目的语并不具备能传达并保存异域文化的文化价值观和其独特思想（idea）的表达形式？这种将语言和文化内容强行绑定在一起的做法否认了语言的创造力❾。

　　幸运的是，其他学者虽然也坚持阐释学的立场，但他们并不认同贝尔曼和韦努蒂的看法。近年来逐渐被公认为当今翻译阐释学研究先驱者的德国人帕埃普克（Fritz Paepcke）❿ 写道："翻译的对象并非文本表层的词语（Wörter），翻译是利用目标语言所拥有的语言

---

❼ 勒菲弗尔译，转引自韦努蒂（2008：19 - 20）。——原注。中文译文如不另加注释，均由论文原文中的英文直接译出。——译注

❽ 参见 Vinuti 第219页。

❾ 参见 Neubert 第4页。

❿ 帕埃普克同意释意学派关于翻译的主张，且20世纪80年代曾在ESIT（巴黎第三大学高等翻译学院）授课。——原注

手段传达原文本的意义或者内容"❶。斯朵茨也主张："对文本的充分理解能够促成对信息的一种认知的再现。凡能理解的东西总能用另一种语言加以表达"❷。

在我看来，斯朵茨的这句话与塞莱斯科维奇早在 1968 年提出的"脱离源语语言外壳"的概念是一致的。在释意学派看来，"理解一篇文本"意味着理解该文本的概念意义及情感或审美意义。塞莱斯科维奇将她的立场总结如下：

> 意义是由语音引起的语言学意义和与这种意义同时出现的认知补充一同构成的；意义是非语言的，这不仅因为认知补充不用言语表达，也因为整体意义一旦被理解，便与认知记忆中的任何语言形式脱离关系❸。

由理解触发的心理表征不受源语言束缚，可以直接用目的语系统地阐释出来，无需参照源语。当然，这并不是说源语文本中承载意义的文体特征在目的语中被弃之不顾。按照 Fortunato Israël 的说法：

> 即使在文学文本或其他形式至上的文本类型中，语言也只是手段，是思维或效果的载体，而不是目的。因此，不论何种文本类型，都应当区分形式的实体存在（materiality）与其功能：一种语言只有其概念价值或情感价值值得保留，而非其形式；翻译中值得保留的不是词语含义，也不是与该语言体系的正常运转有关的东西。换言之，翻译时应区别依存于语言体系本身的东西和导致言语行为发生的意图❹。

换句话说，不仅理解异域文化是可能的，在翻译中传达异域文化时，为读者呈现流畅的目的语译文，即非异化的译文，同样也是可能的。

---

❶ 参见 Paepche 第 13 页。
❷ 参见 Stolze 第 31 页。
❸ 参见 Seleskovith 第 336 页。
❹ 参见 Israel 第 109 页。原文为法语。

3. 语内交际、译者的理解和目的语读者的理解

3.1　语内交际

斯坦纳（George Steiner）指出："在语际层面，翻译会提出很多显而易见的棘手问题；但这些问题在语内层面也同样层出不穷，只不过更隐蔽而已，更容易被忽略。"❶ 他这么说意在指明，在任何类型的交际中都存在他称为"解释性解码"（interpretative decipherment）的活动，同时也一直存在误解的风险。不过，释意派翻译理论学者倾向于不使用"误解"这一概念，而将其看作不同层级的理解。不可否认的是，同一种语言的使用者中，也存在读者受教育水平高低之分，或简而言之，每位读者对于相关主题所掌握的知识有所不同，因而他们能够作出的逻辑推论或直觉推论也有所不同。

出于职业原因而阅读的读者（技术人员、科学家还有哲学家）是在各自的特定专长领域阅读，他们具有相关的先前知识（prior knowledge）。为获取信息或出于消遣目的而阅读的读者则会寻找他们感兴趣的东西，通常也和他们已知的事物相关联。这些读者很少花费大量时间和精力去深思文本中对他们来说不太清晰的内容；文化因素便是一个典型例子。新闻报纸、广告、从古至今的虚构作品等，文化因素俯拾皆是，若不在文本中简单地加以解释，即使本族语读者也并非总是能够阅后即明。对于那些暗示和典故，有些读者的理解远远超过字面意思，但许多读者却也只能理解字面含义。

举个例子，一家以受教育程度较高的读者为对象的法国报纸上刊登了一篇关于电影的报道，电影中有人送主角一条白色的大狗作为礼物。文章写道："这只可怕的巨兽，正如亚哈船长❶的白鲸一般，将见证其主人追寻救赎之路"（作者自译）。我向三位受过较高教育的读者提出了这个问题（两名法国科学家和一名律师），三人均没有辨识出这句话中的《白鲸》典故；而同样教育背景的英语母语

---

❶　参见 Steiner 第 47 页。

❶　亚哈船长是美国作家麦尔维尔所著《白鲸》中的主人公。——译注

者则很有可能一眼就辨认出来。但是，没有觉察到此处的用典并未阻碍法国读者理解文章所包含的信息。他们可能已经意识到这里出现了文化隔阂，但这一隔阂并未影响他们阅读文章和据此决定是否想去看这部电影。在这个例子中，电影的评论作者没有衡量他自己的文学知识和目标读者的文学知识之间的距离（而译者则会有意识地加以衡量）。

在大部分出于实践性和知识性目的的阅读中，作者和读者通常都会至少拥有交际所需的基本的主体间（intersubjective）理解基础，不同类型的读者会达成共同的主体间理解；然而，他们也许并不能完全理解所阅读的文本，也不会是所有人都能达到同样的理解深度。

3.2 译者是普通的读者吗？

与其说本族语读者构成的是同质范畴，不如说他们更是一个异质的读者群体。译者是这个异质群体中的一部分。与大部分读者不同的是，译者有义务尽可能全面清晰地理解文本的全部内容。

译者是翻译专家，但并不一定是所译各类文本涉及的主题方面的专家。与其他的各种翻译研究方法一样，阐释学方法也强调译者需要获得一些专业的主题知识。这是译者工作中相当重要的一部分，在处理文本之前就需完成。他们同时还需考虑到源文本的作者。在口译职业形成初期，口译员和口译研究者就已经意识到了这一点。

译员听到的发言，从来不仅仅是完全剥离于语境（言语语境和情景语境）的语言单位，而是一个地位、国籍、专业领域为译员所知、带着明确目的、力图说服其听众的发言人所说的话语❶。

对译员而言如此，对译者而言当然也是如此。

人们学一门外语时，通常也会一起学习其文化，或者至少是这个语言社群的文化中那些较为明显的特征❶。译者对于其工作语言必须有详尽的了解，因此他们通常对其文化也十分熟悉。然而，没有

---

❶　参见 Seleskovitch 1976 第 99 页。

❶　学生告诉过我两个学外语却不同时学其文化的个例：伊朗借助《古兰经》的法语译本来讲授法语；而 20 世纪 90 年代的中国，则用毛泽东作品的法语译本讲授这个语言。——原注

人能够保证对本族文化中的一切都了如指掌，更何谈异域文化呢？译者常常需要习得异域文化中的某些特定知识。不过，在今日的地球村，我们应当正确、全面地看待韦努蒂关于"不同文化间无法逾越的鸿沟"的论断❶。极少有译者会任由自己被无知、意识形态、政治观点等因素冲昏头脑。

有关译者的主体性，阐释学并不作特殊强调。译者同其他任何人一样，有其自己的主体性、先入之见或受到历史局限的世界观。但作为译者，他们致力于克服这些影响，带着开放的思想来接触原作者和文本。这并不意味着译者一定能与源文本产生共鸣，但需要译者批判性地反思自己的文化立场。斯朵茨认为："译者必须对个人的知识与经验视域（horizon）有所了解，必须通过学习、通过进入陌生的视域，譬如进入不同的外国文化和各种科学学科，在现象学意义上拓展自己的视域。"❷ 口译员很早就明白，面对信息持开放态度是必要条件：

> 国籍、阶级、意识形态、西方世界、第三世界，凡此种种，都是标签，象征着根深蒂固的传统观念和固有看法。我们每一个人都有自己固有的看法，或许有些人更主观、另一些人更客观。但当译员投入工作时，必须将其全都抛诸脑后，以便全盘接受发言人的观点并准确地进行翻译。❸

当然，翻译文化意味着译者对于所译文化要十分了解，同时，译者还应将自己的生活经历和所处的历史情境暂时置于脑后，不应对他们要传达的文化特征进行任何价值判断。

3.3　读者对于翻译文本的理解

让我们再看看口译的情况。尽管国际会议的参与者来自不同的国家，有着不同的文化视域，但他们教育背景相同、拥有相近的兴趣和专业知识。因此他们对于会议上口译内容的理解（只要该口译

---

❶　参见 Vinuti 第 306 页。

❷　参见 Stolze 2010 第 142 页。

❸　参见 Seleskovitch 1995 第 61 – 62 页。

是准确的！）不会有问题。但对于书面文本的读者而言，情况可能有所不同，因为他们和文本作者并不一定总有同样的知识背景；对于译文文本的读者而言，尤其如此。

斯朵茨说："在阐释学翻译研究者看来，翻译中真正的困难……是确切阐述（formulation）问题"[22]。同其他任何种类的翻译一样，文化翻译中的阐述当然要建立在理解源语文本、理解原文思想如何阐述的基础上，但同时也要考虑到读者对于"差异性"（alterity）的理解能力。源语文本所承载的文化对译文读者而言也许并非晓畅易懂。读者可能缺少基本知识，可能会遇到陌生而奇特的习俗，也可能甚至会对读到的东西产生质疑。原作者写作时，并未将来自异域文化的读者纳入视野，而翻译研究面对的问题是：译者应当传达源语文化中的哪些因素？如何传达？

4. 文化翻译

信息型文本通常包含文化特点，但文化特点在此类文本内容中并不重要。在文学作品中，文化是无所遁形的，有鉴于此，以文学作品中的例子来阐明文化的传递比较容易。因此，我将采用文学文本而非信息文本的例子对文化翻译加以说明。

我们应对受语言束缚的文化因素（以词汇形式出现）与文化观念、习俗和价值观加以区分，后者并非一定受源语言束缚。在描述客观事实、风俗习惯、态度和价值观的文本中，文化因素无处不在，或内隐或外显。这些因素并不全都与语言密切相连，那些与语言关联度不高的因素在传递到目的语时，除传达文本的文体价值外并无特别困难。

4.1 异域文化的存在大部分独立于其语言载体

小说中的故事并非一定要和某种语言绑在一起。西方语言的文本互译时，这一点可能更难看清楚，因为西方各国的文化十分相近。玛丽亚·提莫志克（Maria Tymoczko）认为：

---

[22] 参见 Stolze 2010 第 144 页。

　　翻译研究界对于文化的讨论有其局限性，研究者倾向于从欧洲中心主义的语境中援引例证更加剧了这种局限性。使用这类例子的结果是，由于缺乏从更为广义的国际范畴观察、审视问题，对由此产生的强烈的文化冲突却避而不谈㉓。

　　事实上，亚洲文化与西方文化之间的距离较远，两者之间互译中所产生的问题也更便于评价。因此，我将采用一篇韩国短篇小说来举例说明。

　　《寡妇》是韩国著名作家黄顺元于 1990 年创作的短篇小说。选择这篇文本的一个重要原因是我曾指导的博士生正好是一位韩国译者，她与一名以法语为母语的译者合作将这篇小说译成了法语㉔；此外她还把已经发表的这篇小说的英文版给了我，并就其韩语原文本，提出了许多有价值的见解。小说中的故事发生在一个小村庄里，年代不明，但明显不是现代。

　　　　十六岁那年，她［朴氏夫人］便嫁到了韩氏夫人的第三位表亲㉕家里，那时她丈夫才十一岁。但两年后，一场疫病肆虐全国，她丈夫小小年纪便不幸染病过世。自那时之后，朴氏夫人侍奉亡夫一家，直到二十多年后公公去世㉖。

　　这段译文让我们了解了许多韩国古代的社会、家庭习俗：女孩年纪尚小便被嫁给更加年少的男孩。在这个故事中，少年夫妇还没有圆房，丈夫就死去了。但按照故事所说，那个时代的韩国习俗是"一女不事二夫"，因此年轻的寡妇不得不作为家庭成员之一在婆家生活，并永远做一个韩语中所说的"水晶般纯洁的寡妇"。以上这段文字中（以及该文本的其他许多地方）没有与源语言紧密关联的文化因素，也没有任何受语言束缚的词汇。

㉓　参见 Tymoczko 第 224 页。

㉔　崔美景（音译，Choi Mikyung）现在在韩国首尔梨花女子大学教授法国文学。她是韩语母语者，土生土长于韩国文化中。在翻译过程中，她为其法国搭档 Jean-Noël Juttet 补充文化知识，他们合力翻译的黄顺元作品文体风格与原文相似，而又以流畅的法语写成。——原注

㉕　在英语及韩语中都很难从字面看出这里的亲属关系是表兄弟还是堂兄弟，此处暂且译为表亲。——译注

㉖　转译自英文版第 218 页。——译注

对译文读者而言，理解故事的这部分没有任何困难，唯一的问题是他们是否愿意以开放的心态接纳异域文化。每位读者都有先入之见，他们也会据此对古代韩国习俗作出不同的评价。但这些评价是在理解之后方才产生的，不应当将其与理解本身混淆。

在这个故事的其他部分，某些词语的使用明显会在韩国读者心目中激起文化事实的联想，而我们欧洲人意识不到这些文化事实，采用直译法的译文也无助于我们的猜测。韩国读者在阅读文本时会自动加入对本国文化的了解，即先前知识，而他们也许甚至意识不到这一点。译者的问题则是要决定是否应该将所有这些事先储备的知识都传达给译文读者。

让我们再回到这篇短篇小说，看两个包含着内隐文化事实的例子，同时也看两个例子中分别使用的不同翻译策略。

4.1.1 与文本无关的文化知识：以隐译隐

小说中写到朴氏夫人接待比她年长的亲戚韩氏夫人时，译文是这样的："朴氏夫人生起炉火，将屋内温暖的一侧打扫干净，让韩氏夫人躺下"❷。

对于我们这些不懂韩语的读者而言，英语译文传递的事实是：朴氏夫人悉心照顾客人，保证她温暖舒适。而韩语文本中"朴氏夫人让韩氏夫人躺在屋内温暖的一侧"的语句在韩国读者心中所引起的联想是什么呢？（在此我以我认识的这位韩国母语者提供的信息为准）。对他们而言，这些简单、看上去直白的语句会让读者想起古代的供暖系统：厨房中的炉火通过一组管道系统给毗连的房间供暖。因此房间中离厨房越远的地方就越冷。

所有韩国人都知晓的关于古代韩国房屋供暖系统的这一隐性知识是否应该传递给译文读者呢？译者的决定取决于翻译的目的。译者或者是为此类读者翻译：他们随手拿起这篇短篇小说、愉快地消磨几个钟头，同时也了解一点韩国文化。又或者译者（以及出版商）定位的目标读者群是一个狭窄得多的博学群体，他们渴望学习有关异国文化以及语言的一切细节。在前一种情况下，直译"她让韩氏

---

❷ 参见 Hwang，Widow 第 219 页。

夫人在屋内温暖的一侧躺下"就足够了，译文正如源语文本中明述的，强调了朴氏夫人对年长女性的照顾。而在第二种情况下，译者将以脚注或插入介绍的形式，不厌其烦地对古代韩国房屋的供暖系统加以解释。如果译者对这个韩语文本在韩国读者心目中所引起的全部文化事实的联想都如法炮制，那么接下来的副文本就会比小说本身的篇幅还要长了。

译者若针对为消遣而阅读的读者，就当接受玛丽亚·提莫志克的主张，她有理有据地指出：

> 在译文中将某一文化因素从背景移到前景——例如，通过解释某一文化因素，从而使其获得比在源语文本中更多的关注——会使文本的主题、以及文本类型都发生改变。

在以上给出的小说第一段引文中，我们可以看到，让读者靠近作者毫无问题，因为其中包含的文化事实是外显的。而在后一个例子中，同样不成问题，原因却不一样：绝大部分目标读者不需要（甚或也不希望）译者给他们提供这句话在韩国读者心中所调动起来的全部内隐知识。

4.1.2　部分文化因素：化隐为显

让读者靠近作者当然无可非议，但在文化问题上，有时候源文本中的有些内隐信息如果完全直译，会阻碍译文读者理解译文。下面的例子将说明译者是如何成功地让作者（及源语文化）靠近译文读者的。

先简单介绍上下文：朴氏夫人的少年丈夫染上伤寒病倒了。韩语原文直译如下："她切下了一根手指，但无济于事。"

源语中用这样的词语表述了一种行为。所有韩国人都理解这些词语背后的隐含意义，但其直译译文在西方读者心中不可避免地会引起疑问：丈夫的疾病和妻子切下一根手指有什么关联？读者会产生各种各样的理解与诠释。比如，这种野蛮行为是否是一种安抚神灵的宗教仪式？据我认识的韩国译者所说，人们认为饮下鲜血能治愈某些疾病，因此深爱丈夫的妻子会切下手指，将鲜血给丈夫饮用，盼望以此拯救他的生命。

这个动人故事的英译者知道直译会让译文读者困惑不解，但他认为短篇小说中不适宜添加脚注。因此，他在"她切下一根手指"之后加上了"把血奉给她丈夫"，期待读者能自行增补缺少的部分，即"希望她的血能治好她的丈夫"。而《寡妇》的法语译本翻译得更为直白："她切下了自己的一根手指，将鲜血给丈夫喝下"。关于这个语言之外的文化特征，必须给读者以暗示，否则读者将被蒙在鼓里。

语言和文化不可分割这种说法之所以不合逻辑，原因之一是，所有的文本都是由显性的语言部分（语言表达）和隐性的非语言部分组成的，而后者是否能被理解，主要取决于读者的语言外知识。因此，仅仅将显性的字面部分传递给译文读者通常不够。翻译最棘手最微妙的地方就是如何将这种理解传递给另一群人，这些人"立足于另一种文化、很可能无法作出译者期待的推论"❷❽。译者作为目的语的母语者❷❾，有能力预测与他们文化背景相同的本国人对于异域文化的熟悉程度。根据具体的翻译目的，他们能够决定什么策略最好：一方面，源语文化中那些在特定上下文里影响读者理解的文化事实要加以传递；另一方面，原文中或是读者无需理解、或是读者能自行推测的、未加阐述的隐含信息可以不作特别处理。

需要强调的是，在我刚刚提及的例子中，尽管译者在原文的外显措辞上增加了少许词语，他并未对文本本身增加任何东西。他的处理方法并非归化，而是为了读者的利益着想，重建外显/内隐的整体文本中的相关内容，以传达同源语读者的理解相一致的整体信息❸⓿。认识到这一点很重要，因为太多的翻译学者不赞成在译文中增加原文中没有出现的词语，却忘了不同语言并非同形，也不可比较，而且文本意义并不仅仅包含在词语中。

---

❷❽　参见 Leppihalme 第 8 页。

❷❾　这里我谈的是译入母语的译者，没有讨论译入外语译者的情况，他们的问题是另一种：他们没有那么大的把握清楚知道译文读者对源语文化了解多少，而想给读者提供尽量详尽的文化背景。——原注

❸⓿　参见 Lederer。

4.2　翻译文化的语言问题

下面讨论文化的语言问题，更确切地说，是文化的词汇表达问题。我只作简要描述，因为提莫志克指出，在翻译研究中，"关于文化翻译的大部分研究都固执地沉迷于文化翻译的词汇和语言方面"❸，尽管这并非文化特点的唯一最重要的部分。

大部分受语言束缚的文化成分都是指涉及源语文化中特有的器物词语。这些器物在目的语社会和目的语中阙如（食物、服装、宗教庆典、商标、机构制度等）。这些成分只是这座文化冰山的一角，但却可见。正因如此，与文本中处处可见的语言外文化特征相比，这些东西反被反复讨论。受语言约束的文化词汇处理方法与非语言的文化特征完全一样：两者都应当被放在待译作品的整体层面和上下文中加以考察，同时还需要考虑读者的潜在知识。

以黄顺元所著的另一部短篇小说中出现的 soju❸ 一词为例。这部小说我只有法语译本（英语译本无法获得）。如果一个词在目的语中不存在，因为该词的所指对象在目的语文化中不存在，通行的做法是直接借用外来词。在此类情形中，译者会考量上下文是否足以说明该词的含义，或是否需要加入解释。在下面这个例子中，soju 这个词在同一页出现了两次：第一次，"两大瓶 soju"，接下来是"一开始的几杯 soju"。几行之后，文中写道："饮了两轮酒之后……"从文中提及的瓶和杯，读者能理解 soju 是一种饮品；随后又得知 soju 是一种酒。译者需要决定的是，在这样的上下文中，读者所获的知识是否足够；又或者，根据文本类型，是否有必要加脚注说明 soju 是由大米酿制而成。

以方法而论，处理这两种不同类型的文化特征无法使用同一种翻译方法。在这一点上我无法同意施莱尔马赫的观点❸，因为在他看来这两种方法（直译和意译）是无法结合到一起的。每位译者都可

---

❸　参见 Tymoczko 第 225 页。提莫志克接下来谈到翻译是对译者的赋权，这并非我在这里讨论的主题。——原注

❸　soju：韩国烧酒。——译注

❸　参见 Schleiermacher 第 50 页。

能有自己偏爱的方法，但有时他们只能视情况临场发挥，选择另一种方法，目的是让译文读者的理解尽量接近源语读者的理解。在翻译文化成分时，同翻译语言外文化特点一样，译者面临的问题是作出以下决定：为让读者理解文本，是否有必要告知译文读者那些原文读者自然而然就知道的东西，以及如何重新阐述这些源语文本的读者自然懂得的东西，让译文读者也能完全理解。

5. 结 论

哲学阐释学对翻译有许多高论，但其中有些原则要由翻译研究者根据当今的情形加以改造。直到不久以前，阐释学还坚持认为只有诗歌、古代宗教和哲学文本值得用来研究理解问题。但得益于帕埃普克、塞莱斯科维奇、斯朵茨和其他学者的努力，翻译研究领域的学者开始意识到翻译当代实用文本、科技文本也需要理解的参与：这类文本有时可能引起误解，也可能遭遇理解的缺失，或更常见的情形是被理解得过于肤浅、流于表面，因而需要对其进行更为深入的研究。

各种理论（或翻译的模型或方法）都采取了阐释学的部分立场，而不是全盘接受，释意翻译理论便是其中之一。同阐释学一样，它强调译者所扮演的重要角色——源语文本和目的语读者之间的中介者。然而，出于多种有据可凭的原因，释意理论不像阐释学那样认为语言在理解中占有那么重要的地位。

释意理论同意阐释学观点，认为有关的先前知识对于所有类型文本的理解都是至关重要的，但同时坚持认为，在实用、科技文本中，译者的主体性较之在宗教、哲学、诗歌文本中的重要性偏低，因为后者容易产生多种可能的诠释。不管情况如何，负责任的译者都会在翻译过程中超越"自身的文化框架"❸，达到伽达默尔所说的"视域融合"（fusion of horizons）❸。

理解只是翻译的第一阶段。将理解的事物重新阐述至少是与理

---

❸ 参见 Tymoczko 第 224 页。
❸ 参见 Gadamer。

解同等重要的。我希望本文的论述能够证明以下观点：语言和文化并非牢不可分；译文过于靠近源语言并非传递文化的最好策略；事实上，文化翻译更依赖于语言外知识而不是语言本身；源语言对母语读者而言毫不陌生，将源语言的词语和结构迁移到译文中反而会使译语文本陌生化；而用流畅的目的语言写作并不一定意味着会模糊源语文化。

　　在用目的语重新阐释源语文本的过程中，译者还需要确保让读者能尽量贴切、详尽地理解源语文本。事实上，不管译者是处理文化因素还是不受语言约束的文化特征，想让他们"再现或转移存在于源语文本中或源语文本预设的全部文化素材"❸❻ 是不现实的。译者会将异域文本中包含的文化价值观与表征中有必要传达的相关部分传递给目的语读者，让他们对异域文化有一定了解，但这种了解永远是不全面的。

　　纽伯特和谢里夫曾就文化翻译作过如下概括："译文应让目的语读者的知识变得丰富而非贫瘠。译文虽不能传达源语文本中的一切，但仍能给目的语文化带来裨益"❸❼。我认为，这一积极论断会在翻译阐释学和其他翻译研究途径中得到赞同和支持。

参考文献

Berman, Antoine. "Translation and the Trials of the Foreign" The Translation Studies Reader. Trans. and ed. L. Venuti. London and New York：Routledge, 1995. 284 – 97.

Gadamer, Hans-Georg. Wahrheit und Methode Grundzü geeinerphilosophischen Hermeneutik. Tübingen：Mohr (Paul Siebeck), 1960.

Hermeneutik und Übersetzungswissenschaft-einepraxisrelevanteVerknüpfung. Übersetzungund Hermeneutik/Traductionethermèneutique. Ed. L. Cercel. Bucharest： Zeta Books, 2009. 19 – 50.

Hwang, Sun-Won. La Chienne de Moknomi Trans. Choi Mikyung and Jean-Noël Juttet. Paris： Zulma, 1995.

---

❸❻　参见 Tymoczko 第 250 页。

❸❼　参见 Neubert 第 2 页。

Interpreting for International Conferences: Problems of Language and Communication. Arlington: Pen andBooth, 1978.

Israël, Fortunato. La créativité en traduction ou le texte réinventé. IV encuentros complutensesen torno a la traduccion. Eds. M. Raders and R. Martin-Gaitero. Madrid: Editorial Complutense, 1994. 105 – 10.

Language and Cognition. Language Interpretation and Communication. Eds. D. Gerver and H. W. Sinaiko. New York: Plenum Press, 1994. 333 – 342.

Lederer, Marianne. Translation: The Interpretive Model. Trans. N. Larché. Manchester: St. Jerome, 2006.

Leppihalme, Riitta. Culture Bumps-An Empirical Approach to the Translation of Allusions. Clevedon: Multilingual Matters, 1997.

Neubert, A. and G. Shreve. Translation as Text. Kent: Kent State UP, 1992.

Nida, Eugene. "Language and Culture." Traduire la langue, traduire la culture. Ed. Mejri Salah. Paris: Maisonneuveet Larose, 2003. 193 – 200.

Paepcke, Fritz und Philippe Forget. Textverstehen und Übersetzen/Ouvertures sur la traduction. Heidelberg: Julius Groos Verlag, 1981.

Piaget, Jean. Psychologie de l'intelligence. Paris: Armand Colin, 1967.

Schleiermacher, Friedrich. "Über die verschiedenen Methodendes Uebersetzens." Des différentes méthodesdu traduire. Ed. A. Berman. Paris: le Scuil, 1999.

Seleskovitch, Danica, and Marianne Lederer. "A Systematic Approachto Teaching Interpretation, RID, Washington." Trans. J. Harmer. Pédagogie raisonnée de l'interprétation, Luxembourg: Office des Publications Officielles des Communautés européennes. 2nd ed. Paris: Didier Erudition, 2002.

Seleskovitch, Danica. "Interpretation: A Psychological Approach to Translation." Translation-Applications and Research. Ed. R. W. Brislin. New York: Gardner Press, 1976. 92 – 116.

Steiner, George. After Babel-Aspects of Language and Translation. London: Oxford UP, 1975.

Stolze, Radegundis. "Hermeneutics and Translation." Handbook of Translation Studies. Amsterdam-Philadelphia: John Benjamin, 2010. 141 – 46.

Tymoczko, Maria. Enlarging Translation, Empowering Translators. Manchester: St Jerome, 2007.

Venuti, Lawrence. The Translator's Invisibility. London and NewYork: Routledge, 2008.

"Widows." Trans. Neil Hoyt. Shadows of a Sound. Ed. J. Martin Holman. San Francisco: Mercury House, 1990.

理论篇

The Hermeneutic Model of Translation
——An Interview of Lawrence Venuti

刘　微*

ABSTRACT

Lawrence Venuti(1953 ~　　), a noted American translator and translation theorist, has proposed the concepts of foreignizing and domesticating translation, as well as the theory of translation ethics, which have aroused extensive attention and research of scholars at home and abroad and triggered heated discussions about foreignization and domestication. New researches have been presented by Venuti for the past few years, including translation ethics, the hermeneutic model of translation, deconstruction theory, etc. Acknowledging the understanding deviations about his theories in the translation field, Venuti intends to clarify his theories through this interview and demonstrates his latest research results to the Chinese colleagues. Therefore, this interview focuses on the confusion and problems of Chinese scholars concerning the translation theories of Venuti, such as how to understand "equivalence" from the perspective of post-structuralism, and, on the other hand, the interview also covers his latest researches on the hermeneutic model, interrogation of ethics, deconstruction theory and the perspective of readers, which has seldom been mentioned by other theorists. The recording of the interview is transcribed without much editing or revising. This interview was once published in Chinese in *China Translation* and questions poked here have slightly been changed.

---

* 北京航空航天大学外国语学院。

KEY WORDS：hermeneutic model，invariants，abusive fidelity，interrogation

摘　要

劳伦斯·韦努蒂（1953～）是美国著名翻译家和翻译理论家。自 2000 年起，他的归化与异化翻译概念以及翻译的差异伦理受到国内外学者的广泛关注和研究，甚至引起了归化与异化的大讨论。近年来韦努蒂新的研究成果不断涌现，主要包括翻译伦理、翻译的解释学模式、解构主义翻译理论等方面。韦努蒂本人认为翻译学术界对他的理论不乏理解方面的偏差，并称此次接受采访的目的之一就是澄清自己的理论，让中国学术界了解他的最新理论成果。因此笔者的采访不仅针对中国学界对韦努蒂教授翻译理论的理解困惑，例如如何从后结构主义视角看待"对等"概念等；更是兼顾其最新研究成果进行提问，涉及其最新研究成果解释学模式、质疑伦理、解构主义与其理论的渊源以及其他理论家较少提及的读者视角等。采访按照韦努蒂教授的英语录音整理，未进行过多的编辑和修改。本采访曾经以中文发表于《中国翻译》杂志，与本文所选取问题略有不同。

关键词：解释学模式，不变量，妄用忠实，质疑

Location：Beijing，People's Republic of China
Date：May，2013

Liu Wei： Could you please briefly explain to us，Professor Venuti，the notion of hermeneutic model which，as we understand it，is a key concept in your new book *Translation Changes Everything*?

Lawrence Venuti： It's a model I constructed to answer to the present situation of translation studies. What do I mean by the present situation of translation studies? The resent situation of translation is dominated by a model，I'm interpreting model as an understanding of translation，a model I would describe as instrumental. I'm saying，throughout the world and for centuries, this model has dominated thinking of translation, the instrumental model. An instrumental understanding of translation conceives of translation process as the reproduction or the transfer of invariants, of an invariant that is contained in or caused by the source text. There are at least three different general categories of invariants according to this model: one is what I would call the formal invariant, by formal invariant I mean the style of the source text, or maybe even the grammar or syntax. The second one is a semantic invariant, meaning, however that meaning is defined or broken down in the process. The third invariant is the effect invariant. The source text can produce a certain response in the reader, which is called the invariant of effect. The instrumental model then looks at the source text as a container of invariants that fall into these three categories. And the job of translator, the process of translation, is defined by the reproduction or transfer of these invariants. What I want to suggest, however, is that the instrumental model does not describe what translation is. I'm out to destroy it. I look at the instrumental model as unable to offer a comprehensive and incisive understanding of translation. I propose a hermeneutic model that views translation as an interpretive act, as the inscription of one interpretive possibility among others, which reveals rather than disguises the interpretation of the translator. I recognize the correspondences between the source text and the translation, but takes such correspondences as inscribed and determined by the translating language and culture. There is and can be no "invariant" transferred unchangingly during the process of translation, and any form, meaning, or effect of the source text must undergo inevitable transformation in a given translating context. The "invariant," in fact, is the "variant," since the source text undergoes various losses and gains and it is inscribed according to the language and culture of the translating language. As a result, a reader of a translation can never experience a response equivalent to that which the source language reader experiences when reading the source text.

Liu Wei: George Steiner also talked about hermeneutic model in his book *After Babel*, and in fact he devoted almost a whole chapter to it. Is there a connection between your hermeneutic model and his notion of it?

Lawrence Venuti: No. My idea of the hermeneutic model is something that, because it involves the concept of interpretation, can't escape confronting the tradition of hermeneutics. This means going back to Schleiermacher. In my notion of the hermeneutic model, Schleiermacher is important because he was a theorist of translation as well. And a particular kind of theorist of translation, someone who was very much aware of translation as a form of mediation. In other words, Schleiermacher gives us a sense that the source text is not available in some kind of unmediated way, and that all translation can give us is an image, that's the word he uses, "Bild" in German, a particular image of the source text, or understanding of the source text, not the source text itself. This notion enters the history of translation theory and commentary with Schleiermacher. It doesn't exist before him. However Schleiermacher's lecture is not consistent. There are parts of this famous 1813 lecture where Schleiermacher seems to assume direct, unmediated access to the source text. So his arguing is not consistent. But I am interested in the question of mediation. What happens in the history of the hermeneutic tradition, however, is that this notion of mediation, of not having direct access to the source text were of developing and interpretation that somehow relatively autonomous from the source text. This falls out and there are notions of interpretation or hermeneutics by German philosopher like Martin Heidegger, where the notion of immediacy, having access to being, a notion of truth as the disclosure of being, comes in. I think that in Hans-Georg Gadamer's notions of translation but also of tradition, there is this sense too, that the whole idea of mediation, of changing the source, is not there in the strong enough way for me. So my question when I approach someone like Steiner is that to what extent Steiner acknowledges the fact that translation is a form of mediation, a complex form of mediation that does not gives us back the source text. In Steiner's use, it does. So his whole notion of the hermeneutic motion of all these steps that translator goes through winds up with restoration. So even though he looks he is willing to admit that translation is an aggressive act of interpretation that dismantles the source text, to a certain extent, he still believes that translation gives us, you know, it can, depending on the skill and the talents and other resources, the translator can still give us the source text. I'm very different from Heidegger, from Steiner. But I'm also sensitive to this contradiction in Schleiermacher, which means I am looking at Schleiermacher from a very contemporary point of view, and this notion of mediation that I have comes from Jacques Derrida. And this is the idea that any form of representation, like any interpretation or translation, always contains a trace of its presence if it is an affiliation with a larger system, so that the representation is never transparent. The representation never gives us completely the truth of the interpreted object. The translation then can never give us the source text, but always transforms the source text in some way. So Derrida's notion of "inscription" is what I am working with here. In a fact what I am doing is reconceptualizing a hermeneutic model for translation studies. I am doing it by taking certain concepts that don't exist in the hermeneutic tradition, like Derrida's inscription, but also Charles Piece's notion of "interpretant". These are my two key ideas. Interpretant of course is why translation doesn't give us immediate access, because in order to make a translation, the translator has to apply a set of factors. So between the source text and the translation there is always a third category. So I am reconceptualizing hermeneutic model. It's not just Heidegger, it's the whole hermeneutic tradition. I am taking a risk by using the term hermeneutic to describe this model. I am taking a risk that I am going to confuse my readers, but you know if we are taking about a book-length discussion that reconceptualize the hermeneutic model, they are going to get the message.

Liu Wei: You are against the traditional instrumental model, the opposite of hermeneutic model. You criticize the instrumental model's concept of "invariant," and say there is no invariant. But you do say a semantic correspondence does exist between the source text and the translated text.

Lawrence Venuti：Yes. You can construct a semantic correspondence. Bilingual dictionaries for instance, could be an example of a text that is built onto the notion of semantic correspondence. It is evidence enough that it can be achieved in translation. However, a semantic correspondence does not give us back the source text in some intact or unmediated way. And again the bilingual dictionaries is a great example of this, because for frequently used words you will have a long entry that will contain many possibilities that all differ according to some shade or nuances of meaning.

Liu Wei："Equivalence" is such an established notion, so well used in translation studies, like in Nida's theories, so my question is: is the concept equivalence inappropriate in the context of translation studies?

Lawrence Venuti：Absolutely not. We need a concept of "equivalence." Translation, by definition, is a writing practice that establishes a relationship of correspondence to a source text. That is what translation is. So we need a notion of equivalence. The problem is, it is not a problem for me, it is the problem for the people who question equivalence. The issue is that there are many kinds of equivalence. Equivalence is only one of the interpretants that a translator, applies. You cannot have a translation without having some notion that the translation is connected to the source text in some way. I am willing to consider this very general idea of relationship or correspondence, as falling under the rubric of equivalence. But there are many kinds of and many notions of equivalence, the notion of dynamic equivalence or formal equivalence.

Liu Wei：After the deconstruction theory, after Derrida, Faucault and other postmodernism theorists, equivalence suddenly lost its validity to some translation scholars and even became a bad or an evil word. So does it depend on how you define equivalence?

Lawrence Venuti：Right. The thing is it can be defined in different ways. A translator, for instance, can choose just to translate the sound of the source text, and not to create the correspondence of meaning. This is what we were talking about last night, where there is only an interest in recreating or mimicking in some way the sound of the source text. That is only one part or aspect, the acoustic aspect of chain signifiers that constitute the source text. There are also other cases.

Liu Wei: So equivalence is still valid. It indicates the relationship between the source text and the translated text, am I right?

Lawrence Venuti: Right. Without some kind of correspondence there is no translation. There is something else, interpretation, parody, adaptation, or whatever.

Liu Wei: How much are you influenced by Derrida and the deconstruction theory?

Lawrence Venuti: I mentioned the concept of inscription, you know, that is very important for me, which means that I want to rethink translation in the wake of the critique of representation that is associated with the post-structural philosophy. That is enabling my whole reconceptualization of a hermeneutic approach of translation, if anything of Derrida I go far enough. He did no talk much about translation, but his concepts of language and textuality have been very important.

Liu Wei: Textuality is a very important concept in your theory. Is your notion of defining translation process as the decontextualization of the source text and then recontextualization in the receiving situation connected to Derrida's textuality?

Lawrence Venuti: Yes, a whole concept of what a text is. My concept of textuality is definitely connected to post-structuralism, the notion of the text as an uneasy collection of dispersed materials. Yes, I mean you can find a version of this in the hermeneutic tradition too. Derrida is very much a follower of Heidegger to a certain extent, but in Paul Ricoeur the whole notion of interpretation as the decontextualizing act appears also.

Liu Wei: I want to clarify one point, that is, there is no invariant in the source texts and there is no fixed meaning in the texts.

Lawrence Venuti：Yes, from the point of view of translation. Or let's look at it this way, any text can support multiple and conflicting meanings and translations. Different translators have different understanding about the same text.

Liu Wei："Abusive fidelity" seems difficult to understand. Could you please say something about it?

Lawrence Venuti：This is Phillip Lewis' idea from his 1985 essay "The Measures of Translation Effects." He was very much influenced by Derrida. His notion about fidelity is a rethinking after Derrida. He takes up the notion of "use" values in language and translation, the idea of doing a translation that adheres to certain use values in the sense of being immediately intelligible to the reader, being accessible and being transparent. In contrast to this, he comes up with this notion of "abuse", and that is what his "abusive" means. It is "abuse" in the sense of paying attention to other values in the translation. What it comes down to for Lewis is paying attention to the signifying process of the source text, and trying to recreate the signifying process in the translation. The use values focus on the meaning on the signified. The ab-use of translation in faithful to the signifiers. I mean the way Lewis describes it that what a translator does is to look for certain nodes or densities, textual play in the source text. How do you identify them? He says these are places where the source text has forced the source language and culture system. And what the translator, here what Lewis' abusive fidelity tries to do, is locate these nodes of textual density and recreate them in the translating language and culture. And what that means of course is forcing the translating language and culture. It is a process of analogy for Lewis. In recreating the nodes of density that Lewis talks about in the translation, one of the problems is, there are two abuses. It is not simply that the translator abuses or forces the receiving language and culture, what happens is in doing that it reflects back on the source text. I would like to take a step further however and argue that it is not simply the translator or the translation abuses the target language and culture. It is not simply that in doing that the translation also abuses or interrogates the source text, it shows that something of which it was not aware. But we need to let the source text comes back and interrogates the translation and create a critical dialectic between the two.

Liu Wei: Let's address another important issue in translation studies, the ethics of translation. In your book *The Scandals of Translation* published in 1998, you state the ethics of difference. In your 2013 book *Translation Changes Everything*, you elaborate on the ethics of translation. Do you think "difference" is still an appropriate word to present your ethics of translation?

Lawrence Venuti: These days I rethought it. The way I was thinking about translation ethics in the 1990s was very much indebted to Schleiermacher and Antoine Berman, or I should say, to be even more precise, to Berman's use of Schleiermacher to think about an ethics of translation. Schleiermacher's whole idea of the most authentic form of translation is being the form whereby the translator sends the readers abroad instead of bringing the foreign author to the reader. Schleiermacher says the more important, the more valuable and the more authentic kind of translation is the one with the translator sends the reader abroad to the foreign author. Berman took this idea and wanted to think of translation according to a very much ethical notion as a place where a culture other is manifested. This was Berman's idea. I think one of the problems I had, right from the beginning, is how could you produce the sense of foreign if the translator's job is to mediate the foreign. How could you produce the sense of cultural otherness or difference when translation, by its very nature, is designed to remove that difference. If translation is transformation, following Derrida, then the foreign will never remain intact in the translation. So how do you then rethink this? For me the problem became right away that in order to register some sense of foreignness, what the translator has to do is change translating language and culture, or to introduce a difference in the translating language and culture. That's where the difference occurs, through the act of translation. So I became aware of two things, one is that Berman in this notion of translation as a place where the cultural other is manifested, a notion that really rests on Heidegger's concept of truth as disclosure, that Berman was finally a instrumentalist, that his notion was you can gain access to the foreignness of the foreign text through the translation. Hence in his early work he listed what he called the forming strategies and the idea was applied if the translator did not enact the forming strategy, the foreignness of the foreign text would be expressed in the translation. But again that is instrumentalism. It strikes me as automatically naive on Berman's part. I am willing to admit that any translation changes the source text in some fundamental and significant way. So the question then of how to register the foreignness indirectly through the tempering with the translating language and culture became important. Finally I begun to look at this notion of difference as a form of cultural innovation, of doing something, or bringing something into the receiving culture that did not exist before. A different thinker became important here, the French philosopher, Alain Badiou whose ethics argues that the ethical kind of thinking is one that exposes a certain limitation or lack or void in institutionalized knowledge, in knowledge that is familiar, that is current opinion and that has been validated by the institution and what has been conventionalized and gained authority. The ethical thinking essentially is something that is coincident with what you call an "event" where something new comes into being, on the basis of a void in the institution. So I want to take this and rethink the notion of difference in translation and to think translation ethics as somehow introducing something new or innovative in the cultural institutions. This form of translation, insofar it is translation, traffics the differences insofar it is called upon to negotiate a linguistic and cultural difference as constituted by the source text. Translation should somehow introduce a difference in the receiving culture.

Liu Wei: So Berman says that during the translation, the difference in the source text should be transferred, but you go further and think that the translated text has to introduce something that interrogates the receiving language and culture. Is that right?

Lawrence Venuti: Exactly. Part of the problem is that any sense of foreignness in the translation is construction, because translation is mediation. Even though there is a semantic correspondence, even though the themes of the source text are coming through on the basis of semantic correspondence, there is still a difference, things that are changed and varied.

Liu Wei: For me the ethics of difference does not hold your ample meanings of ethics you just stated. It seems to me that interrogation is a more appropriate word for your ethics. "Interrogation" seems a more eloquent word than "difference". It moves a step further from the mere existence of difference and interrogates the receiving situation. Am I correct?

Lawrence Venuti: Yes, I suppose the issue finally is what happens to the reception of the translation. A translation could be noticeably different in the field of the receiving culture, but that difference may not in itself initiate an interrogation of the translating language and culture unless some reader comes along and says: "look, this is a difference that matters," because it shows something about his own culture. I think that is the problem. I mean the first thing of course is even perceiving a difference, and that is something readers do not do of translations. They want to look at the translation as if it were the source text, as if there were no difference. So how to register or signal a difference for me is still a step and I think there are different ways to do this. One is choosing a source text that somehow deviates from the patterns of the developed in a receiving culture. So the mere choice of that text matters. And also ways of translating that deviate from the most prevalent strategies, but then the reader has to come along.

Liu Wei: You have an "ideal" reader in your mind, bilingual, educated, aware of the difference in the translated text, etc. My question is, is there such a reader in reality?

Lawrence Venuti: I think there are all kinds of readers. There are many kinds even among those I think ideal. So for me the ideal reader is the reader who can read somehow a translation as a translation, as a text in its own right, as a text relatively autonomous from the source text it translates. However, because there are a lot of readers, there are ways of being that kind of reader. There are professional readers, academic readers who can be in a position to read the translation by looking at its relationships to the source text. This kind of reader would need the source language.

Liu Wei: You mean the elite readers of the society. They are the minorities. Then what about the majority of readers? Can the readers be trained and equipped with the skills necessary to read translation as translation as you wish in your book?

Lawrence Venuti: Let's be very precise about this. It is not simply any elite reader is going to read translations in the ideal way. It has to be a reader who does not simply have the source language, but who is willing to compare the translation to the source text, not simply a reader who has these two things, but a reader who knows about translation studies in order to inform the comparison.

Liu Wei: I think the ideal reader could be someone like you.

Lawrence Venuti: Yes, but also like you. You teach a translation training program. You have more than one language and you can compare the translations. The ideal reader also needs to have yet another category of information, if we are going to have readers who look at the relationship between the translation and the source text as an interrogative relationship, as a relationship that sets up a critical dialectic where the source text interrogates the translation and which in turn interrogates the source text and so forth. We need a reader who is suspicious, and is suspicious in a deconstructive way. This can be considered my elite ideal reader. But I would argue it is possible to think of an ideal general reader. By this I mean a reader who does not necessarily have the language with which the source text was written, a reader who does not have a background in translation studies. A general reader is not a professional reader. This kind of general reader needs to be trained. All readers need to be trained. Reading is not a natural activity. You have to learn how to read. I am suggesting that readers can learn how to read translations as translations without necessarily being academics or elite readers. It means when they learn how to read a novel, they also learn how to read a translated novel. So it is about developing protocols of reading for different kinds of readers. If reading needs to be taught, you bet reading a translation needs to be taught as well. It is the e-litist activity. We are teachers and we teach reading. Why not teach readers how to read translations?

Liu Wei: So you are very optimistic about the training of translation readers?

Lawrence Venuti: Absolutely. To read translation as translation needs double consciousness. One of the problems for translation is that readers read translations because they cannot have access to the source text. Reading translation was not always this way. There were periods where the readers could read the source text, multi-lingual, like Alexander Pope who translated Homer. A significant segment of his readership knew the Greek text. So what they were getting from his translation they knew was Pope more than Homer. My point is, today in many cases, when it comes to translation, even readers who are multi-lingual cultures tend to approach translations by reading for meaning and taking that meaning as the meaning of the source text, which is to say, most readers today approach translations on the basis of the instrumental model. So how to develop this double consciousness? We all need to read translations for the meanings they give us. The meanings however need to be understood as mere semantic correspondence that is not without variation. That is the first step. The second step is to read for more than meaning, to read for form, to read for the style of the translation, to look at the language of the translation against linguistic and cultural norms in the receiving culture. Throughout the world there is a discursive regime for translations and that regime is such that translators are forced to translate primarily into the current standard dialect of the translating language. What that does is to exclude a whole series of non-standard forms of language, but you can still see these in translations, even though the publishers are trying to edit them out. One way I am suggesting to read translations is to look for these departures from the current standard dialect, look for nonstandard forms. These tend to be forms of the standard of the translating language and culture. You do not have to compare the translation to the source text to see these things.

Liu Wei: So you think symptomatic reading is the ideal way of reading a translation, don't you?

Lawrence Venuti: We need to read translations with this double consciousness that we cannot learn all the languages in the world and that we need to have this semantic correspondence, we need to rely on that to have some sense. So I am not really to abandon the use of values. The point is how you understand the semantic correspondence. If you are going to take this as some kind of invariant communicated from the source text, then you misguide it. But if you take it as a signification of meaning, that usual sense of what is happening in the source text, you might even get some stylistic approximation. It is just that you need to realize it is not without variation.

Liu Wei: So the translator. You try to visualize the translator, so that means translator will be given more freedom. The translator will decide what is interrogative in the receiving situation, right?

Lawrence Venuti: The translator has a range of choices. They are circumscribed partly by the project, the text, but also by the translator's working conditions, by the cultural situation the translator works in, by historical moment and so forth. Can a translator choose between following and accepting the publisher's insistence that are going to remove all the archaic words and so forth, or not doing that? Yes. But it is not the question entirely of freedom. Because every translator works under a range of conditions and some of these conditions the translators are aware of and some of them the translator are not and there are consequences that the translator may not anticipate.

Liu Wei: When you evaluate a translated text, is it the important standard whether it interrogates the receiving situation?

Lawrence Venuti: The first thing is whether there is difference, this is the first step. We cannot get rid of the difference. Whether this difference involves cultural innovation in some way. I think you are leaving out the idea of interrogation that translation may enable is not going to happen unless the reader is a suspicious reader. Paul Ricouer talked about two kinds of interpretation. One he called the hermeneutic faith, the other one he called hermeneutic suspicion. The hermeneutic faith is one where the reader reads the text and assumes this text is going to yield the truth, some kind of coherent meaning. All the reader has to do is read the text and the meaning can be restored. This is clearly a way of reading secret text, hence the term hermeneutic faith. It is the way a believer, a Christian believer reads the Bible or New Testament for instance. The hermeneutic suspicion is one where texts are treated as all having a hidden agenda where nothing can be taken as faith value because there is some kind of deeper meaning that needs to be grasped by breaking the surface of the text. Ricouer linked this kind of reading with the thinkers like Freud, Nietse, Marx. It is very important to see that we are going to take these notions of interpretation and bring them into translation studies, that the hermeneutic faith is very much aligned to the instrumental model and the hermeneutic suspicion is much more aligned with the hermeneutic model. But this idea of model is really something that relates to ways of understanding of translation. And that comes down to reception. So readers are not going to see translation as acting an interrogation unless the readers are suspicious, unless the readers interrogate the translations. A suspicious reader will find any translation interrogating the source text. Whatever is in the translation needs to upper handed by the reader.

Liu Wei: You have done quite some translation practice yourself, and you applied "remainder". Could you please update the usage of the word "remainder"？

Lawrence Venuti：I look at the hermeneutic model as a way of taking the term "remainder" and making it much more precise. The remainder was something that was fairly morphers in my work in an early point that I talked about the late 1990s. That was the last time I used that. I started to think about what happens with remainder. It begun as just a list of non-standard forms following Jean Jacques Lecercle's use of the term, although he did not talk about translation. What happened is I took the remainder and essentially replaced it with the notion of interpretant. Interpretant exceeds lexicographical equivalence, which becomes apparent since there are different kinds of interpretants.

Liu Wei：Some say your translation theory is more a political utopia than academic theories. What do you say about that?

Lawrence Venuti：I think it is impossible to distinguish fact from value. Other instrumental theories also have a political affect which is very different from mine.

Liu Wei：How do you define your theory in terms of the whole context of translation studies? You know theories are very often categorized under a certain bigger theory, like post-structure theory or cultural studies, etc.

Lawrence Venuti：Right. The development of my work occurred on the basis of a synthesis of different theoretical and political discourses. I began writing about translation in the 1980s. Because of my institutional site in an English department, during that period, I think it was inevitable what my theory was with translation would be a synthesis of theoretical discourse that would then driving cultural and literary studies, which is a synthesis of post-structuralism, with Marxism, psychoanalysis and feminism. In my first essay called "The Translator's Invisibility" which is published in 1986, the most important theorists cited in that piece were Jacques Derrida and Louis Althusser (a Marxist philosopher). That is where I began in a sense. As my theory developed, other Marxist thinkers came in. In the essay "Translation, Community, Utopia", the theorists that are cited include, Louis Blanc, a French theorist, and a fiction writer who was sometimes aligned with post-structuralism thinking, although he came before Derrida, but also Ernst Bloch, a German philosopher, another Marxist who was a thinker about Utopian ideas, ideas of the future and so forth. My more recent work was the ethics of Badiou, which is also very much in the Marxist line. That kind of thinking has been Marxism with a variety of thinking derived from Marx. But again it has been linked to psychoanalysis, and Freud and Lacan has been important. It depends on really the conceptual problem. So for the hermeneutic model I think the key thinkers that are enabling me to move forward are Derrida and Pierce. Inevitably they will be connected to Sigmund Levi, to Marxist, but he is trying to think out ideas of ideology in different ways.

I think the whole notion of cultural studies is important for my work because it is very much coming out of that. You know movement from literary into cultural studies, but I am still very literary. I was educated in English department.

理解 ≠ 翻译:阐释学再批判

郭冰倩[*]

ABSTRACT

Hermeneutics translation falls into the philosophical domain of translation studies. Since it was introduced to China, it has brought more interpretations of the original. Meanwhile, it caused confusions to translation theories and practice as well. If the widely connotative and denotative meaning of hermeneutics is accepted as a concept that translation is interpretation and is further defined as a theory, then translation practice would lose its traditional criteria. This thesis aims to reorganize the origination and development of the view of understanding and reexamine the role of understanding in translation practice on the basis of modern hermeneutics theory. Besides, proceeding from the significance of the analysis procedure to understanding, this thesis tries to review translatability and criteria of translation, to acquire critical thinking of hermeneutic translation studies and finally to draw the conclusion that the essential attributes of translation cannot be discarded and that understanding is not simply equal to translation, but rather we should give the floor to translation itself.

KEY WORDS:hermeneutics, understanding, translation, criticism

摘　要

引入阐释学后,我国译界加深了对翻译本质和目标语译文评价的认识,拓宽了翻译视野,但同时也带来了一些理论与实践解析上

＊ 北京师范大学外国语学院。

的困惑。这主要表现在，如果将阐释学的内涵、外延简单地在译学中内化为理解即翻译，并且将其作为一种理论，那么翻译实践将失去传统翻译标准。本文梳理了阐释学理解观的起源、发展，以现代阐释学理论为基础，重新审视翻译中的理解活动，并从理解的分析过程对翻译的借鉴意义出发，辩证地看待翻译的可译性和标准问题，批判性认识阐释学翻译观，指出翻译不能忽视其本质属性，不能简单地将理解与翻译等同，而应让翻译自身说话。

关键字：翻译，阐释，理解，批判

翻译是理解和表达的双向过程，任何类型的翻译都涉及对原文的理解。一般意义上的理解是认知的过程和结果，但翻译中的理解是以文本的意义和对象为内容。这与阐释学中所说的"理解"概念不谋而合。在翻译的过程中，理解是对原文的接受，而解释则是对原文的阐发。这就为阐释学引入翻译提供了理论上的契机。阐释学派认为：译文是对原文的一种解释、一种阐述或阐发、一种注解和诠释、一种传达，而这些又可以归结为对原作品意义的解释❶。虽然阐释不一定非经过翻译，但翻译却不可避免地会借助阐释，它是贯穿翻译全过程的一个重要环节。也就是说，翻译中的阐释者，即译者，要在理解原文基础上作出解释。由此可见，翻译的阐释学派强调理解和翻译之间有着密不可分的联系。施莱尔马赫的翻译理论明显体现了该学派的基本理念："真正的理解是对语篇作出创造性的重新阐释。"乔治·斯坦纳更是明确提出"理解即翻译"的论断，认为一切交际或交流都是通过解释或翻译来实现的。阐释学派的核心概念"理解"与翻译中的"理解"有共通之处，最终目标都是在"理解"的基础上获得原作品的"本意"。但是阐释学派翻译理论超越传统翻译标准，承认理解的历史性和多元性会导致文本意义的不确定性和开放性，进而导致译文成为译者与原作"视域融合"后妥协的产物，其内容与翻译的本质相差甚远。离开了翻译标准制约后，阐释的尺度该如何把握才能最大限度地传达作者意图呢？

---

❶ 参见李文革。

　　阐释学（Hermeneutics）一词最早出现在古希腊文中，词根 Hermes—赫尔墨斯是古希腊神话中宙斯的传使者，负责将神的旨意传到人间。由于人和神说的是不同的语言需要翻译；又因为神的旨意晦涩，所以又要进行转换。18、19 世纪之交，阐释学哲学家施莱尔马赫明确提出理解是一切形式的解释和诠释的基础。在他看来，翻译不仅仅只是传递信息。一方面，人的思维方式在其业已掌握的语言里已经勾勒成型；另一方面，每一个能独立思考并能运用知识的人都在不停地建构自己的语言。由此可见，译者不可能完全表达原文之意，只能尽量缩短原作者和译入语读者的距离。因此，他提出的两种翻译途径都要求译者尽自己最大的努力去理解原作品，只有在理解的基础上才能用自己的语言清晰地表达原文的意思。这一理解过程实际上就是转换、解释的过程，也为译者发挥主观能动性提供了理据。

　　与施莱尔马赫不同的是，海德格尔认为阐释学即"进行解释"，把事先理解的东西进一步展开，变成某种语言表现，翻译是对原文的阐释与理解。他甚至指出每种翻译都是解释，而所有的解释都是翻译。一切阐释都以一种在先的理解为前提，只有在理解的基础上才能实现意义的过渡。同时，他还指出理解具有历史性。由于人是历史的人，文本是历史的文本，要理解文本就要摆脱历史的阴影。翻译意味着在译入语中寻找对应的概念，这一寻找过程实际上也是一个解释的过程，因为它以一种解释的方式来还原。

　　伽达默尔拓展了海德格尔理解的概念，强调理解的普遍性，确立了阐释学以理解为核心的独立地位。他多次论及翻译乃解释。第一，翻译需要用新的语言将原文的意义表达出来，同时兼顾译入语的语境。这种"兼顾"实际上也是一个解释的过程，因为译者必须要解释他这样做的出发点和目的所在。第二，虽然翻译在某种程度上是一种解释和还原，但它具有特殊性。译者在理解的过程中并不是简单地将自己掌握的知识运用到理解中去，或者把需要理解的东西简单地归于已经熟知的知识中，而是要通过理解得出新的东西。

这也就是伽达默尔所说的："阅读已经是翻译，而翻译则是再依次翻译"❷。

乔治·斯坦纳提出语言的产生和理解过程就是翻译的过程。他针对翻译文本的理解提出的翻译四步骤：第一个步骤"入侵"（invasion）就是对原文的直接判断和衡量，是用比喻的方法强调交流需要理解，理解就是翻译，而"吸收"（incorporation）意味着将原文的意思和形式过渡到译入语中，尽可能完整地体现原作的信息。可以看出这是理解之后的表达阶段，理解贯穿其中。由于语言和文化的相互交融，原语系统会因为每一次的理解和重新理解，产生归化了的意义。由此可见，理解和阐释对整个翻译过程发挥了重要的作用，理解是对意义的领会和认识过程。在此意义上，可以将翻译的过程理解为对文本理解、阐释和拓展的过程。

法兰克福学派的哈贝马斯对伽达默尔的阐释学理论提出批判，认为理解者尽管无法摆脱"传统"的束缚，但并不意味着必须毫无保留地接受传统。他将精神分析引入解释学，提出了阐释学的限度问题，认为在阐释的过程中存在不可理解性，而这是由言语本身的组织缺陷造成的。此外，他认为虽然阐释学派启示我们要从前理解出发理解意义，但是在不断完善理解的过程中也会形成新的前理解。因此，他致力于发现阐释过程中语言的"混乱""分裂""无规则"等不可理解的现象以及曲解、无序等无效的理解形式。

德里达认为语言的符号化显示出自我消解的机制，鉴于此，他指出任何符号都是不完备的，所指的意义并不能在当下被把握。语言的意义取决于符号的差异，而意义在不断的阐释过程中必然会扩展，这也导致文本意义的获取是无穷尽的，暗示着文本具有多种解释的可能性。当下任何的解释都是相对的、暂时的，只是文本无限多种意义的有限实现。文本仅仅是"能指链"，而所指总是在能指的链条中不断地移动，因而阐释者无法从中得出特定意义的理解与解释。

阐释学是一门关于理解的学说。但是不能简单地将阐释等同于

---

❷ 参见伽达默尔第 105 页。

理解。施莱尔马赫曾对阐释学作了不同的界定，他认为"阐释"是一种语言的表达，而"理解"则是可以在语言和非语言的心理层次上实现，领悟意义。"理解"并不是简单地按照我们的思想去理解以前的作品，而是要求阐释者再现出作者创作时的心理状态及思想，尽量与原作者在创作时的内心思想达到一致。洪汉鼎曾说："理解固然是对外在符号或意义的把握，但这种把握却不是轻易能达到的。有些符号原则上可以理解，但要达到这种理解却不是直接明显的，因此需要解释，即需要一种带有方法程序的阐明。因此，解释可以描述为一种理解的方法或程序，我们可以说解释是方法，而理解是目的❸。"从这段话可以看出两点，其一，解释是一种过程，其目的和结果是理解，解释的任务是要让某物被理解。阐释和理解的关系不言而喻：理解是阐释的前提和基础。其二，阐释与理解确实存在交集，有某些相同的内涵，但如果将阐释直接等同于理解，很可能让翻译失去其传统意义和本质属性，那么译文不禁让人联想到翻译"美而不忠，忠而不美"的论断。汉语"阐释"是指陈述、解释并说明。这与翻译所追求的对文本的理解，寻求文本意义的确定性等相差甚远。既然无论从哪个角度谈翻译，都涉及翻译的准则。那么，阐释学派的"理解即翻译"是不是也应该有个价值尺度来衡量"理解"？但是如何来为"理解"制定准则呢？或者说阐释、理解到底有没有一个标准，能不能完整地传达原文意思呢？

伽达默尔认为人是历史的存在，有其无法摆脱的历史特殊性和局限性。理解的历史性是指无论是译者，还是理解的对象——文本，都处在历史的发展演变之中。不同时期的译者由于其历史局限性，不可能穷尽文本的内涵，对文本的解读只能是一个接近文本本意的过程，其理解绝不是一劳永逸的。阐释学学派提出的"视域融合"概念虽然能引领理解者跨越时空和历史与文本相互对话，但必须认识到文本所包含的视域是原作者在创作时观察、描述得来的，而不同时期的理解者会根据各自所处的情境来理解文本，会重新建构自己的视域。这两种视阈大多无法融合，这就导致理解的历史性无法

---

❸　参见洪汉鼎第 488 页。

让理解者或译者完全抛掉自己的视阈而进入原作者的视阈。此外，虽然理解的历史性肯定了时间的积极意义，但必须注意到时间对于理解个体来说，也会成为理解的障碍。因此，理解者或译者无法完全理解到作者真正的本意。人是历史中的人，进行阐释时都是带着自己的生活经验、知识和文化意识，因而对原作的理解必然带有主观性，对原作的翻译也会体现出译者各自的历史痕迹，从而使一篇文本可以有多元化的理解。如果强求以原作者的方式去理解文本，无疑是在完成一项不可能完成的任务。此外，由于人在理解时会发挥其固有的意识，而不是头脑空白地被动接受，因此理解的历史性也导致理解的偏见，进而会使译者在翻译中作出不同的选择，给出不同的译本。理解的历史性意味着意义产生于阐释者与文本之间的对话，意义是无限的，那么一部作品可以有不同的理解，文本的理解也就无标准可言。

理解的历史性也导致理解具有开放性。不同历史时期的译者会有不同的视角。翻译的阐释学派认为原文文本的意义客观地存在于文本之中，理解的任务和目标就是寻找这种意义。由于文本由语言构成，而语言又不能充分地再现客观对象，原作者在创作文本时，他试图表达的意义和他所使用的文字之间也存在差距。正如老子"道可道，非常道；名可名，非常名"一样，语言本身就具有模糊性、抽象性等特征，因此理解必然会多元化。理解者在阅读文本时，会根据文本内容形成自己的图式化结构。当然，这一结构还留有空白，理解者在阅读和理解过程中会不断地填充这些空白。不同时代的理解者，甚至是同一时代的不同理解者，他们的填充方式都不尽相同，会不断赋予原文本新的意义。所以，一部译作是对原作生命在时间和空间上的延伸和扩展。一千个读者眼里就有一千个哈姆雷特，译者对文本意义的解释具有无限的可能性，译者不断地理解文本，也在不断地丰富文本的意义。如果说理解具有开放性，文本的意义也是动态的、无法确定的，那么，究竟哪种理解才是对原文正确的解释呢？理解的开放性也意味着评价理解活动的标准也是开放的，不可确定的。但是理解究竟是不是真的就没有标准可言呢？

文本的意义通过语言表达出来，语言也是一种符号，而符号的能指和所指的关系是任意的。因此，文本与意义之间并非一一对应。从不同的角度理解同一文本会得到不同的阐释。如果冠以理解多元性的名义，那么任何阐释都有可能是合理的。理解的多元性虽然能在一定程度上为译文的多样化提供理据，但是过分强调理解的多元性，会夸大译者的主观能动性，这必然会导致阐释的混乱，甚至出现误解、误译。抛开理解本身的特性。一篇文本无论前人如何解释，仍留有很多空白，这就让译者有更广阔的阐释空间，从而导致阐释的多元。文本意义的不确定性能让译者进行创造性的填补。但是文本意义的填充并非漫无边际，文本中的空白虽然等待着填补，但文本已经通过语言的方式表达出来，必然要受到语言规律的制约。此外，译者主体性的发挥也可能会导致译文失去原作本身的本体特性，带有主观色彩。如果译者的主体性被无限地扩大，最终文本的意义，衡量的标准会因多元而变得混乱。这种理解基础上的翻译必然与翻译的本质属性分道扬镳。虽然文本意义的开放性能让不同时期的译者不断地去挖掘，但是如何判断和衡量这些"新的文本意义"是属于原文的，还是译者对原文本的过度创造？虽然阐释学提出保持理解的多元性是正确认识合理偏见与否的有效途径，但是如果因为理解的历史性、多元性和开放性就过度张扬译者的主体性，那么这是对阐释学原则的夸大和误用。

　　阐释学派认为人是生活在历史中的人，具有历史性，只能利用自己时代所独有的知识和方式去理解，在理解的过程中，历史性语境会构成译者的"前理解"（foreunderstanding），因此理解具有历史性，而这会引起理解的差异。既然每个译者都是带着自己的"前理解"去对原文进行阐释，必然会得到不同的译文。因此理解不可能是客观的，而是充满了主观性，这就造成了阐释的困惑。伽达默尔自己曾说过所有理解性的阅读始终是一种再创造和解释，那么当阐释者带着自己的"前理解"去创造和解释时，必然会得出多种多样的阐释结果，这又会带来新的问题和困惑：到底哪种阐释才是真正对作品的阐释呢？正如鲁迅所说："一部《红楼梦》，经学家看见《易》，道学家看见淫，才子看见缠绵，革命家看见排满，流言家看见宫闱秘事……"由此可见，不同的人，由于自身的知识结构不同，他们的"前理解"也不尽相同，所以对同一部作品的理解也是千差万别的。

阐释学派认为文本的意义隐藏在文本背后，等待阐释者去发现。因此阐释者必须克服自身的"前理解"以及由此形成的偏见，跨越时代界限来重新找回文本的意义，只有这样才能保证阐释的"客观性"。但是理解不可能是相同的，因为"前理解"千差万别，如果阐释者从自己的观念出发来进行思考，如何保证阐释的"客观性"？既然理解不可能是客观的，它将直接影响阐释的有效性。按照伽达默尔的观点，实际上前理解在理解活动开始之前，已经先在地占有了他。读者、理解者无法摆脱传统、无法摆脱他所处的社会环境、时代等带给他的偏见。甚至文本赖以栖身的、理解得以展开的语言本身就是一种传统的负载物。所以"前理解"影响着理解、理解影响着阐释。比如，人们一直在对《哈姆雷特》进行探索。不同文化语境下的学者会得出截然不同的阐释。弗洛伊德、荣格等人从中看出了"俄狄浦斯"情结，东方马克思主义者卞之琳看到了阶级性和人民性，道德说教者则从中悟出反道德、反宗教的复仇劣根性。由此可见，翻译的结果是作者与译者间的动态对话，并非唯一正确。但是评判一篇译文的好坏须有个相对的标准，如果说理解即翻译，不同的理解都得出不同的阐释，那么翻译的标准何在？阐释的"度"该如何量化才能符合翻译的标准，或者说何种程度的阐释才是翻译呢？理解的历史性虽然启示译者翻译中不可能存在绝对的求真，但同时也导致文本没有正解，让译者在翻译实践中无所适从。虽然阐释学派翻译理论能赋予译者更多的能动性，但也很易让译者因个人偏见产生误读、误解。离开了翻译标准后的阐释，其内容在很大程度上已经把"作者的意图"完全变成了"译者的意图"，同时，阐释的多样性也会导致译者多重理解的混乱。这显然已背离了翻译的本质。

在哲学阐释学的影响下，人们开始注意到"翻译"与"理解"在词源上的相近之处，它们都有"跨越""沟通"的意思，即翻译无论如何都离不开对原文本的理解和解释。"翻译，无论是文学翻译还是非文学翻译，都离不开对原文的理解和解释。如果说，理解是对原文的接受，那么解释就是对原文的一种阐发。"❹ 对文本"理解"的研究是阐释学的主体，这与翻译研究有着相似之处。阐释学强调理解具有历史性，只有通过阐释，重新建构，才能将历史的文本意义再现出来。翻译同样如此，译者只有通过阅读文本才能理解过去的东西，进而理解文本，再用自己的语言将理解的东西表达出来。由此可见，理解对于翻译的重要性，也可以看出翻译过程和阐释过程相同的一面。翻译是一种复杂的理解和文字表述活动，阐释学派被引入译界以后之所以备受追捧，主要在于它为翻译研究提供了动态的研究思路，启示着翻译不是寻求绝对标准，也不是探寻文本的绝对意义，而是承认并且接受文本与译者理解存在的差异是客观的、合理的。但是与此同时，将阐释学派的理论引入翻译也会淡化其固有的特性，将理解直接视为翻译。这就以阐释学的名誉混淆了阐释与翻译之间不同的基本概念。虽然伽达默尔在《真理与方法》中提到一切翻译就已经是解释，甚至认为翻译始终是解释的过程，但是必须指出这只是从宏观的角度进行价值评判，跨越了传统的翻译标准，不能以此将阐释与翻译中的概念混淆。如果因为理解和翻译具有相似之处就将二者等同，势必会让译者在实践中无所适从。

理解和翻译的共通之处会产生误导：既然理解都没有了标准，那么译者在翻译一部作品时当然也就失去了标准，进而让胡译、乱译有机可趁。不可否认，评价译文好坏有一定的标准。其实，当我们将一些译本视为胡译、乱译时，内心已经在用自己的标准来衡量。虽然每个人对翻译标准的理解有所不同，但标准是客观存在的。理解者对文本的理解和解释都要受制于原作者的意图，而不是理解者自身的意图。在翻译的过程中，译者要想达到理解的客观性，就需要在原文本本意的框架内去挖掘。正如伽达默尔所说："翻译者必须把所要理解的意义置入另一个谈话者所生活的语境中。这当然不是说，翻译者可以任意曲解讲话人所指的意义。"❺ 由此可见，阐释学派在宣扬"理解即翻译"论断的同时，也注意到了理解和翻译之间

---

❹ 参见谢天振第 53 页。

❺ 参见伽达默尔第 496 页。

存在的差异以及理解的局限性，但是将理解等同于翻译就有避重就轻之嫌。

作品是通过语言文字的形式表达意义。那么作品的意义是否可以确定呢？由于文本本身留有空白，同一个人在不同的环境下看到的文字意义都不同，不同的人所找寻出的文字意义更是千差万别，所以文本的意义具有开放性。以李商隐《锦瑟》这首诗的解读和阐释为例，有的学者认为这首诗是李商隐为悼念她的亡妻所作；有的学者认为这是诗人自己在自伤生平，表达对逝去年华的感伤与惆怅。而这正是缘于这首诗本身的的意义具有开放性，赋予阐释者众多选择的空间和权力。同时我们也可以认识到：文本的本意在历史的尘埃中已经变得模糊不清，阐释者根据自己的时代背景和知识结构等对文本进行阐释，得出自己对文本的理解。正如伽达默尔所说："对一个文本或一部艺术作品里的真正意义的汲舀（Ausschoepfung）是永无止境的，它实际上是一种无限的过程。"因此，阐释者的任务就是不断地寻找这种意义。实际上，原作者在创作某一文本时，他想表达的意图和他所使用的文字之间也存在差距，也即所谓的"文不逮意"。语言本身的模糊性、抽象性等使得阐释者在阅读文字时会运用自己的语言和思维方式形成自己的理解，阐释者在阅读原文时会形成自己的理解，不断地填充文本的空白，找寻文本的意义。原作者在当时的历史环境和语境之下创作了原文本，那么文本的意义已经是历史环境和语境之下的产物。如果因为理解的历史性随意地给原文附加上其本没有的意义，那么这样的阐释和理解已经不能算作对原文的理解。虽然理解的历史性、开放性必然存在，但也应该在一定的历史范围内。因为过分强调意义的开放性，那么阐释所追求的目标就会失去方向，成为没有根基的浮萍，也会加深阐释的困惑。

如果文本的意义是开放的，那么文本完成后，其意义便取决于读者对它的理解，而并非是原作者写作时的意愿。译者是原作品的第一读者，根据自己的理解将作品内容传达给读者，因此译者要努力忠实原文，而不是原作者。但是理解的历史性意味着译者会发挥主体性，造成翻译差异，从而可能会抹杀翻译的客观性。同时理解的历史性承认了误读的合理性，即允许多种阐释的存在。译者因受到语言文化的约束，无法完全表现出自我的创造性。此外，译者的视阈和文本的视阈多数条件下是冲突的、不可调和的，有可能会产生一种视阈完全替代另一种视阈的译本。阐释学派代表人物斯坦纳视理解为表达，理解就是翻译，理解到什么程度就翻译到什么程度，那么如何实现译文与原文之间的平衡？此外，原作者在创作文本时的心境、语境和历史环境已经不复存在，不可复制。正如伽达默尔所说："不管译者怎样设身处地把自己想象为原作者，翻译都不可能纯粹是作者原始心理过程的重新唤起。"❻ 抛开理解的历史性以及特定时期译者视阈的局限性，语言结构的差异也使得译者无法用完全一致的形态表达不同的文本。但是文本的意义已经用语言的方式表达出来，因此理解就有了可能，理解的可能性为可译性提供了基础，所以译者才会不断地追求最合理、最确切传达原文全部信息，甚至对同一个文本，也有很多不同时代的译者对其分析研究，试图给出最合理的译文。可以确定的是，虽然译者不可能获得确切的理解，但译者可以利用自己的知识储备，结合自己所处的时代背景，获得对文本的相对理解。但是这种理解并不是绝对的，理解和翻译的可译性是有限度的，理论上的可译性并不代表在具体的翻译实践中的可译因素。虽然伽达默尔提出"视阈融合"的概念解析了长期以来让译者困惑的问题，即翻译实践中因语言、文化等多种因素所引发的一些不可译性问题。但是这又引发出另一个值得思考的问题：如果译者的视阈占据了主导地位，就不可避免会导致译文与原文间的偏差和失真。翻译研究，归根结底要把注意力转移到文本，其自身的属性并不依附于任何外在条件。所以，视阈融合从某种程度上说也是"意译"，不可能完全传递原文的信息。

　　理解的历史性意味着译者在阅读和理解的过程中带着自己现有的理解，而翻译与译者个人的文化背景和修养密切相关。承认理解的历史性、开放性和多元性意味着承认文本自身与译者理解之间存在差异的客观事实。现代阐释学认为作者的本意不存在，整个文本的意义也是无法确定的。这似乎赋予了理解者的能动性，再加上译

---

❻　参见伽达默尔第 498 页。

者的前理解，理解的主观性更加凸显，但是理解却有其客观标准。虽然译者与文本之间的对话是一个意义生成的过程，在具体的翻译过程中，译者的视阈很容易占主导作用，从而使译文出现偏差和失真。如此一来，以原文文本为核心的"等值""等效"之类的标准就不复存在。所以理解的标准不可能是唯一的、不变的，而是宽泛的。但是，原作者在创作某一文本时，该文本本身的意义就已经存在，是作者在当时的历史环境和语境下刻意安排的，蕴含在文本中。译者不能因为理解的历史性就随意改变原文本的意义，更不能依据自己所处的时代背景赋予原文本不存在的意义。这不禁让人思考：应以译者不带"偏见"的翻译为标准，还是应该承认译者带有"前理解"的翻译呢？在一定的、受上下文限制的文本中，几种阐释和翻译只会有局部程度上的不同，但是当译者对原文的理解出现偏颇时，如何实现与原文本的有效融合呢？如果译者对文本本意的理解各树一帜，很容易陷入主观主义。由于文本的阐释权转让给了译者，译者的"理解"带着前理解，因此不能将译者的理解直接视为翻译。上文提到的"绝对理解"和"相对理解"正是出于理解的历史性对理解进行的分类，从而让寻求理解的标准有据可依。译者在理解时带着自己的"前理解"，因此译者作为一个理解个体，他对原文本的理解只是相对的，在此理解基础上得出的译文也不可能穷尽原文本的意义。翻译的阐释学派提出"视阈融合"原则，虽然为文本意义的重新界定开辟了新途径，但前提要求译者的知识结构与原文有重合之处，只有这样，译者在自己的视阈下形成的理解才能与原作者在创作文本时的视阈融合。因此，用"视阈融合"的概念也不忽视译者对原文理解的准确程度。

理解的历史性、开放性和多元性以及文本自身的空白导致文本意义的不确定性和无限性。但这并不意味着文本就不可译。仿照奈达的"动态对等"理论，针对文本意义的理解问题，我们也可以将"理解"分为"绝对理解"和"相对理解"。"绝对理解"意味着寻求文本意义的彻底把握，"相对理解"意味着特定历史时期的译者对文本意义的把握。既然理解具有历史性，那么处于不同历史时期的译者可以赋予文本特定的意义。如此一来，就可以解决文本理解无标准可言的问题。从历时的角度看，文本意义的无限性导致阐释和理解的多元，容易让人产生理解无标准的看法，但是从共时的角度来看，特定历史时期的人们能从当时的时代背景出发，找出文本的意义，得出自己的阐释和理解。这样就可以更好地理解文本，不断地丰富文本的意义。与此同时，它也能解决"理解即翻译"这一论断带来的笼统性和模糊性问题。因为"绝对理解"和"相对理解"意味着理解的主体可以分为理解者个人和理解群体。既然文本的意义是无限的，那么特定历史时期的个人无法穷尽文本的意义，理解的个体可以在他所处的社会历史背景下，利用自己的知识储备，对原文本形成自己的理解。但同时必须指出，理解个体的知识结构不一定完全与某一文本相关，如果他的知识储备和文本没有重合之处，那么他的理解必定会有失偏颇。所以不能简单地认为理解即翻译，因为一方面，理解个体的理解都是对原文本的相对理解，是不全面的；另一方面，理解个体的理解可能会与原文本意相差甚远。理解群体对文本的理解可以跨越不同的历史时期，不同历史时期的人们赋予文本的意义也不尽相同，可以不断寻求完全把握原文本的意义，但是无法得到对文本的绝对理解。翻译一定程度上是一个对原文的理解过程，绝对理解和相对理解意味着只有贴近原文本意的理解才能被视为准确翻译。

　　阐释学对翻译研究具有重要指导作用，同时也有其自身局限性。翻译的阐释学派从哲学范畴谈论翻译，为翻译研究开启了一扇新的窗户。虽然阐释的方法能在一定程度上传达作者的意图，但是离开翻译标准后的理解、阐释，由于理解的历史性、开放性和多元性，文本内容在很大程度上已变成了译者的主观认知，这与翻译的本质相差甚远。因此，我们在翻译的过程中要批判地吸收，不能忽视翻译的本质属性，不能简单地认为"理解即翻译"。翻译研究者还是要保持清醒的头脑，让翻译自身说话。正如曹明伦先生所说："把翻译置于任何视阈下审视，翻译也依然是翻译"❼。

---

❼　参见曹明伦第 109 页。

参考文献

曹明伦．翻译之道：理论与实践［M］．保定：河北大学出版社，2007.

崔永禄，李静莹．翻译本质与译者任务的一些思考［J］．外语与外语教学，2004
（3）．

伽达默尔．真理与方法［M］．洪汉鼎，译．上海：上海译文出版社，1986.

洪汉鼎．当代西方哲学两大思潮（下卷）［M］．北京：商务印书馆，2010.

李倩．理解与翻译研究［J］．广东外语外贸大学学报，2004（1）．

李文革．西方翻译理论流派研究［M］．北京：中国社会科学出版社，2004.

吕俊．翻译：从文本出发［J］．外国语，1998（3）．

邱扬．翻译即阐释之再思考［J］．外国语文，2012（3）．

谢天振．翻译研究新视域［M］．南京：南京大学出版社，2013.

袁洪庚．阐释学与翻译［J］．外国语，1991（5）．

Steiner, George. After Babel：Aspects of Language and Translation［M］. Shanghai：Shang-
    hai Foreign Language Education Press，2011.

韦努蒂的翻译思想与我国翻译教育

蒋 童[*]

ABSTRACT

Lawrence Venuti's thought on translation includes three aspects, the first being his foreignization, the second reading translation as translation and the third constructing a translation culture. Each aspect interacts with others, thus forming the totality of his teaching ideology. These aspects all poke stimulative questions to China's translation education, such as how to instruct students in translation, how to train translators and how to construct a Chinese translation culture.

KEY WORDS: Venuti, foreignization, reading translation as translation, translation culture

摘 要

异化翻译、将译作读作译作以及构建一种翻译文化，是韦努蒂翻译思想的三个重要方面。三者在翻译思想上相互关联、逐级提升、层层深入，对于我国翻译教育事业中如何引导学生、培养译者，构建适应中国的翻译文化，都有着深远的启示意义。

关键词：韦努蒂，异化翻译，将译作读作译作，翻译文化

劳伦斯·韦努蒂（Lawrence Venuti，1953～）是当今美国翻译理论界最重要的翻译理论家之一。他的翻译研究，主要体现在《译

---

[*] 首都师范大学外国语学院。

者的隐身》与《翻译之耻》两部著作以及论文集《翻译改变一切》之中。迄今为止，他出版的文学翻译作品也有十五部之多❶。可以毫不夸张地说，韦努蒂是以翻译理论家与实践家（译者）的双重身份跻身于国际翻译研究领域的，其翻译实践广泛，学术视野宽广，著作译作等身。

透过韦努蒂的翻译思想和翻译实践，不难发现，他不仅是一位有着深邃思想的翻译理论家，而且还是一位翻译教育家。韦努蒂在翻译理念与教学的思维方面都有着独特的见解，这就是以彰显异质文化的异化翻译来凸显译者的地位，将译文读作并欣赏为译文以及构建一种让翻译良性发展的翻译文化思想。然而，他的翻译教学思想如果不从其翻译思想中萃取升华出来，则鲜有人予以关注。因此，在我国翻译学科及翻译实践大踏步前进而又却缺乏理论反思的今天，认真探讨韦努蒂翻译思想中所烛照出的翻译教学思想的光芒，对于我国的翻译教学，不仅有着重要的现实意义，同时也有着深远的历史意义。

在韦努蒂看来，翻译不仅是语言问题，更是文化、社会、伦理问题。由是观之，韦努蒂从来都在"文化"层面对翻译展开研究，"是在全球化和文化转型的背景下，对语文学、语言学翻译研究的批判，并结合了诸种后现代理论的基础上形成的"❷。因此，他的研究同时关注语言、社会翻译所受到的耻辱、翻译所带来的文化身份、翻译伦理等问题。就此，韦努蒂本人坦言，"我倾向于把我自己的著作看作，以某种形式把在文学研究和文化研究中争论的问题引入翻译研究的辩论中来"❸。

韦努蒂从英美翻译史入手，在解读施莱尔马赫的译论时，创造性地提出异化归化翻译❹，用以表达在译文中对原语文本、原语文化的伦理立场。事实上，异化翻译与归化翻译并不对立，没有绝对的分界线，并非矛盾的两极，而是相互依存的。异化翻译，涉及话语

---

❶ 参见 Venuti 2010a。

❷ 参见张景华第 14 – 46 页。

❸ 参见郭建中第 44 页。

❹ 参见 Venuti 1995 第 20 页。

策略以及外语文本的选择。韦努蒂的翻译实践（实验）着重选译外国文学中偏离本土文学规范的文本。在这种情况下，即使译文通顺，且使用当代标准方言翻译，这种选择本身就带上了陌生化效应。这是因为，翻译行为的本身就代表了对异域文化的尊重，因为译者永远不可能恢复原语文本的原貌❺，故而译者只能用读者能够理解且感兴趣的语言，努力做到对原作原文化尽可能的尊重。

　　韦努蒂曾建议译者采用两种方法来彰显原文的异质性：一是采用偏离当今盛行的归化的话语策略，如大量运用古词与通顺、透明的话语；二是选译那些可以挑战目的语中当代外国文学经典的文本❻。这一主张，与周氏兄弟 1909 年在日本刊印《域外小说集》之旨义不谋而合，简直达到了惊人的相似。《域外小说集·序言》云："《域外小说集》为书，词致朴讷……迻译亦期弗失文情。异域文术新宗，自此始入华土。使有士卓特，不为常俗所囿，必将犁然有当于心。按邦国时期，籀读其心声，以相度神思之所在，则此虽大涛之微沤与，而性解思惟，实寓于此"❼。《域外小说集》第一册选"波兰一篇，美一篇，俄五篇。新纪文潮，灌注中夏，此其滥觞矣"❽。当然，这种凸显原作异质性的做法，在刚开始时未必能让读者完全理解，韦努蒂译作与《域外小说集》初期的销量都不好，被读者理解后才开始畅销。同样，傅雷选译"修养小说"《约翰·克里斯朵夫》，将自己的朝气与生命激情、顽强与精神力量融进译作。从 20 世纪 40 年代到 80 年代，国内累计印数百万部。傅译的成功，就在于其借译作构建了自己的生命形象，"借天下之大言，以自励兼励人，以自树兼树人"❾。

　　因此，在历史发展到全球化的今天，一种异域文化中再多的异质性（因素），如语言上的不可译因素（方言、土语、双关语）和文化上的不可译因素（词汇缺项等），都可以在翻译实践中巧妙地在

---

❺　参见郭建中第 44 页。
❻　参见 Venuti 第 125 页。
❼　参见王世家、止庵第 313 页。
❽　参见王世家、止庵第 331 页。
❾　参见罗新璋第 15 – 17 页。

译入语中进行表达。这正是公元 382 年，道安所作《摩诃钵罗若波罗蜜经钞序》中"正当以不闻异言，传令知会通耳"❿ 所传达的道理。一种语言、文化的独特性是可以与另一种语言与文化性相通（commeasurable）的。这样看来，韦努蒂所倡导的异化翻译，无论是一种态度，抑或是一种策略，都在寻求语言与文化的可通约性，都在探测、勘定并跨越一切可能的翻译与沟通的界线。这一理念，是以前翻译教学中所缺失的，而韦努蒂恰恰是以异化翻译这一新观念有效地警示了世人。

比如，"John thinks he is as wise as Solomon, but he displeases others by what he says"。其中英文"as wise as Solomon"，典出《列王记上》第 3 章第 12 节，意为"像所罗门一样聪明"。这样的例句在翻译教学中比比皆是，学生会迷失于到底用译入语的形象去替换原文的形象，还是干脆舍意象而仅译出意思。如果该句译为"约翰自以为很聪明"，虽译出了意思，但将原句中"所罗门"的意象丢失；如译为"约翰像诸葛亮一样聪明"，意象虽为汉语读者理解，但读者也许会想，莫非圣经中也有诸葛亮？这种译法背后的本土价值观念被潜移默化地"铭刻"进了异域文本之中，并遮蔽了异域文本。以上两种译法，均在不自知的情形下对原作的意象采取了不负责任的态度。不是翻译在绝对意义上不可行，而是盲目追求"忠实对等"的翻译不可行。如果译为"约翰像所罗门一样聪明"，则顾及了原文的意象与意义，是一种对原作认真负责的态度。

再如，1968 年，川端康成在斯德哥尔摩发表了诺贝尔文学奖获奖演讲，题为"美しい日本の私"。当时现场的译员——爱德华教授，任教于哥伦比亚大学，精通日语及日本文学，琢磨半天也吃不透：究竟是我美丽呢，还是日本美丽？还是在美丽的日本的我美丽？最后只好勉强译为"我与美丽的日本"⓫，这一译法着实令川端失望。事实上，唯有译为"日本的美与我"，才能传达出川端与日本文化那种无法割断的血脉亲缘。

---

❿ 参见道安第 290 页。

⓫ 参见李兆中第 271 – 273 页。

　　上述两例说明，讲授翻译的老师，一定要在日常的翻译教学活动中向学生渗透这种态度。这样，翻译才可能被视为研究并实践差异的场所，从而建立起一种异化翻译的传统。这是韦努蒂异化翻译对我国翻译教学的重要启示。

　　翻译的目的，是使一种文化为另一种文化所理解。这种由翻译所带来的理解，在本土文化中会塑造异域的文化身份。韦努蒂就此举出日本的例子加以说明。20 世纪五六十年代，美国曾翻译出版了谷崎润一郎、川端康成和三岛由纪夫的作品。其中川端康成的《雪国》成为美国人心目中日本人及日本文化的典型：雅致、难以捉摸、迷雾、凄楚忧郁、不确定。这样，美国出版商便建构起了一个英译日本小说的经典，日本被英美国家"创造"了出来。到了 20 世纪 90 年代，美国人编译的《猴脑寿司》《新日本之声》和《厨房》等文选在美国陆续出版。这三部作品的主题是乐观刺激、平易近人、青春活力且极度西化的，整体上投射出一个高度美国化的日本文化形象。这一形象挑战了经由川端康成等作家塑造起来的原有的、典型的日本形象：日本的形象再一次被翻译"创造"了❷。这就是韦努蒂所说的翻译所起到的形成文化身份（the formation of cultural identities）的作用。在翻译教学中，若能将翻译的作用上升到这一层次，必然会加深学生对翻译之用的理解。翻译之为用，大矣哉！这是韦努蒂异化翻译对我们翻译教学的又一有益启示。

　　韦努蒂翻译研究的一大发力点是致力于构建以异化翻译为起点的翻译学科体系，并以此来推动翻译研究走向学术研究的中心。为此，他创建了自己独具特色的翻译话语体系，例如，症候式阅读、译者的隐身、异化归化翻译、反常式忠实与对抗式翻译、翻译之耻、少数语言的翻译与文化身份的形成、存异与化同伦理以及因地制宜伦理等❸。在韦努蒂看来，翻译无论好坏，只要能促进语言、文化的变革与更新就好。当下的问题，是如何认清在大搞学科建设，翻译学科膨胀发展的今天，如何真正坐实翻译学科，而不是空喊提高翻

---

❷　参见 Venuti 1998 第 71 – 75 页。

❸　参见蒋童第 54 – 61 页。

译学科地位的口号，导致"专硕不专，学硕无学"这种令人沮丧的状况。

　　翻译要准确传达原文的内容或意义，因而原文是第一性的。译文派生于原文，依附于原文而存在，处于从属地位。因此，译文必须忠实于原文。韦努蒂看到了这种中西译界都流行的翻译观——原作中心论——的疏漏。而这种观念背后的思维模式就是对普遍性（同一性）的追求，即译作要向原作无穷无尽地靠拢，甚至与原文同一。这样一来，译作的权力与译者的地位便被杳无声息地忽略了。韦努蒂认为，翻译作为需要译者付出巨大劳动，并对社会进步起着重要作用的智力工作，之所以受到诸多耻辱（scandals），都和这一观念不无关系：翻译被版权法排挤，为学术界所轻视，并被出版商、政府、宗教组织所剥削利用❶。站在社会文化的立场上，韦努蒂就造成上述诸多翻译耻辱的原因给出了回答：第一，翻译界内部认识的不一致造成了翻译被边缘化的局面；第二，翻译界以外各学科和社会力量的排斥打压造成了译者的无名地位。正如韦努蒂认同的，在翻译过程中，译者永远不可能恢复原语文本的原貌，只有用读者能够理解且感兴趣的语言，努力做到对原作原文化的尊重，从这个意义上讲，翻译行为本身就是对原语的尊重。

　　之所以有这样的理论主张，是因为韦努蒂认为译作是"有自身权利的作品"（as a work in its own right）。每一部译作，无论是文学的还是非文学的，都凝结着译者创造性的劳动。从某种程度上说，译者在"原创"译作，译作并非对原作的模仿，这足以抵抗翻译界流行的"翻译要以原作马首是瞻、以追求原作者的意图"为中心观念的继续膨胀，从而引领和开启"将译作视为译作，把译作读作译作"（see translation as translation, read translation as translation）❶，"将译作赏析为译作"（appreciate translations as translations）❶，并重新确定译者主体地位的新局面。如果将译作视为原作的附属，则会

---

❶　参见 Venuti 1998 第 1 页。

❶　参见 Venuti 2004。

❶　参见 Venuti 2011。

消灭译者创造性的劳动，读者甚至会抛开译本去阅读原作；相反，如果将译作视为/读作/赏析为译作，则会凸显译者的主体地位并赏析到译作之美、之趣！

钱钟书《林纾的翻译》一文是"将译作读作译作、赏析为译作"的绝佳例证与阐释。根据钱钟书先生考证，林译小说前期的绝大多数译品，都有自序、旁人序、跋、小引、例言、译余剩语、或自己和旁人提写的诗词，这种做法都对原作的意义与艺术提供了阐明或赏析。这足以证明林纾前期与译作关系亲密，对待自己的译作亲热、隆重❶。为了便于阅读，林纾采取的手法还包括加工（润色）原文；渲染（增饰）人物情景；遇到原作不理想的地方，甚至抢过原作者的笔代为写之；删减原作不入中国文化的词句、段落；加注申说；使用古奥的字法句法；换字法；因而使译作的语言更具体，情景更活泼。出于上述因素，钱先生发现自己不乐意读原文，宁可读林纾的译文。原因很简单，林纾的译作比外文原作的笔法更加高明❶。《林纾的翻译》一文，体现出钱钟书的博辩纵横，将林译小说读作译作，赏析（文学批评）为译作，融翻译、批评与理论于一炉，堪称典范。该文不仅提高了林译小说在学界的地位，甚至还提高了译者（林纾）的地位。而写作该文的钱先生本人，也正是从小熟读林译小说，才发现了西洋文学的新天地，找到中西文学互相阐发之路，终成学贯古今、学贯中西的大儒。

笔者还记得高中学习《论读书》"读书足以怡情、足以傅采、足以长才……"时的情境，感动于此文的文采，遂将选文背熟。后知是杨宪益先生译自培根散文 *Of Studies* 之后，才恍然大悟：世间居然也有这样的妙译！惊愕之后，细细忖度杨宪益的译作《论读书》，选词、出句、谋篇、立意，均自成一格，绝无任何翻译痕迹。*Of Studies* 的原文,正是经过了译者杨宪益创造性的转换（翻译行为），才幻化成加妙绝伦的《论读书》！

综上所述，原作有原作的自身权利，原作的归原作，原作者的

---

❶　参见钱钟书第 23 – 36 页。
❶　参见钱钟书第 45 页。

归原作者；而译作自然也应有译作的自身权利。应当把翻译本应享有的这种自身权利归还翻译，译作的归译作，译者的归译者。做翻译教师的，在教学过程中一定要渗透这样的理念。

将"译作视为译作，读作译作，赏析为译作"，译者连同译作，便会从"隐身"的后台走到"显身"的前台。韦努蒂认为，这种情况有助于建构一个新型的、以往并不存在的由译家与译论家构成的团队，并建构一个新的对于译入译出文化的互评传统❶。在此基础上，韦努蒂构想出"一种翻译文化"（a translation culture）❷。他认为，尽管目前有很多取得极大成就的翻译家，有很多奖项和文化组织认同、支持翻译，有很多译作出版，翻译研究也作为一门新兴学科出现了，但翻译仍旧遭到误解，得不到应有的评价并遭到持久利用与剥削。他呼吁学术界和读者应当将译作读作并赏析为译作，将译作当作独立于原作而享有自治权的文本来对待；对于译者，如果要改观翻译所处的边缘状况，韦努蒂建议其要转换思维。这种思维方式的转换，即构建翻译文化的思想，对我们的翻译教育有着极大的启示。

教师应当将"翻译教作翻译"，学生应当"将翻译学作并阐释作翻译"。学习翻译的学生，必须具备相当高的外语水平才能够用译入语写作各种文体。学生越是浸淫于翻译，越能精于此道，明辨并描述、解释以及评估译作。这样，适应翻译发展的翻译文化才会应运而生。在这种翻译文化中，译作不是为一般人所做、所阅读、所学、所教的，译作是属于接受文化的。这与以色列特拉维夫大学翻译学者图里的主张不谋而合。他认为，翻译由目标语文化发起，由于目标文化有所缺失，需要通过翻译来填补❸。韦努蒂认为，这一填补的结果，不仅能产生出一种具有自身特征的翻译文化体系，而且还会带来译入语的语言、文化以至整个社会的革新❹。

为达成上述目的，教师在日常教学工作中需要向学生渗透这种

---

❶ 参见 Venuti 2010b 第 72－81 页。

❷ 参见 Venuti 2011。

❸ 参见 Toury 第 27 页。

❹ 参见 Venuti 2011。

意识。韦努蒂以自己讲授"世界文学课"为例，阐明教师如何"将翻译教作翻译"。世界文学课本来要求学生阅读原作，但教师和学生一般达不到这种要求，故而课上使用译作。这样一来，讲授世界文学，就成了讲授世界文学的翻译文学（translated literature）。具体做法是：既注重拓展学生原语以及目的语的语言知识，也关注学生的译语语言以及文学分析能力，细致关注词汇、句法，关注隐含意义与外延意义，还关注方言、语域、文体、文类、互文性，以及跨文化因素的比较。韦努蒂在课上还展示多种译文，提供补充材料，并使用多种工具书，如《牛津辞典》《美国俚语辞典》等。这样，学生才能看出原作者及译者具有各自文风的语言选择。《论读书》就是很好的例子。

韦努蒂的教学主张与教学实践对我们的启示是：翻译应当以一种阐释行为被理解、被实践并被讲授。在当下培养翻译学生的过程中，就是要培养学生作为阐释者的眼光，如同钱钟书那样的阐释者的眼光。这就需要教师及学生以精通外语为起点，能够清晰准确地写出不同文体的文章。此外，还需熟知译入语的翻译传统，能历史地把握理论概念与实践策略。例如，在培养学生翻译实践能力的过程中，讲授中国翻译史就显的格外迫切，尤其要拿出实例。例如，佛教翻译中的格义的方法是如何将道家思想融入佛学思想，使之为当时的社会接受的？鸠摩罗什是怎样进行翻译实践的？玄奘的"五不翻"是怎样体现在其翻译实践中的？佛教的词汇是如何形成自己体系的？利玛窦与徐光启是如何合译《几何原本》的？化学元素是如何被翻译到汉语语境中的？《圣经》是如何翻译的？基督教的圣号是如何被翻译成汉语的"上帝"或"神"的？以及严复如何翻译社科作品？林纾如何翻译文学作品？周氏兄弟如何进行翻译？凡此种种，均需要在翻译教学环节中着力践行。

讲授翻译史上的这些著名译例，不仅可以培养学生的翻译理论意识，而且可使学生接触到在具体实践中所操用的翻译策略及方法，以资其后的理论学习与翻译实践。除此之外，学生还应当学会如何用吸引人的方式对译作进行批评（如钱钟书对林译小说的批评），而这种文学批评正是基于文学、历史、理论以及翻译的诸种知识上做出的。学生不仅要有能力将自己的工作和以往的理论与实践相结合，还要有能力为读者品评出这些工作的优点。进一步，他们还应当有能力与广大读者分享专著、译论文章、译史知识、译作评论、欣赏期刊中的诗作、采访稿以及当下有关翻译的博客之类。这个环节必不可少。因为翻译中的有些问题，已经不再是简单的对译问题，而是跨文化传播中两种文化的中心价值和中心象征如何交换和转换的问题，以及围绕这个象征资源，各种不同的知识权力和政治势力如何在错综复杂的关系网络中，具体而微地运筹和博弈的问题❷。只有拥有了这样大的背景知识，并在其基础上，学生们才不难在现有的翻译实践中选择。这样训练出来的学生，方可兼具描述、阐释、品评、批评翻译等诸多能力。

当然，只有上述因素和谐发展，出版者才能从对翻译持续的激励与资助中获益，才能"将译作售作译作"。韦努蒂曾用这样一句话揭示"钱"与翻译的关系，即"When money is involved, some books can't be sexy enough"❷。的确，诚如韦努蒂的观点，"钱"才是出版翻译作品与出版界认识翻译的根源。所以，译者一定要制定计划并锁定出版者，最终才能改变译作是原作附庸的状况，才能改观翻译所处的文化边缘地位，并促使翻译文化的真正出现与良性运作❷。

韦努蒂三十多年来一直在为译者、翻译、译作乃至整个翻译研究"鸣不平"，他持之以恒地进行理性的思考，力图权衡出切实可行的方法。在人类需要沟通与交流的全球化时代，韦努蒂渴望一种可以让翻译稳定栖身的价值，一种属于翻译自身的、健康的、良性发展的翻译文化。而这种文化的实现，需要社会各个层面对翻译的地位给予应有的认同。

参考文献

道安. 摩诃钵罗若波罗蜜经钞序［M］//僧祐. 出三藏记集. 北京：中华书

---

❷　参见李炽昌第 4 - 5 页。
❷　参见 Venuti 2010a。
❷　参见 Venuti 2011。

局，1995.

郭建中. 韦努蒂访谈录［J］. 中国翻译，2008（3）.

蒋童. 语链：韦努蒂翻译研究的生成［J］. 外国语，2012（1）.

李炽昌. 前言［M］//李炽昌. 圣号论衡. 上海：上海古籍出版社，2008.

李兆忠. 暧昧的日本人［M］. 广州：广东人民出版社，1998.

罗新璋. 傅译罗曼·罗兰之我见［M］//罗新璋. 译艺发端. 长沙：湖南人民出版
　　社，2013.

钱钟书. 林纾的翻译［M］//钱钟书. 林纾的翻译. 北京：商务印书馆，1981.

王世家，止庵. 鲁迅著译编年全集·卷一［M］. 北京：人民出版社，2009.

张景华. 翻译伦理：韦努蒂翻译思想研究［M］. 上海：上海交通大学出版
　　社，2009.

Mémoires of Translation. eXchanges：Journal of Literary Translation［EB/OL］. http：//ex-
　　changes. uiowa. edu/m - moires - of - translation.

The Scandals of Translation：Toward an Ethics of Difference［M］. New York：Routledge，1998.

The Translator's Invisibility：A History of Translation［M］. New York：Routledge，1995.

Toury，G. Descriptive Translation Studies and Beyond［M］. Amersterdam/Philadelphia：
　　John Benjamins Publishing Company，1995.

Towards a Translation Culture. Iowa Review［EB/OL］. http：//iowareview. uiowa. edu/
　　page/towards_a_translation_culture.

Translation，Empiricism，Ethics. Profession. Ed. Rosemary Feal［M］. New York：Modern
　　Language Association of America，2010b.

Venuti，Lawrence. How to Read a Translation［EB/OL］. http：//wordswithoutborders. org/
　　article/how - to - read - a - translation.

实践篇

我对文学翻译的思考

李 尧*

ABSTRACT

This essay suggests that literary translation is an effort to recreate the original work in target language as it blends the author's original thoughts with the translator's interpretation. Therefore, the language used by the translator must be flexible enough to articulate the author's intention, to represent the literariness of the original and to echo the author's individual experience. Although it proved impossible to render all literary effects intended by the author, efforts can be made, with the help of rhetorical devices in target language, to keep the story line fully intact.

KEY WORDS: target language, rhetorical device, literariness, literary translation

摘 要

本文认为，文学翻译是使用目标语对源文本进行再创作的过程，其中糅合了作者的思想和译者的解读。所以，译者应当使用灵活的语言来清晰地表达作者的意图，展现源文本的文学性，并对作者的个人经验做出回应。虽然翻译无法完全传达原作的文学效果，译者也应当通过使用目标语的修辞手法，努力保证故事线的完整性。

关键词：目标语，修辞手法，文学性，文学翻译

---

* 悉尼大学。

有一位小说家曾说："什么是小说，小说就是把现实生活装到一个想象的容器里，表现作者对于生活的认识与理念。"如果按照这个逻辑推断，什么是文学翻译？文学翻译就是把一种语言书写的文学作品装到另外一种语言铸成的容器里，虽然表达的还是原作者的思想感情，但是这个容器转换的过程，已经不可避免地掺杂了转换者自己的行为方式。就如把一瓶 XO 装到牛栏山二锅头酒瓶里一样，虽然倒出来的还是 XO，但是重新包装的过程已经或多或少损失了洋酒的芬芳，加添了二锅头的醇香。我们理想的境界是倒出一杯适合中国人口味的 XO，但必须是 XO，否则就是勾兑出来的假酒。

如果说翻译机器可以在某种意义上取代人工翻译的话，绝不可能取代文学翻译。因为文学翻译属于文学艺术的范畴，而文学艺术的特点之一是凝聚了作者（译者）本人的智慧、情感和创造力，极具个人色彩。这种个人色彩是任何翻译机器都无法替代的。

文学要有文学性，文学性就是"那种使特定作品成为文学作品的东西"，例如想象力、虚构、描写、象征、比喻、修辞等。在翻译文学作品的过程中，传达和表现这种文学性，就是所谓"再创作"的过程。而译者不可能将构成文学性的所有这些要素都来一个"再创作"。比如，你不可能"再创作"作者凭想象和虚构创作出来的故事情节，也不可能"再创作"一部文学作品的象征意义。笔者认为，文学翻译工作者再创作的主要空间是在描写那些故事情节的语言上。也就是说，用小说的语言翻译小说，而不是纯语言意义上的直译。因为任何一个作家，在选取、使用每一个词，说每一句话的时候，都浸透了他自己对这个词、这句话的理解，都会有个人的感情色彩，绝对不会是说出这个词在字典里那个干巴巴的意思。因此，做翻译的时候，就要揣摸这个词、这句话背后的感情色彩，而不仅仅是它在字典里表面上的意思。这个揣摸的过程就加入了译者个人的感情色彩，就是一种再创作。

比如，小说《飘》里有这样一句话："You will go," he said, "If I have to drag you by the neck and plant my boot on your ever so charming bottom every step of all the way."上海译文出版社的译本给出这样的翻译：

　　"你会去的，"他说，"我会卡着你的脖子，皮靴对准你那十足迷人的臀部，走一步踢一脚，一直踢到那儿。"这里的臀部显然是字典上的意思，可是巴特勒船长在愤怒、吵架的时候用这个词的时候，想到的会是字典里那个文绉绉的"臀部"吗？显然不是。我们应该把它完全生活化。翻译成"屁股蛋儿"，不就好多了吗？这本书里还有这样一句话：No, Scarlett, the seeds of greatness were never in me. 译者是这样翻译的："不会的，斯佳丽，我身上根本就没有大人物的种子"。"种子"从何而来？"seed"意思对不对？也没有大错。但是这是字典上的意思。不是小说语言，恐怕也没有完全传达作者的原意。如果我们把它改成："不会的，斯佳丽，我根本就不是当大人物的料。"岂不更好？笔者将 David Walker 的 *Not Dark Yet* 里面的一句话："He had come to assume that I was an authority on almost everything."翻译为"他把我想成个'万事通'"。将"I would comment that he was in good shape and add, no doubt, that this was a poor compliment coming from a blind man."翻译为"我会夸他气色不错，毫无疑问，再补充一句，这是一个瞎子瞎夸奖罢了。"（作者大卫·沃克视力很差，几近失明，故有此说）笔者觉得如果按原文直译，就无法传达作者的风趣幽默。这样的翻译算不算再创作，姑且不论，但至少像个文学作品。最近，笔者在帮助一个朋友校订一部译稿的时候，也发现类似的问题。即，如果不加改造地只从字面上翻译，就很难传达出原文的意思。如"Recuperating some of my old energy ..."译者翻译为"我恢复了一些原有的能量……"笔者把它改成："恢复了元气"。"... since according to the now-established logic ..."他翻译为"因为按照既定的逻辑……"我觉得不如翻译为"因为按常理……"好。还有，"I considered that she may have understood me perfectly well and had misinterpreted me on purpose."他翻译为"我觉得她完全理解我的意思，只是要故意歪曲解释一下。"笔者改为"只是故意装糊涂罢了"。笔者觉得这样翻译才像小说的语言。翻译时，有些所谓的"意象"可以改变，甚至必须改变。比如，笔者翻译的一本书中有这样一个句子："His eyes were strained, his back and his neck hurt, but there was a sweet taste in his mouth."我把它译为

"他累得两眼发直，腰酸背疼，但心里很甜"。笔者把"嘴"变成"心"。觉得更好，符合中国读者的欣赏习惯。就像我们不把 Goose flesh 翻译为"鹅皮疙瘩"，而是翻译为"鸡皮疙瘩"一样。这样的例子可以举许多。

说到底就是一句大家听得耳朵起了茧子的话：翻译任何东西不能按字面上的意思翻译。道理虽然简单，尽人皆知，但真正做到就不容易了。林语堂说："字是死的，有了上下文就活了"。无论汉译英还是英译汉，都不能照字面的意思翻译，必须在吃透原文的前提下，用最准确的中文或英文表达出来。笔者翻译的《卡彭塔利亚湾》里有这样一句话："He was astonished and then weakened by the feeling of helplessness, that a man feels, hearing the sounds of labour." "Labour"有很多意思，但主要意思是"劳动"。如果我们只是按照字面上的意思理解，就会把这句话翻译为"听见劳动号子"或者"劳动的声音"。但 Labour 还有一个很不重要的意思，那就是"生孩子"。根据上下文判断，作者就是这个意思。所以这句话应该翻译为："他大吃一惊，又被那种无助搞得浑身无力。这是一个男人听到女人生孩子发出惨叫时的感觉"。

《爱告诉我》（What Love Tells Me——马勒《第三交响曲》第六乐章的标题）中有一句话"You could feel the time between eye and ear, a lagging reverberation as wind, brass, percussion and double bass travelled through thick space to join the leading strings up front."这一段话描写交响乐团演奏一首乐曲的情形。有人把"wind"翻译为"风"，其实"wind"在这里的意思是"木管乐"。笔者把这段话翻译为："你能感觉到木管乐、铜管乐、打击乐和低音提琴，穿过厚重的空间，和前面处于领先地位的弦乐汇合后，那滞后的回声"。觉得基本上表达清楚了原文的意思。

笔者翻译的《雷切尔文件》（*The Rachel Paper by Vintage Amis*）中有这样一句话："Jenny, these days, was silent, but her silence had plenty to say."笔者觉得翻译为"这几天，詹尼默不作声，可是她的沉默是此处无声胜有声"。不但传达了原文的意思，也增加了文学色彩。

　　阅读和翻译的时候，首先要区分看到的这个难点是一般的词汇还是成语。如果是成语，就想方设法找到它的本意。其实这个寻找过程并不难，常常是查字典就能解决。问题是我们常常不弄清楚它究竟是不是成语，就照着字面上的意思翻译，结果译出许多错误。

　　笔者看过某出版社出版的一本世界名著的翻译，觉得问题很多，究其原因就是译者没有吃透原文。而许多错误都是因为他错把成语或者习惯用法按照一般词汇理解造成的，从字面上去找与之相对应的中文来死译。比如，他把"The people who had sold them the house were natives of the region who had gone to seed."翻译为"卖房人是当地居民，现在已经搬到别处种地去了。""seed"是"种子"。他以为与之最贴近的意思是"种地"。殊不知"go to seed"是一个习惯性用语，意思是："衰老""失去活力。"应该翻译为"卖给他们房子的是当地的农民，他们都老了"。还有一句话，原文是："look as if butter would not melt in his mouth."译者把它译为"看起来好像黄油在他嘴里融解不了"。其实这也是个习惯性用语。"look as if butter would not melt in one's mouth 的意思是"装得一本正经的样子；装老实"。

　　再看下面这句："Despite the early hour, his appetite had been whetted by his conversation, and he felt that he would be able to do full justice to his lunch."这位译者翻译为"但他已经为即将到来的谈话而感到兴奋不已，觉得他能够完满地应付这次午餐。"前面半句就翻译错了，"whet"的意思是"刺激""激起""开胃"，后半句更不对。有一个成语是"Do justice to a meal."意思是"饱餐一顿"。所以这句话应该翻译为"尽管时候尚早，这场谈话已经吊起他的胃口，他觉得午饭时他肯定能饱餐一顿"。还有一句话，"It is very small. But it is good, and does no harm. We shall have more."译者翻译为"这杯子很小，但很不错。对身体没有坏处。我要多喝点。""杯子很小"来自原文"it is small"，表面上看没有翻译错，但放到上下文里看就全错了。因为这里"small"的意思是"酒很淡"。应该翻译为"这酒度数不高，而且好酒不伤身体。我们要多喝点。"下面这句话错得也很离谱："And his companion, quietly: Eating, hell! I feel like two or three stiff shots of rye! Come on, let's go around to Steve's."那位译者译为"吃东西，吃个屁！我觉得像吃了两三颗黑麦般的枪子儿。快走吧，我们到史蒂夫家去。""吃了两三颗黑麦般的枪子儿"就是从"Two or three stiff shots of rye"翻译而来的。经查字典，"shot"确实有"子弹"的意思，"rye"意思是"黑麦"。这位译者就从字面上把它译为"黑麦般的枪子儿"。其实，"shot"在字典里还有一个解释是"一杯，尤指一杯啤酒，或者黑麦威士忌"。"Stiff drink"则是"烈性酒"的意思。所以，笔者把它翻译为"吃，真是活见鬼。我想喝两杯黑麦威士忌。走，去斯蒂夫酒馆去。"

还有一段话译得简直让人难以置信。原文是"There were the hackles of the Rocky Mountains blaze in the blank and naked radiance of the moon, go making your resting stool upon the highest peak …Turn now, seeker, on your resting stool atop the Rock Mountain, and look another thousand miles or so across moon-blazing fiend worlds of …"译者翻译为

"落基山锯齿形的轮廓在月色中闪耀着苍茫而明亮的光辉，去吧，在最高的山巅拉一泡屎……现在转身吧，搜寻者，当你在落基山顶拉屎的时候，眺望千里之外月色笼罩下的世界……"

大家一定奇怪，这个"拉屎"是从哪儿译来的呢？从"stool"。我们知道，"stool"有"长凳"的意思。"stool"还有一个意思是"大便，厕所"。"go to stool"的意思是"去大便"。于是，译者想当然地把含有"stool"的这句翻译为"当你在落基山顶拉屎"。其实，只要动脑筋想一想，一个人怎么会费尽九牛二虎之力，爬到落基山顶去拉屎呢？而且会在拉屎的时候"眺望千里之外月色笼罩的世界"呢？这种不合逻辑的思维本来应该引起译者的警惕，可惜他没有。他如果再仔细研究一下这个句子的原文，就会发现"take to stool"也是一个习惯性用语，意思是"找到立足之地"。因而这段话的意思应该是"皎洁的月光下，落基山锯齿般的山脊在燃烧。去，到那高山之巅，找一个立足之地……现在回转身，探索者，在落基山山顶你的立足之地回转身，再向另外一个方向的千里之外眺望，目光越过……"

以上几个例子告诉我们，翻译是一件多么困难又多么严肃的事

情。稍微的疏忽和不负责任，都会造成抱憾终生的错误。

三十多年来，笔者主要翻译澳大利亚文学作品。这个过程中，笔者认识到必须让自己对澳大利亚的风土人情熟悉起来。比如《人树》中的"anthill"，字典的解释是"蚁冢，蚁丘：蚂蚁、白蚁为挖穴或筑巢而刨出的小土堆或沙堆。"但澳大利亚的蚁冢和我们中国人心目中的蚁冢有很大不同。还有 bottle-brush（瓶刷子花）、bell bird（铃鸟）、whip bird（鞭鸟）、bottle shop（小酒馆）等这些构成澳大利亚人生活独特景观的词语，我们只有身临其境才能真正明白它的意思。澳大利亚文学中与其历史密切相关的 selection（农庄）、squatter（农场主）若在别的国家、别的历史时期的作品中，可能完全是另外一个意思。

文化差异也常常给我们的翻译带来麻烦。以 Chacellor 和 Vice-Chancellor 为例。

Vice-Chancellor，按字典上的说法，是国家副首脑、副大法官、大学副教授，但按照英国的教育体制，Vice-Chancellor 相当于中国大学里的校长，主持学校日常行政事务。不要觉得 Chancellor 前面有个Vice，就以为这是副校长，其实是校长，Vice 在这里是拉丁义，其原义是代表某人。具备这些复杂的背景知识就可以"无往而不胜"。

什么是原作的风格，什么是译作的风格，原作的风格和译作的风格之间的关系如何都是翻译家争论不休的问题。归根结底是风格可译不可译的问题。茅盾认为风格可以翻译，周煦良先生认为"原文的风格是无法转译的。"他认为，一部文学译品的风格是由四个方面决定的："一是原作的风格；二是译者本人的文章风格；三是译者本国语言的特征；四是译者所处的时代。有后面三个因素掺杂其间，译者怎能正确反映出原作的风格呢？"所以他认为，只能要求它有个风格。

笔者自己认为，风格是不可译的。诗歌的翻译似乎特别能说明这一点。李清照《声声慢》中一开头的十四个字："寻寻觅觅，冷冷清清，凄凄惨惨戚戚"。译者 John Turner 费尽心机把它译为：

I pine and peak

Andquestless seek

> Groping and moping to linger and languish
>
> Anon to wander and wonder, glare, stare and start
>
> Fleshchill'd
>
> Ghost thrilled
>
> With grim dart
>
> And keen canker of rankling anguish.

读者一望而知，原作的风格荡然无存。

但作为译者，还是要尽量把一部文学作品的特点或者风格表现出来。笔者最近翻译的《光明行》（*Not Dark Yet*）在这方面做了有益的尝试。作者大卫·沃克是个非常风趣幽默的人。笔者在译文中尽量捕捉原文的风趣幽默，并且努力用中文表达出来，让读者看了也能忍俊不禁，甚至哈哈大笑。比如有一段话是这样说的：

> While the first flush of excitement at owning the Vanguard never quite dissipated, over time the car lost some of its gloss. It did not quite make the grade as a stylish car, nor did it age gracefully. In its declining years, it became rather sullen and moody. It could be very black. On cold mornings, Gil would have to use the crank handle to get the "cursed thing" started, bad language by his standards. The Vanguard turned into one of those postwar British immigrants who had looked really good on paper, was no better than the rest of us in practice.

笔者把它译为：

> 虽然拥有一辆"先锋"最初的兴奋和激动始终没有完全消散，随着岁月的流逝，它却不再熠熠生辉，不再跻身"时髦"之列，也没能让自己优雅地变老。渐渐衰落的日子里，它总是郁郁寡欢，喜怒无常，甚至极度消沉。寒冷的早晨，吉尔不得不用手摇曲柄发动那个"该死的家伙"。按照他的标准，这已经属于脏话。"先锋"变得宛如战后某些英国移民，在报纸上曾经仪态万方，可现在风光不再。

事后笔者想，之所以能在一定程度上把握并传达出原文的风格，是因为笔者在翻译此书的过程中，和大卫·沃克先生有很多的交往，我们一起工作，几乎朝夕相处，对他风趣幽默的个性比较了解，对他的写作风格也比较熟悉，所以能把这本书翻译得更贴近原著。由此可见，一部文学作品的风格并不是绝对不可以传达，关键是我们对原著，对作者的了解有多深。了解得越深，就越能传达出它的风格。

最后，笔者想以台湾作家、诗人、翻译家余光中先生的一段话，结束此文。余光中先生说："翻译向来有直译意译之说，强分为二，令人困惑。诗歌乃一切作品中最精练最浓缩的艺术，所谓'最佳的词句做最佳的安排'。因此，译诗不但要译其精神，也要译其体貌，也就是说，不但远看要求神似，而且接近也要面熟。理想的译诗正是如此传神而又摹状。理想当然难求，正如佳译不可能等于原作。最幸运的时候，译诗当如孪生之胎，其次当如兄弟。再其次，当如堂兄表弟，或是侄女外甥。总之要令人一眼就欣然看出亲属关系。可惜许多译者或因才力不济，或因苦功不足，总之不够自知，不够敬业，结果祸延原作，害得我们看不见堂兄表弟，只见到一些形迹可疑的陌生人，至多是同乡远亲。"

希望我们大家共同努力，即使翻译不出原作的"孪生之胎"，至少也翻译几个"堂兄表弟"。千万不要尽译出些"形迹可疑的陌生人"。

谈詹纳尔和余国藩的《西游记》译本

王　珺[*]

ABSTRACT

William John Francis Jenner's *Journey to the West* and Anthony C. Yu's *The Journey to the West* are the most influential English translations of *Xi You Ji*. This paper, by excerpting three important chapters from the novel, tries a comparative analysis and preliminary evaluation of these two versions, based on statistics including word frequency, TTR, and word length from Wordsmith Tools.

KEY WORDS: English translation of "Xi You Ji", wordsmith, W. J. F. Jenner's *Journey to the West*, Anthony C. Yu's *The Journey to the West*

摘　要

詹纳尔与余国藩的《西游记》英译本被认为是影响最大、读者面最广的译本。本文以"大闹天宫"为例,使用 Wordsmith 软件,借助词频、类符/形符比、平均词长等数据对两译本进行定量研究,并辅助以定性分析,旨在评价两译本各自的特点,以期探索中西不同译者文化背景对其翻译策略的影响。

关键词:《西游记》英译, Wordsmith, 詹纳尔译本, 余国藩译本

---

* 北京师范大学,本文为北京市社会科学基金项目"现代语言技术体系研究"(14WYB015)和北京师范大学自主科研基金项目(SKZZB2014013)的部分研究成果。

　　《西游记》是我国古典四大名著之一，凭借其精湛的文学造诣、幽默谐趣的风格和深邃犀利的思想，四百多年来一直深受国人喜爱。《西游记》完整的英译本主要有余国藩（Anthony C. Yu）译本和詹纳尔（William John Francis Jenner）译本。余译本（*The Journey to the West*）在 1977～1983 年间，由芝加哥大学出版社分四卷陆续出版，是《西游记》的第一个英文全译本，也被诸多学者认为是翻译最为准确的译本。詹译本（*Journey to the West*）于 1982～1986 年由外文出版社分四卷陆续出版，是第二个英文全译本。外文出版社后又分别于 1994 年、2000 年、2003 年将詹译本多次再版，并被纳入不同丛书，因此，詹译本现已成为中国本土最为流行、影响最大的《西游记》英译版本，也是读者普遍接触到的《西游记》英译本。然而，余译本与詹译本究竟孰优孰劣，也引起了不少争论。为回答这一问题，笔者将两译本进行对比分析，旨在探究各自译本的特点风格。

　　"大闹天宫"是《西游记》中最为精彩的内容之一，在第五、六、七章中，各路神仙悉数登场，打斗场面精彩纷呈。同时，众多文化负载词及诗词韵文不仅是翻译的重点与难点，也是译者翻译风格的集中体现，因此，以"大闹天宫"为例对两个译本进行对比研究，颇具代表性。

　　计算机技术的发展催生出语料库翻译学，语料库已成为翻译研究有效的手段之一。语料库软件 Wordsmith Tools，因操作简便等特点得到了诸多研究者的青睐。就其主要功能而言，检索（Concord）功能最为常用，主要用来查询和统计个别词汇或短语在语料库中出现的频率。软件将检索词汇在文本库中加亮显示，研究者能够看到这些词汇或短语在句子或篇章中的使用情况。单词列表（Wordlist）功能则主要用来统计语料库中所有词汇的使用频率列表，通过该功能统计，研究者可以详细看出某个或某些词汇出现的总频率。主题词（Keywords）功能则是找出频率明显高于或低于另一参照语料库中对应词的频率的一些词汇，为研究个别或某类译者的翻译风格、翻译时使用策略等提供原始定量数据❶。

---

❶　参见何其莘、穆雷第 151－153 页。

笔者运用 Wordsmith 6.0 中的单词列表功能对两译本的"大闹天宫"篇章进行了词频统计，统计结果如表 1 所示。

表 1　"大闹天宫"篇章词频列表（前 15 位）

次序	詹译本			余译本		
	词汇	频率	百分比（%）	词汇	频率	百分比（%）
1	THE	1602	8.86	THE	1510	8.26
2	AND	800	4.42	AND	715	3.91
3	TO	549	3.03	TO	528	2.89
4	OF	474	2.62	A	330	1.81
5	A	332	1.84	OF	324	1.77
6	HE	309	1.71	HE	310	1.70
7	HIS	262	1.45	HIS	216	1.18
8	IN	181	1.00	IN	198	1.08
9	HIM	174	0.96	GREAT	191	1.05
10	GREAT	164	0.91	WITH	161	0.88
11	WITH	164	0.91	SAGE	149	0.82
12	WAS	158	0.87	WAS	136	0.74
13	YOU	156	0.86	THAT	130	0.71
14	SAGE	147	0.81	YOU	125	0.68
15	AS	135	0.75	HIM	124	0.68

由表 1 可知，两译本节选篇章在词频方面具有较大的相似性，15 个高频词汇中，14 词同时出现。但单词 as 在詹译本中的出现频率远高于在余译本中的出现频率，笔者对詹译本中的单词 as 进行了共现检索，现举例如下。

例 1　后面一千二百株，紫纹缃核，九千年一熟，人吃了**与天地齐寿，日月同庚**❷。

詹译本：The back twelve hundred are streaked with purple and

———————————

❷　粗体系作者所加，以下同。

have pale yellow stones. They ripen once every nine thousand years, and anyone who eats them becomes **as** eternal **as** Heaven and Earth, **as** long-lived **as** the Sun and Moon.

余译本：At the back are one thousand two hundred trees with fruits of purple veins and pale yellow pits. These ripen once every nine thousand years and, if eaten, will make a man's age **equal to** that of Heaven and Earth, the sun and the moon.

对比"与天地齐寿，日月同庚"的翻译，詹译本中，"与""同"二字两次对应 as …as …的结构，相对直接；而余译本则采用 be equal to 来表达"同……一样"的意思。

例2 若我输与他，不必列公相助，我自有兄弟扶持；若我赢了他，也不必列公绑缚，我自有兄弟动手。

詹译本：If he beats me I shan't need the help of you gentlemen, as I have my brothers to support me; and if I beat him I won't have to trouble you to tie him up as my brothers can do it.

余译本：If I lose, you gentlemen need not come to my assistance, for my own brothers will be there to support me. If I win, you gentlemen will not be needed in tying his up either; my own brothers will take care of that.

中文原句是由分号连接的一句话，詹译本中，仍是一个句子，同样用分号连接；翻译"我自有兄弟扶持"和"我自有兄弟动手"时，两次均使用了 as 的连词功能，译成从句。而余译本却不同，原文的一句话被译成了两个句子，"我自有兄弟扶持"用 for 的连词功能译成了分句，"我自有兄弟动手"则使用分号而非连词。

由此可见，詹译本比余译本更遵从原文的短语和句子结构，而余译本在翻译中的词汇和句型使用则更为灵活。

形符数（token）是一个文本中所有单词的总和，类符数（type）是一个文本中不同词形的数量。所以，统计文本的类符/形符比（Type/Token Ratio, TTR）数值，可以看出文本的词汇量变化情况，比值越高，则用词越灵活、丰富（见表2）。

表 2　类符/形符比统计

项目	詹译本	余译本	BNC
形符数	18089	18271	102467488
类符数	2675	3321	166962
类符/形符比	14.79	18.19	0.16
标准化类符/形符比	41.26	45.50	41.20

　　由表 2 可以看出，第一，余译本和詹译本的标准化类符/形符比都高于 BNC，这主要是由于，文学作品的中译英，多涉及带有中国特色的语言词汇和文化现象，因此，翻译时不可避免地要进行词汇的引入和创新，所以两个译本作为文学翻译作品，其语言词汇较英语国家的常用语言词汇是更为丰富的。

　　第二，余译本的标准化类符/形符比明显高于詹译本，由此可见，在一定程度上，余译本较詹译本而言，有更为宽泛的用词范围、丰富多变的词汇量，而这与上述词频特征分析下的数据特点也是一致的（见表 3）。

表 3　各长度词占总词汇的百分比

词长	詹译本（%）	余译本（%）	BNC
1 - letter words	2.49	2.74	4.71
2 - letter words	14.97	13.30	17.25
3 - letter words	25.88	23.69	20.39
4 - letter words	19.89	18.96	17.67
5 - letter words	11.56	12.06	10.77
6 - letter words	9.08	9.44	7.94
7 - letter words	6.93	7.73	7.29
8 - letter words	5.15	5.62	5.13
9 - letter words	2.18	3.09	3.75
10 (+) - letter words	1.87	3.32	5.1

　　由表 3 可见，3 字母词在两个译本和 BNC 中均占据最大的百分比，紧随其后的是 4 字母词、2 字母词和 5 字母词。对比詹译本和余译本可知，在 2 字母词、3 字母词和 4 字母词的使用频率上，詹译本高于余译本；然而，从 5 字母词开始，余译本中长词的使用频率则

明显高于詹译本。统计得出，詹译本中的平均词长是 4.32，余译本中的平均词长是 4.61，由此可见，余译本比詹译本更倾向于使用长词。现举例如下（见图 1）：

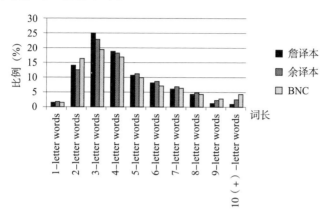

图 1　各长度词占总词汇的百分比

例 3　先熟的，酡颜醉脸；晚结的，带蒂青皮。

詹译本：The early ripeners

Look red-faced and tipsy；

The ones still growing

Are green in stalk and skin.

余译本：Those that first ripen glow like faces reddened with wine,

While those half-grown ones

Are stalk-held and green-skinned.

例 4　这原来是个定身法，把那七衣仙女，一个个睖睖睁睁，白着眼，都站在桃树之下。

詹译本：As this was an immobilizing spell, the seven fairies were left standing in a daze under the peach tree with their eyes wide open.

余译本：This was the magic of immobilization, the effect of which was that the Seven-Gown Immortal Maidens all stood wide-eyed and transfixed beneath the peach trees.

例 5　妆彩描金桌

詹译本：A coloured golden table

余译本：A table inlaid with five-color gold

詹译本中"青皮"的翻译比较直接，green in skin 是一个短语；余译本中的 green-skinned 运用连字符，将两个词组成了一个词。同样地，"睒睒睁睁，白着眼"在詹译本中被译成了 with their eyes wide open，用 with 引导，作为补充信息；余译本则选择一个词 wide-eyed 来表达此意。由上述例子可以看出，詹译本倾向于使用介词短语、从句等结构来翻译修饰成分，而余译本的修饰成分则多是由连词符组成的词语，这是不同译者写作和翻译中的习惯不同，也是余译本中的平均词长要长于詹译本的一个重要原因。

《西游记》中有大量的人物对话描写，引述动词"道"的使用极为频繁，而两个译本对于"道"字的翻译也各具特色。

例 6　拜讫，李天王道："孩儿，你自那厢来者？"惠岸道："愚男随菩萨赴蟠桃会……到此打听虚实。"李天王道："昨日到此安营下寨……"

詹译本："Where have you come from, my son?" asked Heavenly King Li. "Your stupid son accompanied the Bodhisattva to the Peach Banquet …the Bodhisattva sent me here to find out what has happened." "We arrived here and encamped yesterday," Heavenly King Li replied …

余译本：After he had finished his greetings, Devaraja Li said, "My child, where have you come from?" "Your untutored son," said Hui'an, "accompanied the Bodhisattva to attend the Festival of Immortal Peaches …the Bodhisattva ordered your untutored son to come here to find out how things stand." "We came here yesterday to set up the encampment," said Devaraja Li …

在这段对话中，"道"字出现 3 次，在余译本中，3 个"道"字均被译成了 said，用以引导直接引语。但在詹译本中，第一个"道"被译成了 asked，第二个"道"字被省去不译，用引号直接呈现人物所说的话，而第三个"道"字被译成了 replied，翻译地相对灵活。

笔者统计，在节选篇章中，原文用于引导直接引语的"道"字总数为 168，詹译本中 said 出现 51 次，在词频表中排名第 52 位，占总词汇百分比为 0.28%；余译本中，said 一共出现 114 次，词频表中排名第 16 位，占总词汇百分比是 0.62%。

由图 2、图 3 可知，原文和两个译本的总字数相差无几，但詹译本中 said 的出现频率明显低于原文中"道"和余译本中 said 的出现频率。可见，两译本在翻译"道"字引导的直接引语时，各有偏好，詹译本的翻译更加灵活。

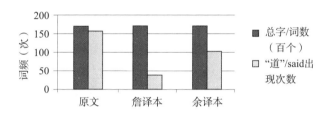

图 2　文本总字/词数与"道"/said 出现次数

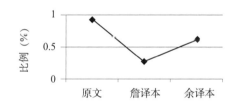

图 3　"道"/said 占文本总字/词数的比例

"大闹天宫"第 3 章中文化负载词众多，两译本在翻译时，既有相似之处，也有诸多不同。

由表 4 可见，"玉帝""瑶池"等基本文化负载词在两译本中的翻译是相同的。但两译本对其他文化负载词的不同翻译，就分别体现了语义翻译和交际翻译的不同效果。语意翻译和交际翻译是彼得·纽马克翻译理论的核心。前者指在译入语语义和句法结构允许的前提下，尽量确切地传达原文意义；而后者指译作对译文读者产生的效果要尽可能地接近原作对原文读者产生的效果❸。可见，语意

❸　参见 Newmark 第 39 页。

翻译强调忠实于原文和原语文化，带有直译的性质；而交际翻译强调译作应符合译语文化特征，以便读者理解，带有意译的性质。

表 4　两译本文化负载词举例

	词汇	詹译本	余译本
相同	大圣	the Great Sage	
	猴王	the Monkey King	
	王母娘娘	the Queen Mother	
	玉帝	the Jade Emperor	
	瑶池	Jade Pool	
不同	蟠桃盛会	a peach banquet	the Grand Festival of Immortal Peaches
	土地	the local god	the local spirit
	李天王	Heavenly King Li	Devarāja Li
	齐天大圣	the Great SageEqualling Heaven	the Great Sage, Equal to Heaven
	金箍棒	gold-banded cudgel	the golden-hooped rod
	赤脚大仙	the Barefoot Immortal	the Great Immortal of Naked Feet

现分别对两译本的不同翻译进行分析：

第一，"蟠桃盛会"除宴请之意外，在中国文化中还有更深一层的含义。一方面，蟠桃是中国古代神话传说中的桃类食品，与普通的桃子相比，本身就具有较为浓厚的神话色彩。另一方面，相传 3 月 3 日为西王母诞辰，当天西王母会大开盛会，以蟠桃为主食，宴请众仙，众仙赶来为她祝寿，此乃蟠桃会。可见，翻译"蟠桃盛会"时，除了把以桃为食和宴请的基本信息传递出来以外，还应带有"蟠桃盛会"相关的深层神话色彩。詹译本的 banquet 虽然更易于读者理解，但只重在"宴"（《柯林斯词典》对 banquet 的解释是"a grand formal dinner"），反之，余译本中的 Immortal Peaches 则突出了蟠桃并非一般日常桃子的特点，同时，the Grand Festival 的含义也更广泛。

第二，"土地"神在两个译本中分别被译成了 the local god 和 the local spirit。在中国文化中，"土地爷"是传说中掌管一方土地的神仙，住在地下，虽是神仙中级别较低的一个神，但在民间信仰极为普遍。詹译本将中国文化中的神译成 god，便于西方读者理解和接受，亦是更偏向于目的语文化的译法。

第三，对"李天王"的翻译，余译本是"Devarāja Li"，詹译本是"Heavenly King Li"。李天王在中国文化中是一位神话人物，《西游记》中的李天王是天宫中的卫戍司令，武艺超群，法力深厚，在天界享有崇高而又重要的地位。余译本中的 Devarāja 是梵语，"天王"之意，源自佛教，是佛教概念二十诸天的简称。而詹译本中 heaven（天堂）是与 hell（地狱）相对的概念，属基督教用语。余国藩同样遵循了"语义翻译"的原则，保留了原作的佛教概念；而詹奈尔将原文中佛教的概念转化为基督教概念，以符合读者的宗教背景，便于读者理解和接受，达到"交际翻译"的目的。从翻译效果来看，詹译本虽合乎译入语表达习惯，但容易给译文读者造成中国古代人也信奉基督教的假象；而余译本保留了原文的异域风味。

第四，又如，对于"金箍棒"的翻译，A cudgel is a thick, short stick that is used as a weapon（《柯林斯英汉双解大词典》）。A short heavy club with a rounded head used as a weapon（*Wiktionary*）。A rod is a long, thin, metal or wooden bar（《柯林斯英汉双解大词典》）。A straight, round stick, shaft, bar, cane, or staff（*Wiktionary*）。从 cudgel 和 rod 的解释来看，cudgel 更强调粗的特点，rod 则更突出长及金属材质，可见，rod 与"金箍棒"在中国人心中的意象更相近一点。

分析可见，在翻译文化负载词时，詹译本更倾向于"交际翻译"，而余译本更多的是"语义翻译"。虽然两种翻译方法并无高下之分，但就"大闹天宫"中的文化负载词来看，余译本能够向读者传达更多的中国文化，效果略胜一筹。

《西游记》是一部古典白话小说，文本整体呈现为一种韵散相间、参差错落的语体面貌。虽然书中主体为散文，但又有大量"有诗为证"的精彩韵文。现就两译本对诗词韵文的翻译进行分析。

例7 今朝有酒今朝醉，莫管门前是与非。

詹译本：Today we have wine so today we celebrate：

To hell with what's happening outside the gate.

余译本：If you have wine today, get drunk today；

Mind not the troubles in front of your door！

首先，原文两句末尾的醉（zuì）和非（fēi）字朗读起来是有韵味的，詹译本中，celebrate 与 gate 两词押尾韵，所以，从声韵感而言，詹译本是略胜一筹的。其次，从含义角度分析，联系上下文，天兵天将直逼水帘洞，众猴惶恐至极，齐天大圣说出"今朝有酒今朝醉，莫管门前是与非"，读者可以从中看出齐天大圣的自信和骄傲，大圣并不理会门外天兵天将的所作所为，轻松之感跃然纸上。对比两个译本，詹译本中的 to hell 能够呈现出一个骄傲不羁的大圣形象，what's happening outside the gate 则充分表明，无论门外发生了什么，大圣都并不理会，原文的人物形象和对话背景得到了较为生动的再现。而与之相比，余译本在翻译这句俗语时，就稍显逊色，一是两句的最后一个词没有押韵，读起来就少了原文带给原文读者的一种优美感；二是 troubles 的词义稍窄，柯林斯英汉词典对 trouble 的主要解释有：①You can refer to problems or difficulties as trouble. ②If you say that one aspect of a situation is the trouble, you mean that it is the aspect which is causing problems or making the situation unsatisfactory. ③Your troubles are the things that you are worried about. 可见，trouble 一词本身隐含一种担忧感，而这就与齐天大圣悠哉的形象不符了。综上分析，在意象呈现和韵律的角度，詹译本对这一句的翻译都略胜一筹。

例 8　诗酒且图今日乐，功名休问几时成。

詹译本：With verse and wine we're happy today;

Who cares when fame will come our way?

余译本：Let us seek today's pleasure in poetry and wine,

And cease asking when we may achieve glory or fame.

这一句的翻译，詹译本也是比较出色的。詹译本的两个句子整体短于余译本，使用 with 结构，清晰简明，相比 let us 的祈使句结构，更像是诗歌的翻译，而且以问号结尾，使得两句连接在一起，显得短促而有力。此外，"功名休问几时成"的意思是说，人如果为了功或名，那么就不要去问什么时候能如意了，即不要为功名所累。对比两个译本，可见 fame will come our way 更能表达出"功名拦路"的意思。

　　研究发现，詹译本作为中国本土最为流行、影响最大的《西游记》英译版本着实有因可寻：（1）翻译文化负载词时，詹译本倾向于"交际翻译"，更符合英语读者的语言习惯和文化背景，因此更易于理解和接受；（2）《西游记》中对话繁多，詹译本对引述动词"道"字的翻译更为灵活、流畅，相对于余译本稍显重复的 said 一词而言，詹译本的可读性更强；（3）詹译本对诗词韵文的翻译，更能注重押韵等语言特征，结构简明，朗朗上口，略胜一筹。

　　但余译本也具有自己的翻译优势：（1）依据词频列表、类符/形符比和平均词长的统计数据可知，余译本在翻译普通词汇时，更加灵活，使用词汇更加丰富；（2）在翻译文化负载词时，余译本倾向于"语义翻译"，能够更多地传达出词汇背后涉及的中国文化，也更具异域特色。

参考文献

何其莘，穆雷. 翻译研究方法概论［M］. 北京：外语教学与研究出版社，2010.

吴承恩. 西游记［M］. 郑州：中州古籍出版社，2009.

Jenner, W. J. F. Journey to the West［M］. Beijing：Foreign Languages Press，2008.

Newmark, Peter. Approaches to Translation［M］. New York：Pergamon，1916.

Yu, Anthony C. The Monkey and the Monk：A Revised Abridgment of The Journey to the West［M］. Chicago：U of Chicago P，2006.

周作人翻译思想溯源

舟 蔓* 张 政*

ABSTRACT

Zhou Zuoren, an influential translator in modern China, adhered to "literal translation" all his life time. Zhou's views on "literal translation" underwent four steps, namely "random translation" with half writing and half borrowing, "rigid translation" in classical Chinese, "word-for-word translation" in modern Chinese, and finally mature "literal translation". By examining the underlying historical and cultural factors, this paper aims to provide a reference for further studies on Zhou's views of translation.

KEY WORDS: Zhou Zuoren, literal translation, views on translation

摘 要

周作人是中国近代重要的翻译家，一生推崇"直译"。实际上，其"直译"观大致经历半做半偷"随意译"、古文"硬译"、白话文"逐字译"及成熟的"直译"四个重大转变过程。笔者考究分析这些转变背后的历史文化因素，旨在为研究周作人的翻译思想提供借鉴及启发。❶

关键词：周作人，直译，翻译观

周作人是中国近代著名翻译家，其翻译思想影响深远，尤其是

---

* 北京师范大学外国语学院。

❶ 参见刘全福第 4 页。

"直译"思想。对其翻译思想的探究最早可追溯到新文化运动时期，胡适称周作人是"国语欧化的一个起点"，钱玄同认为周作人"在中国近年的翻译开了新纪元"。但这一时期的研究限于主观评价，缺乏条理性。后因某些历史原因，20世纪40~70年代，研究不多。到了20世纪80年代，随着学术氛围更加自由，研究日渐增多，如舒芜的《周作人概观》。20世纪90年代，研究更多元化，如倪墨炎的《中国的隐士与叛徒：周作人》，陈福康的《中国译学理论史稿》和钱理群的《周作人论》。这些研究者高度评价了周作人的翻译成就。到21世纪，对周作人的研究越加繁荣，其中最有影响力的当推王友贵的《翻译家周作人》和刘全福的《翻译家周作人论》，全面系统阐述了周作人重要的翻译思想。与此同时，止庵主编的《周作人译文全集》付梓。

但上述研究对周作人直译思想提及不多，对其"直译"观梳理尚不完整，对其思想变化的缘由分析有待深入。笔者采用历史研究法，旨在按照时间顺序，力求清晰、真实、全面地梳理出周作人"直译"观的嬗变并探究背后的历史文化因素。

1904年，年仅20岁的周作人起手翻译《阿里巴巴和四十大盗》，取名《侠女奴》❷。其修改了原作的部分情节，如：将主角凯斯和他寡嫂结婚改为与寡嫂同居。学者郭延礼认为"结婚"和"同居"是两个不同的概念，由此，周作人的翻译不够忠实❸，周作人后来自己也承认"虽说是译当然是用古文，而且带着许多误译和删节"❹。次年，周作人翻译《女猎人》，在其"约言"里，他说"是篇参译英星德夫人《南非搏狮记》，而大半组以己意"❺。"参译"和"组以己意"可看出周作人确乎采用了"半译半写"的方式。1906年，周作人基于雨果的小说创作《孤儿记》，他自称这本小说是"半做半偷"❻。无论是随意修改原文情节，增添或者删减内容，还

---

❷ 参见止庵第17页。
❸ 参见周作人第365页。
❹ 参见《知堂回想录》第137页。
❺ 参见周作人11卷第627页。
❻ 参见止庵第22页。

是半译半写，半做半偷，周作人这期间翻译作品皆可谓不忠实。

此时，周作人没有直接论述自己的翻译思想，但可从其翻译实践中略知一二。照当今重"信""达"的翻译标准来衡量，周作人此期间的翻译都不能称之为真正的翻译。要么随意增添或删减原文内容，要么半做半偷，侧面说明周作人没有清晰的翻译观。

究其原因，主要是受到严复和林纾等人，尤其是林纾的影响。1902～1906 年，周作人在南京水师学堂求学，日记中数次提到阅读严复、梁启超、林纾等人的译作。"晚（指 1902 年 2 月 2 日）大哥忽至，携来赫胥黎《天演论》一本，译笔甚好"❼。"正午（指 1902 年 12 月 13 日）大哥来，带来书四部。下午……看《包探案》《长生术》……夜看《巴黎茶花女遗事》"❽。周作人不仅如饥似渴地阅读严复等所译书籍，在翻译时也有意识地模仿他们，"最初读严几道、林琴南的译书，觉得这种以诸子之文写夷人的话的办法非常的正当，便竭力的学他"❾。"老实说，我们几乎都因了林译才知道外国小说，引起一点对于外国文学的兴味，我个人还曾经很模仿过他的译文"❿。而严复和林纾的翻译经常对原作随意删改，严复的《天演论》多有增删⓫。而林纾以"意译"或改写著称⓬。周作人深受影响，模仿他们的风格，其翻译作品也必然是随意删改的。于小植在其论文"周作人的文学翻译研究"也阐述了相同的观点：

> 清末民初的翻译家也是对原作随意增删改作。周作人的《侠女奴》和《玉虫缘》也不以删改为毛病。……在晚清翻译浪潮的影响下，鲁迅、周作人皆有作译不甚分明，随意转换的一段时期。⓭

---

❼　参见钱理群第 71 页。
❽　参见钱理群第 89 页。
❾　参见《雨天的书》第 121 页。
❿　参见《周作人文类编》第八卷第 721 页。
⓫　参见邓婕第 33 页。
⓬　参见 Chan 第 16 页。
⓭　参见于小植第 21－23 页。

受林纾等人的影响，周作人早期翻译很大程度上都可以称之为改写，其翻译思想并未形成。

1906 年，受政府资助，周作人留学日本，其兄鲁迅当时也在日本，兄弟两人成为亲密无间的合作伙伴。1907 年，两人合作翻译《红星佚史》，此时的周作人转向了完全直译，译文毫不删减❶。他的这种方法被认为开了中国"直译"的先河❶。然而，这种直译被认为"晦涩难懂"，广受诟病。次年，他又翻译了《炭画》，此译本反响较小，曾两度被出版社拒绝❶。一位编辑给周作人的一封回信里这样说道：

> 虽未见原文，以意度之，确系对译，能不失真相，因西人面目俱在也。但行文生涩，读之如对古文，颇不通俗，殊为憾事。❶

从这封信的评价来看，周作人这时期翻译的作品"行文生涩""不通俗"，所采取的翻译方法应是死板的字对字翻译。

这段时期，周作人逐渐意识到前人的翻译局限。虽其未撰文阐明翻译观，但从其翻译方法和翻译风格的转变可以看出，他已开始思考翻译的本质，也尝试修正此前的翻译方法，但矫枉过正，走向了另一个极端——"硬译"。刘全福称周作人的直译观是在此期间萌芽❶，换句话说周作人直译观初现端倪。探其原因，周作人留学日本，听章太炎讲学，受其"复古"的思想影响较大。据周作人回忆，最初到东京时，大家仍然十分重视严复❶。"直到后来……看见《民报》上章太炎先生的文章，说严几道的译文'载飞载鸣'，不脱八股文习气，这才恍然大悟，不能再佩服了"❷。钱理群认为这是周作人由"梁严转向章太炎的开端"。1908～1909 年，周作人去民报社

---

❶　参见止庵第 33 页。
❶　参见邹瑞玥第 66 页。
❶　参见顾钧第 40 页。
❶　参见陈福康第 168 页。
❶　参见刘全福第 17 页。
❶　参见钱理群第 113 页。
❷　参见钱理群第 113 页。

听讲，听章太炎先生讲《说文》，持续一年多❷。"随后听了太炎先生的教诲，更进一步，改去那'载飞载鸣'的调子，换上许多古字"。"载飞载鸣"出自曹植《白鸠讴》，章太炎用来评价严复的译文，是说严复译文还不够"复古"，带有明清时期宣扬的"八股文习气"，不能算作正统的语言，周作人非常认同章太炎的这种说法，抛弃严复式的翻译方法，转向了更古的翻译风格。这一转向也使得其译文行文生涩，诘屈聱牙，其翻译思想则坚持"硬译"，以达其复古风格。

值得一提的是，这种复古思想对周作人的影响长达十年之久，在接下来的十年里，周作人翻译思想较为矛盾。1909 年，周作人与其兄鲁迅合译了《域外小说集》，在其序里，强调了"移译弗失文情"，但同时又受章太炎先生复古思想的影响，译文要以"古"求"雅"，周作人自己也承认"多谢这种努力，《域外小说集》的原版只卖去了二十余部，这是我复古的第一条路"❷，这两种思想相互斗争，使得周作人无所适从，而从 1909 ~ 1916 年这一时期，译作非常之少。❷

1917 年，周作人在《新青年》上发表了《古诗今译 Apoligia》，前言写到翻译有两大缺陷不能避免，第一是除非原作者自己翻译，翻译作品不可能同原作一样好，第二是译文听起来不像中文。他称："不像汉文——有声调好读的文章——因为原是外国著作。如果同汉文一般样式，那就是我随意乱改的胡涂文，算不了真翻译。❷"

周作人承认翻译有难处，说明其对翻译本质理解更加深入，但同时他强调不能将译文改成"同汉文一般样式"，换句话说，应保持原文的语言特点。

一年后，在写给张寿朋的一封信里，周作人再次阐明自己的翻译观点：

我以为此后译本，应当杂如原文，要是中国文中有容得别

---

❷　参见《知堂回想录》第 276 页。
❷　参见《雨天的书》第 121 页。
❷　参见龙海平第 59 页。
❷　参见周作人第 124 页。

国文的度量，不必多怪造字。又当竭力保存原作的"风气习惯，语言条理"；最好是逐字译，不得已也应逐句译，宁可"中不像中，西不像西"……但我毫无才力，所以成绩不良，至于方法，却是最为正当。㉕

这封信里，周作人明确表示他支持"逐字译"，译者不要担心原文的风格，不中不西也可。

1920 年，《空大鼓》的旧序中，周作人说自己要简要说明这几篇翻译小说特别的地方，其中之一是"直译的文体"㉖。为阐明其观点，又引用了在《古诗今译 Apoligia》和《答张寿朋书》里的论述。说明他此时还是坚持自己的"字对字"翻译观。需要指出的是，周作人自己称是"直译"，但实际上就是"字对字翻译"，勿与他后来提出的"直译"混淆。

论其原因，笔者认为张勋复辟事件对周作人产生了重要影响。周作人自己曾说"复辟一案虽时间不长，实际的害处也不及帝制的大，可是给人的刺激却大得多"㉗。复辟事件后，周作人、鲁迅与钱玄同曾经常一起讨论㉘。钱玄同曾说要使中国不亡，"必须要废孔学，灭道教"，虽不知周作人是否说了类似的话，但"可以肯定，周作人即便不是上述偏激言论的发明者，也并无异议"㉙。单论其翻译，周作人在复辟前后还使用古文，"增订本《域外小说集》……便都是在复辟前后这一时期所翻译的。经过那一次事件的刺激，和以后的种种考虑，这才翻然改变过来"㉚。这里说的"翻然改变"，主要是译文语言从古文转向白话文，由此可见，复辟事件促进了周作人翻译思想的转变。复辟使周作人认识到了复古的弊端，为投身新文化运动做好准备。1918 年，周作人做了《日本近三十年小说之发达》演讲，否定他们的前辈梁启超、林纾们"中学为体，西学为

㉕ 参见周作人《文类编》第 691 页。
㉖ 参见周作人《全集》第 251 页。
㉗ 参见《知堂回想录》第 411 页。
㉘ 参见钱理群第 159 页。
㉙ 参见钱理群第 160 页。
㉚ 参见《知堂回想录》第 424 页。

用"的道路，认为"须得摆脱历史的因袭思想，真心的先去模仿别人"❸。这里"真心"的先去模仿别人，从某种角度上说，就是要模仿欧化的语言，周作人坚持"字对字"翻译也不足为怪了。

周作人说自己思想转变时是经过"种种考虑"，他所考虑是"文字改革"是联带"文学改革""应当做到的事"❸。国内兴起的白话运动正契合了其认为的"文字改革"，凭借自身领悟力，看到白话强大生命力，迎来了自己的翻译高潮❸。摆脱了此前以"古"求"雅"和"移译弗失文情"的矛盾，周作人选择了白话文翻译，"真心的模仿别人"，以期改变中国面貌，其翻译思想难怪是坚持"字对字"翻译。刘全福认为周作人这段时间提出的"字对字"直译观点与之后的提出的直译观截然不同，不管什么原因，这只是短暂的转型中的一个想法，同时也说明周作人的直译观正趋于成熟❸。

接下来长达四十五年的时间里，周作人翻译大量作品，贡献最大的当属日本文学和希腊文学的翻译。其翻译了不同文体的日本文学包括日本狂言、喜剧等，古希腊文学的翻译包括希腊神话和希腊悲剧，最著名的是在晚年翻译的《卢奇安对话集》❸。周作人自己也称这本书翻译是自己文学翻译的最高成就❸。这段时期翻译的作品好评如潮。

1925 年，《陀螺》的序里，周作人论述了自己的直译观。他称自己"向来用直译法，所以译文实在很不漂亮"，并坚称直译是最好的方法，但原文要"达意"，"尽汉语的能力所及的范围内，保存原文的风格，表现言语的意义"，换句话说，就是"兼顾信与达"。此外，还区分"字对字翻译"和"直译"。他举例如下：

> 譬如英文的 Lying on his back 一句，不译作"仰卧着"而译为"卧着在他的背上"，那便是欲求其信反不达了。据我的意

---

❸　参见钱理群第 165 页。

❸　参见《知堂回想录》第 424 页。

❸　参见龙海平第 59 页。

❸　参见刘全福第 17 页。

❸　参见陈洁第 88 页。

❸　参见陈洁第 4 页。

见，"仰卧着"是直译，也可以说即意译；将它略去不译，或译作"坦腹高卧"以至"卧北窗下自以为羲皇之人"是胡译；"卧着在他的背上"这一派乃是死译了。

对于 Lying on his back 这一小句不同译法评价，表明周作人的直译思想更为灵活。1944 年，在其《谈翻译》一文中，周作人谈论了"信达雅"三者关系：

> 必须先将原来的文字与意思把握住了，再找合适的本国话来传达出来，正当的翻译分数似应这样打法，即是信五分，达三分，雅二分。

从中可以看出，周作人认为翻译应兼顾"信"与"达"。1951 年，在《翻译四题》一文里，[37] 周作人进一步阐明其直译思想，他称如果完全翻译出原作的意思，直译就是意译[38]。他认为忠实通顺都重要，要达到"信"与"达"完美协调：

> 本来翻译的事情千言万语地讨论，归根结底只是将外国文里的意思说成中国话，所要的条件即是三字诀中的信与达，其所以有毛病者，便因为二者发生偏差，走了极端的缘故。单顾外国文，一个字一个字地抄写，则信而不达，单顾说好中国话，更要说的漂亮，则达而不信。[39]

显而易见，周作人认为好翻译既要忠实也要通顺。

这一时期，周作人由"字对字"翻译转向更为灵活的"直译"思想，笔者认为主要原因是其主动思考，对文字翻译认识本质理解加深，实现了思想上"质的飞越"。

五四运动后，1921 年，周作人大病，思想苦闷，将更多的时间投入思考。在给朋友的一封信里，周作人这样写道："托尔斯泰的无我爱与尼采的超人，共产主义与善哲学，耶佛孔老的教训与科学的例证，我都一样的喜欢尊重，却又不能调和统一起来，造成一条可以行的大路。"周作人探索各种思想，却不"调和统一"，在各种思

---

[37] 参见《周作人文类编》第八卷第 685 页。

[38] 参见《周作人文类编》第八卷第 803 页。

[39] 参见《周作人文类编》第八卷第 803 页。

想中彷徨与苦闷❹。同时也积极与朋友探讨问题，他"感到有一种力量正在试图否定五四精神"❹。正在思想挣扎中，1922 年，周作人发表了《国语改造意见》一文，"到了近年再经思考，终于得到结论，觉得改变言语毕竟是不可能的事""为便利计，现代中国需要一种国语，近他能力的范围内，容纳古今中外的分子"❹，1925 年，《理想的国语》一文中，指出国语应该是"以白话文为基本，加入古文方言外来语"❹。1927 年《死文学与活文学》一文中，周作人主张"国语古文拿平等的眼光看他"❹。从周作人对语言本质思考可以看出他认为语言不应当仅仅是白话或仅仅是古文，也要以一种兼容并包的心态去看待，这与他此时"直译观"强调的既要"忠实"又要"通顺"这种辩证开放的思考方式是一致的。

周作人早期的翻译采用随意增删原文的策略，其翻译思想模糊不清，主要受严复、林纾等人影响；而在 1906～1908 年，周作人意识到了随意增删原文的弊端，翻译方法则转向了另外一个极端——古文"硬译"。此时其受章太炎"复古思想"影响较大，其译文因以"古"求"雅"而晦涩难懂，此后十年，是周作人思想彷徨期，一方面认为"移译弗失文情"，另一方面是译文要以"古"求"雅"，这两种矛盾思想相互对立；1917～1921 年，周作人认为"逐字译"是最好的翻译方法，因受张勋复辟带来的冲击，周作人开始反古，加之刚兴起的白话运动，周作人毫无疑问转向了白话文"逐字译"阵营；在新文化运动后期，他才形成了较为成熟的"直译"观，他认为"直译"是指既要保持原文的真实可信，又要译文通达顺畅，这是其直译思想的成熟期，这也是主动思索，对翻译本质认识加深的成果。通过梳理周作人的直译思想嬗变及缘由，再现当时的社会历史文化与翻译家互动的原貌，以及其所受的影响，以期为深入理解探究周作人的翻译思想提供依据。

---

❹　参见钱理群第 202 页。
❹　参见钱理群第 214 页。
❹　参见《周作人文类编》第九卷第 771 页。
❹　参见《周作人文类编》第九卷第 779 页。
❹　参见《周作人文类编》第三卷第 103 页。

参考文献

陈福康. 中国译学理论史稿（修订本）［M］. 上海：上海外语教育出版社，2000.

邓婕. 文学翻译中的有意误译［J］. 宁波教育学院学报，2006（6）.

顾钧. 周氏兄弟与《域外小说集》［J］. 鲁迅研究月刊，2005（5）.

郭延礼. 中国近代翻译文学概论（修订本）［M］. 武汉：湖北教育出版社，2005.

刘全福. 翻译家周作人论［M］. 上海：上海外语教育出版社，2007.

龙海平. 周作人早期的翻译理论［J］. 鲁迅研究月刊，2001（5）.

孟令娟. 从多元系统理论看周作人的早期翻译［C］. 河南：山东大学，2010.

钱理群. 周作人传［M］. 北京：北京十月文艺出版社，2005.

舒芜. 周作人的是非功过［M］. 北京：人民文学出版社，2010.

王友贵. 翻译家周作人［M］. 成都：四川人民出版社，2004.

于小植. 周作人的文学翻译研究［C］. 长春：吉林大学，2007.

止庵. 周作人传［M］. 济南：山东画报出版社，2009.

周作人. 古诗今译 Apologia ［J］. 新青年，1917（4）.

周作人. 雨天的书［M］. 北京：北京十月文艺出版社，2011.

周作人. 知堂回想录［M］. 北京：北京十月文艺出版社，2013.

周作人. 周作人文类编［M］//钟淑河. 长沙：湖南文艺出版社，1998.

周作人. 周作人译文出版全集［M］. 共 11 卷. 止庵. 上海：上海人民出版社，2012.

邹瑞玥. 林纾与周作人两代翻译家的译述特点——从哈格德小说 The World's Desire 说起［J］. 中国现代文学研究丛刊，2009（2）.

Chan, LeoTak-hung. Twentieth-Century Chinese Translation：Theory Modes，Issues and Debates［M］. Amsterdam：John Benjamins Publishing Company，2004.

中国元素的文学性译述

林 巍[*]

ABSTRACT

Concerning the translation of Chinese literary works into English, in view of textual analysis, this paper adopts the approach of combining micro-contextualization and macro-contextualization as an effective way in representing Chineseness to the outside world. Based on certain translated texts taken from CITC 2013 (China International Translation Contest, 2013), the oretical analyses are carried out in the light of descriptive translation which integrates rendition, narration and depiction in hope of being more faithful to the source text. Meanwhile, certain phenomena of natural equivalence, idiomatic expressions and literary language in translation are also to be discussed and expounded.

KEY WORDS: Chineseness, contextual analysis, descriptive translation, literary language

摘 要

本文以首届"中国当代优秀作品国际翻译大赛"的部分英译文为例,就其中的典型问题,借助语篇分析的方法,以"狭义语境"和"广义语境"的有效结合为前提,讨论了如何把握原文中的中国元素,以提高汉译英文学翻译的质量。就文学翻译策略而言,本文使用了"译述"的概念,即"翻译"加"叙述"与"描述";"译"中有"述","述"中有"意"。同时,对于中国文学英译里的"对

* 暨南大学翻译学院。

等值""地道化""文学性"等作出了具体的分析与阐释。

关键词：中国元素，语境理解，"译述"，文学性语言

2013 年"首届中国当代优秀作品国际翻译大赛"引发了众多中国文学翻译者的广泛兴趣，这一赛事也给我们提出了一些问题。一般而言，在国际交往中，中国人对西方的了解远胜于西方人对我们的了解，而我们对西方的了解大多借助于文学译本这座重要的桥梁。长期以来，文学翻译上存在严重的"逆差"，"进"远大于"出"，这与中国的崛起和软实力不断增强的现状是不相符的。

与其他文本类型的翻译相比，文学翻译无疑更具再创作性，因此对译者的语言、文化、艺术方面素养及悟性的要求也更高。正如美国翻译学家兰德斯（Landers）所说，文学翻译是一种最难的翻译类型❶，而美国汉学家罗慕士（Roberts Moss）认为，中国人不宜把母语译成外语，因为往往费力不讨好❷。其实，母语的所谓不可译，主要困难来自母语文化中的本族文化元素，汉译英之难也在于此。本文将以大赛中的部分译文为例，讨论其中因"中国元素"引发的问题及在翻译过程可能使用的解决方案。

"中国元素"存在于中国的哲学、政治、教育之中，而最潜移默化的，最难处理的当是渗透在中国文学里那些文化细节。由于没有人在文学文本中标明哪些是中国元素，译者只得从源文本的深层含义中去挖掘和感悟。可以说，没有理解就没有翻译，而没有透彻的理解，便容易出现翻译中的偏差、遗失，甚至谬误。中国文学的外译，更是如此。

有学者建议将文学翻译过程中的理解分为"表层理解"和"深层理解"❸，我们也不妨引入语篇分析的概念，即"语内衔接"和"语外衔接"，前者为"狭义语境"，后者则是"广义语境"，特欧里（Toury）将其整合为源语文本、源语文化、译语文本、译语文化及

---

❶　参见 Landers 第 7 页。

❷　参见朱振武第 4 页。

❸　参见张保红第 3 页。

其外围背景、译语语言资源等，从而形成科学（sciences qua sciences）❹，这是高质量文学翻译的基础。

以苏童的《人民的鱼》（以下简称《鱼》）举例，小说按时序讲述了中国市井生活中作为邻居的两个女人的故事，作者以"鱼"为主线——捉鱼、送鱼、做鱼、吃鱼、经营鱼——完成了对一现实主题的形象化诠释。在翻译这篇作品时，译者应意识到，这里的"鱼"已经不能仅限于狭义语境来理解。广读其作品，我们会发现，苏童善于以一种意象来统领创作，如他的《1934 的逃亡》《逃》等均以"逃"为主题意象，而《蛇为什么会飞》《白雪猪头》两部作品中的意象则分别是"蛇"和"猪头"，因此，这里的"鱼"不再单纯是一种供烹饪的肉食，而是一个文化符号，它所揭示的是社会的变迁和人们观念的转化。

就广义语境而言，"人民的鱼"在作品中物化为方方面面，即人民捉鱼、人民吃鱼、人民送鱼、人民利用鱼疏通关系、人民的鱼及其吃鱼方式与权力和身份的关系、人民利用鱼创造价值、人民的生活与鱼的相互关联等。因而，其中至少蕴涵这样一些中国元素：中国官场文化、市井中年妇女之间的典型关系、急速发展中的社会主义市场经济、不断增强的中国一般百姓的商业意识和平等意识、不断转变着的高低贵贱观念、"三十年河东，三十年河西"观念、百姓间客套来往的表达方式、中国式的幽默与荒诞等。作者正是以巧妙而深刻的笔触描绘出了看似平静却潜藏激流的生活，使我们感到了作品耐人寻味的深刻。译者只有对这些因素具有全面而深刻的理解和把握，才会有下笔翻译的基础，从而有效地在译文中表达出作者的创作主旨。

具体说来，《鱼》中的主角，丈夫居林生是"我们街上最大的干部""科级干部"，一些译者将这两句译成 the biggest official/top official，keji official/section-level official 等，这些译法表面看上去似乎过得去，但深加分析，我们发现译文是有偏差的。中国地方的一个基层干部，确切的英语称谓当是 cadre。类似的例子如"干部要能

---

❹ 参见 Toury 第 36 - 39 页。

上能下"（A cadre should be ready to take a lower as well as a higher post），"深化干部人事制度改革"（Deepen the reform of the cadre and personnel system）等，都应用这个英语单词描述，因此，此处如译为 the highest-ranking cadre on our street 当更为准确，而"科级干部"以 office-level cadre 表达，似更有"基层"感，当也是较为贴切的译文。

小说中的女主角柳月芳每当收到别人赠送的鱼，便会清脆地对馈赠者说："过年来吃饭，一定要来啊，不来看我以后怎么骂你！"熟悉中国民情的人不难知道，这是一种"发狠的客气"，当然，其中多少也流露出她家得势时的某种霸气，但话语的基调还是友善的，而这句简单的话语对国外译者来说，多少是个难题，因此出现了各式各样的译文，比如：

Make sure that you will come. If you don't, see how I will scold you later!

Come to eat for the Lunar New Year. You absolutely must come. If you don't, you'll hear something horrible from me!

You have to come for dinner during the Spring Festival! You will see how I treat you if you don't come.

译文中也有以第三人称叙述的，比如：

She often ordered guests to have meals at her house in the Spring Festival, otherwise she would abuse them!

In her ringing voice order the guests to come again soon for a reunion, and threatened what a talk she would give them if they failed to do so.

显然，作者此处有意改换第一人称叙述是有其用意的，但许多译者并未领会，因此，这些译法没有表达出作者的真实意图。其实，在理解了这句话的内涵之后，我们不妨将其口语化，表达为 Come here for dinner on the eve of the Festival. You must come, or I'll be mad at you! ／ Baby, you've got to come, or I'll be crazy about you.

柳月芳被不断送来的鱼们所困扰，于是，她发牢骚道：还不如送钱呢，每条至少五十元。接着，作者描述说，"居林生听得火了，冲出来对妻子嚷道，好，我让他们送五十块钱来。你还有没有一点觉悟了？你是要让我犯法蹲学习班去吧?"在这段文字中，"觉悟"和"蹲学习班"这两个说法很有含义。一些参赛者将"觉悟"译成social/political consciousness/integrity/ enlightenment 等。不过，这些表达方法都不够妥当，因为把说话人的角度搞错了。丈夫不是在指责妻子"没觉悟"，而是站在同一立场，责怪她太"不注意"，这样会惹来麻烦，因此，他的意思当是 political awareness/common sense 等。同时，这里的"学习班"也不是一般意义上的 study class，learning course，class for further studies 等，而是上级对下级的一种惩处，甚至是法律制裁的前奏，因此，译者当用 the party's disciplinary detention/to be disciplined by the party 等来表达这层意思。当然，有的译者将"让我蹲学习班"翻译成 Do you intend to land me in jail? 这样一来，译文又有些"过"了，因为原文所影射的后果还没有严重到那一步。正如傅雷所说，"本来任何译文总是在'过与不及'两个极端中荡来荡去，而在中文为尤甚"❺。

有关柳月芳的职务，小说中写道："她是个街道办事处的妇女干部，与人打交道的，现在却被迫与鱼群打成一片"，其中的"打成一片"源自"与群众打成一片"，是当时政治生活中的一个常用说法，这一说法有其时代特征。如果把这句话译成 Liu, in charge of women's affairs at the street neighborhood office, normally dealt with people. But now she was forced to deal with fish, 语句固然通顺，但译文显然没有表达出其中的含义，因此，在翻译过程中，当考虑选择这样一些用语：become integrated with/become a harmonious whole/be one with/be fused with/ identify oneself with/make into one/merge with/become one with 等。

居林生仕途失意后，带着一家人到他曾看不起的一位邻居开的鱼头店吃饭，不得不吃他以前认为"有失身份"的人才吃的鱼头。此时，发生了这样一幕：

"居林生毕竟是居林生，能够认清形势，也善于表态，他的表态豁达而仁慈。这又不是什么原则问题，他说，上鱼头就上鱼头吧，

❺　参见傅雷第84页。

谁爱吃谁吃，什么事都应该百花齐放、百家争鸣嘛，鱼头又不是其他什么头，本来就可以吃的"。显然，作者在这里话中有话：居先生虽已落魄，但他不改其官场做派，依然是为了面子打着圆场。这段文字里的"百花齐放、百家争鸣"出自新中国历史上的一次政治运动，居林生在这个场合把这句话拿出来，无疑是在调侃，若只以"狭义语境"草草翻译过去，译文肯定不能契合原有的意味，比如，译文之一是这样的：Mr. Ju is after all Mr. Ju, who is very skillful in detecting the situation and manipulating his attitude. He is seemingly kind and open. He said, fish head can be eaten by anyone, whoever eats at his free will since it has always been eatable。这里，我们至少可以在几处做些修改，如 After all, Mr. Ju, being an old hand in the officialdom … "This is not a matter of principle", he said. "Whatever we do, we should follow the principle of 'letting a hundred flowers bloom and a hundred schools of thought contend'. Fish head is not other head, it's edible", 这样一改，其中的人物性格以其用典效果就都表达出来了。

在乔叶的《月牙泉》（以下简称《泉》）中也有很多类似的例子。当小说中的女主人公"我"在求那个老拖办事时，"他先是露出为难的神情——先抑后扬，是常用的江湖手段"。这段描写中的"江湖"一词被许多译者忽略了，译成了 is a common trick of men of the world/a scam usually practiced then/a ruse commonly employed by them 等。其实，"江湖"在中国文化里有着特殊的含义。除了有 all corners of the country, a vagabond life❻ 之意外，它还有与官方作对、黑社会、私下流行、潜规则等含义，这里作者想用这个词揭示的是，即便是"老拖"这样道貌岸然的官员，实际行的也是这一套，这个词在此是点睛之笔，当然不可不译，因此，我们不妨将其译为 a common wily-fox move of the hidden rules/one of the common tricks in sub-community 等。

再如，《泉》中说，老拖"这时候才忽然悟到：让我得体面对的那些人，我对他们看似尊重，实际上是一种皮不沾肉地看不起"。

---

❻ 参见吴光华。

典型的参赛译文将"皮不沾肉地"一语译为 I merely appear to respect but actually despise/what I actually felt was something of a detached contempt 等。乍看上去，译者所表达的意思虽不能算错，但不免有些苍白乏力。我们能够看出，这句话是从中国俗语"皮笑肉不笑"脱胎而来，但已不再单纯具有 simperingly/crafty/ a foxy smile/cold smile/ force oneself to smile/ put on a false smile 等含义。作者在小说的这一关口搬出这个俗语显然有其特殊用意，因"他"和女主人公"我"之前有过"皮肉关系"，"他"现在还想继续维持这种关系，而"我"此时已厌烦此人此事，因此，我们在翻译过程中，不妨将原文处理为 the lowest despise covered/hypocrisy and despise 等，以表达一种强烈而又需小心掩饰的鄙夷，或一种不得不表现出的"伪善"加"鄙视"。

可见，文学翻译中的理解是一种经过具体化的思维解释，"是从作品的有机整体出发，披文入情，沿波讨源，因形逐本，以便深入作品的深层世界，对文本营构系统的在各个层面具体化的品味与认知。它是以理性为主导的感性认识，与理性认识高度统一的解读心理活动"❼，而在中国文学作品的英译过程中，对其中国元素的内涵，既需要理性的认知，也需要感性的领悟，进而对其狭义语境和广义语境均作出综合把握。

在翻译过程中，我们往往强调"译文"与"译述"的同时再现，这里的"译文"不是名词，而是动宾词组，即"翻译文字"，而"译述"是并列结构，两个都是动词，即"翻译"加"叙述"或"描述"，也就是"译"中有"述"，"述"中有"意"，而"译述"与"译意"的不同之处，在于前者更加注重文学翻译中的叙述性。对原文固然要忠实，但不可"愚忠"，特别是进行汉英文学翻译时，不可一味拘泥于文字，相反，译者一定要有目的语的读者意识，注重语言与文化的融通、在翻译过程中，注意对中国元素的观察、描写、叙述和解释❽。

---

❼　参见曹明海第 117 页。

❽　参见 Toury 第 36 – 39 页。

在小说《鱼》中有这样一段文字："鱼不懂事，年年有鱼，年年有余，连小学生都懂得其中的奥秘，鱼类自己却不懂"。大赛中，比较典型的译文是："Fish didn't know the business; fish every year means abundance every year. Even an elementary school student knew the trick but the fish themselves didn't."译者在这里表现的显然有些"愚忠"了。其实，"鱼""余""年"等都渗透着中国语言所代表的文化，因此，译者在行文时，应当最大限度地将去文化内涵表达出来。试比较如下译文："They don't know that 'there is fish every year' rhymes with 'there is surplus every year' because they don't know how to read. Naturally, they don't know 'fish' and 'surplus' are homophones in Chinese as it is taught in primary school."如果这样翻译，效果会好一些。

《鱼》中还有这样一段话："现在的社会风气——真是的，今年过年我们家缺只鸭子，就是没有人想到送只鸭子来"，其中的"真是的"显然可给国外非母语译者造成不小的困扰，如果将这段话译成 The general mood of society is really happening，其译文则完全扭曲了原文的真正意思，而确切的译文当是"Social ethos is going to the dogs these days/ Social ethos is really deteriorating/bad."等。

小说《泉》中的一段话也很说明问题。作者说："听涛宾馆的生意一直不好，车马稀落，门可罗雀，我琢磨着俗话所谓的淡出鸟来，那些鸟的具象大约就是这几只罗雀"。这段叙述中的"门可罗雀"是中国人耳熟能详的成语，但将这个成语既译出中国味道，又使其不显突兀，既平叙出其中含义，又不失其中国特色，也的确不是件容易的事，译者需要仔细斟酌才拿出一个好的译文。参赛译文中对这一成语的译法很多，比如，"For the Tingtao Hotel, life has always been hard, with few cars stopping by and occasional birds landing in the lobby. There is a common saying about such a place, that it is so little frequented by people that it will invite the birds, and I guess those birds refer to the couple of sparrows in this case"等。显然，这些译法都没有真正把握好原文的精髓。可参考的译文或许是"Business of the hotel has never been good. Guests are so few that you can set up a trap to catch sparrows on the doorstep. I wonder that maybe 'sparrow' in the famous allusion 'catch sparrows on the doorstep' is the embodiment of 'bird' in the old saying 'nothing but bird' in Chinese. "如果译文仍显不足，译者或许可以选择加上一个注释，如 "To catch sparrows on the doorstep" is an idiom derived from a story and is used to describe a place where people are few. In the Han dynasty government official Duke Jai held a powerful position that many friends，这样处理一下，可使叙述更加准确无误。

在刘震云的《塔铺》（以下简称《铺》）中，有这样一段描述："当老爹面对三个五尺高的儿子，一下子都到了向他要媳妇的年龄，是够他喝一壶的"，其中的"喝一壶"显然是翻译的难点。大赛中的许多译文将"喝一壶"落到了实处，如 "Three grown up sons had all reached the age of marriage, which was enough for him to drink a bottle of wine/…to see him drink it up. "这里，译文传达给我们的信息似乎是带有欢庆气氛的喝喜酒，显然，译者误会了作者的意思。仔细推敲上下文，准确的表述当是 "a huge burden for him/more than enough to get on his nerves" 等。

《铺》中还有一个有意思的例子，其原文是"可看到地方上风气怎坏，贪官污吏尽吃小鸡，便想来复习，将来一旦考中……"大赛参赛者提供的译文多种多样，比较典型的译文是 "But the local atmosphere was bad as the corrupt officers always eat chickens, so he wanted to review for one day to be …"在这里，译者把"尽吃小鸡"译成了 "always eat chickens。"应该说，如此处理，结果只是"译文"，译者没有"述意"，我们所看到的是表层理解（surface realization），而非实质内涵（valence）❾。深究原文内涵，较贴切的翻译当是 "the local officials were very corruptive, and they take a lot of bribes, so he wanted to come to enroll …"译者甚至可以在这里再发挥一下，将原文译成 "then he had seen too much dark side of the local government, as corrupt bureaucrats kept bullying and oppressing the people, so he decided to come for the preparatory class …"

---

❾　参见 Toury 第 72 页。

小说《铺》描写说，考试前马老师发表了讲话，他说："现在可是要大家的好看了。考不上丢人，但违反纪律被人捏胡出去——就裹秆草埋老头，丢个大人"。这是一段需要仔细琢磨的话。看得出，一些译者在处理这段文字时，努力诠释着其中的中国俗语，比较典型的译文是 "If you don't pass, you lose your face, but if you don't abide the rules and be sent out, you would be shameless just as the old saying like: buried old man in wheat straw-discarded a big man." 译者虽很努力，但效果并不理想。那么，英语习语中是否有表达类似对应递进意思的词语呢？回答是肯定的，比如 "It is easy to burn out the record but not so easy to turn out the shame"（消除记录容易，消除耻辱不易），如此看来，我们不妨将这段话译为 "You will feel it burn indeed if you can't pass the exam, but if you break the rules of the exam, you will burn out whatever face you've got." 这样处理，译文既准确，也很有英语本身的味道。

《铺》里面这类例子很多，再举一个："（进复习班一看，许多人都认识，有的还是四年前中学时的同学），经过一番社会的颠沛流离，现在又聚到了一起。"后面是典型的参赛译文："Through the social wandering, we have come together again as students …" 如果我们认真推敲原文便会发现，作者在这里使用"颠沛流离"，说的并不是社会，而他所指的恰恰是"个人""自我"，因此，在翻译这段话是，我们有必要将其诠释、发挥一下，将其译为"After these years of drifting around, all the toiling and moiling, we were now back together to the school". 这样处理，当更符合作者的本意。

仔细读《铺》，我们一定会记得这一场景：开学那天，老师做了个开场白，他说："列位去年没考中，照顾了我今年的饭碗，以后还望列位多多关照"。我们不难从这段话中觉察到其中明显的调侃、自嘲的味道，因此，翻译时，译者要小心把握开场白中的微妙之处，否则，译文便会走偏。一则译文是这样处理的："All of you didn't pass the examination, so let me have a bowl of dish to eat, and I hope you care my eating-bowl more than ever. /To you I'm indebted for keeping my job this year, and I do look forward to the honor of your patronage in the future."这段译文告诉我们，老师要求同学们继续不要通过考试，以便给我留个饭碗。难道老师可以在课堂上这样讲吗？如果他确实想这样讲，补习班还有什么意义？显然，译者错误地理解了原文的真实意思。仔细观察后，我们当同意，后半句应有这样的意思："From now on, please pay your due attention and we can cooperate well/… we can take care for each other."

在小说《泉》中，"我"看了会议日程或说道："唉，都是一帮打杀多年的老油条，有什么业务可讨论的，因此实质性的内容就是选举"。他的言辞中"打杀多年的老油条"颇耐人寻味。通读全篇，我们可以看到，这些"老家伙"以召开学术会议为名，行个人淫乐之实，作者对他们的行为是充满鄙夷的，翻译这段文字时，我们如果使用 those sophisticated veterans/skillful men 等褒义词，显然有悖原文。而"Ah, these were a bunch of seasoned old foxes/these wily old birds who have seen and experienced so much, what real business was there to discuss? The only item of substance was the election"等译法当更贴切。

在小说《铺》中有这样一句话："他是干部子弟（父亲在公社当民政）"，这里又出现了我们前文讨论过的"干部"这个有趣的概念。参赛译者中有一位是这样处理的："He was the son of a local official（his father used to work in the commune as a governmental staff）。"如前所述，其中的 local official 和 governmental staff 与中国基层当时的政情有所出入，无法准确表达原文意思。因此，全句应该译成"His father was a commune cadre in charge of civil affairs."原因很简单，前一个译文看似很"译"，但实际却偏离了原文的"意"，而后者则随"译"而"述"，也不乏"译"味。因此，在文学翻译中，好的"译"往往是在"述"中自然而平实地实现原文内容的，而好的"述"正是对"译"的出色理解与升华。由此，我们的讨论又涉及了翻译过程中的"忠实"问题。就中国小说的英译而言，"译文"往往可以得到语言、文字层面的忠实，而"译述"却能得到实质含义上的再现。正如林语堂所言，"译者对于原文有字字了解而无字字译出之责任。译者所应忠实的，不是原文的零字，乃零字所组成的语意"❿。林氏的意思是，好的译文在得原文之精而忘其粗，在其内而忘其外，得其意而忘其言。同时，为了叙述的生动性和立体化，作者经常以第三人称与第一人称交叉运用（在《鱼》和《泉》中尤为突出），而许多译者却倾向将此忽略，一概以第三人称述之。比如，在翻译"死去的鱼保持沉默，幸存的活鱼大多瞪着迷惘的眼睛：这是什么地方？他们要拿我们怎么样？"（《鱼》）时，译者往往把译文处理成"Dead fish kept silent, surviving ones opened their eyes wide, wondering where this is and what they will do with them."显然这种译法不是最好的，如将译文修改为"The dead fish remained silent while most of the surviving ones opened their perplexed eyes wide. 'Where's this place? What are they gonna do with us?'"或许更好。关于这一点，王宁认为，"我们今天所提出的翻译概念，已经不仅仅是从一种语言转变成另外一种语言的纯技术形式的翻译，是从一种形式转化成另外一种形式，从一种文化转化为另外一种文化的文化'转化'（trans-formation）、'阐释'（interpretation）和'再现'（representation）⓫。"其实，"再现"实则"转化"的结果，而"转化"（特别是在文学翻译中）通常需在"阐释"中进行。

小说中的一种文学表述，往往可以有多种不同的翻译转述。在阅读了众多的参赛译文后，我感到在某种意义上，就某一具体部分，可以将其译法大致分为这样三类：竭力使译文具有相应的等值、刻意追求地道化以及在不同程度上更具有文学性。林语堂曾以"对他很佩服"一句为例，说明至少可以有三种译文⓬。我们不妨对其判断稍加改造，将这句话的翻译理解为：

I admire him greatly. ［对等值］

I take off my hat to him. ［地道化］

I admire him profoundly. ［文学性］

其中的"对等值"多指语言文字层面的对应，"地道化"多以

---

❿　参见林语堂第491页。

⓫　参见王宁第8页。

⓬　参见林语堂第492页。

口语表述为特征，而"文学性"则主要取决于其在具体语境中的恰当功能。

美国翻译学家兰德斯也以葡萄牙语为例，说明："Nāo vou lá"（我不去那里）可译为：I do not go there/I don't go there/I am not going there/I'm not going there/I shall not go there/I shan't go there/I will not go there/I won't go there/I am not going to there/I'm not going to go there/I ain't going there/I ain't goin't there ⓭ 等，其中可以体现多种元素，如情感、语气、身份、心境、环境、时间、地域、口音、人际关系等。总之，具体的文学性要以在文学作品中对人物塑造、情节叙述、主题表现的作用和功力加以判断。

具体而言，在《铺》中，当"我"的心爱姑娘突然嫁给了别人，"我"不顾一切地跑到她家门口，可是"许久，我没动"。

归纳参赛译文，似有下列几类：

For a long time, I didn't move at all.［对等值］

It took me ages to move.［地道化］

For a century, I stood there without taking one more step.［文学性］

单纯的"对等值"是应避免的，而"地道化"也不等于"文学性"，因为要据具体语境而言。文中的"我"是位勤奋好学、有素养、重感情的男青年，所以，第三种语言的表述在此处更具文学性，但在生活中是不可能的，这样处理显然是一种文学的夸张，而 taking one more step 又显得过于具体，可以说，从"对等值"到"地道化"再到"文学性"，其主观、加工、再创作的成分越来越大。

塑造人物，是小说的显著特征和灵魂。小说可以通过描写音容笑貌、心理活动、对话问答、环境气氛等来刻画人物，这就对小说语言的艺术特性（特别是个性）提出了极高的要求，这也是作品成败的关键。在翻译的过程中，译者应对这些细节特别敏感，不放过一丝一毫。比如，在《泉》中，"我"是个文化人，而姐姐是个农村"老土"。在这样一个文明、庄重的场合，当听到姐姐"一口一个裤

⓭　参见 Landers 第 8 页。

衩，真够难听的。我想纠正她，但很快明白没有必要"。大赛中典型的参赛译文是这样处理这段文字的："Underpants'coming from her mouth sounds so annoying to me. I wanted to correct her, but immediately realized that there's no need to。"我们应当意识到，出自姐姐嘴的"裤衩"，其意义不同一般，只有这样才会令妹妹难堪，而 underpants 或 undershorts/drawers 等译法，在此都太显"正规"，倒不如直接使用 bottoms 一词，这样翻译，虽然看上去不够"准确"、原语与译语不够"等值"，但这个字却符合其身份、性格，并符合口语化的特点。原文中的"难听"也不是一般的 annoying，而带有 rustic/bucolic 的味道。另外，"纠正"她亦非平常的 correct/rectify/redress 等，而是想要让她"文明"起来，因此，译文当是 civilize/enlighten/refine 等。综上所述，整句话可译为"Listening to her 'bottoms' all the time, a bit rustic to me. I had the urge to civilize her terms, but curbed it right away, realizing there was actually no point."

关于找个情人，姐姐说"瞅准了，能有的话，也有一个。要不是，这一辈子，老亏"。在处理这段话是，一位参赛选手给出了这样的译文："When you find a right one, take him. Otherwise, the whole lifetime we have are on the disadvantage side."从整体印象看，这个译法显然太过书卷气，不像农村妇女说的话。如果追求译文符合人物性格，这句话当译成"Spot a good one, go for it. We've got to do something for ourselves in this life."这里要的是简短、急促、明了和土气。相比之下，作为艺术家的"我"则要文雅许多："我合上杂志。不能再看了。这篇狗屁小散文勾出了我的难过"。其中尽管用了"狗屁"，但那是一种自言自语的气话，若译成 shit article 等，未免使人物失去了应有的身份，故我们不妨将这段话译为"I shut the magazine, couldn't read anymore …This piece of nonsense had fished my sadness out to surface."其中的 shut, fished sadness out to surface 已尽表其愤懑之情。

文学语言固然来自生活，但又不等于照搬生活，而是经过艺术加工过的语言，如老舍所说，文学语言并不是另造的一套话语，如"烧饼"就叫"烧饼"，不能叫"饼烧"，但我们仍不能把文学语言等同于日常语言，因为文学是用语言编织出来的事件，表现的是艺术真实❶。对此，文学译者也应有十分清晰的认识。在小说《铺》中，作者在叙述学员宿舍的周围环境时，说道："玉米地西边是条小河。许多男生半夜起来解手，就对着庄稼乱滋"。典型的参赛译文是"When they got up and went to toilet, they just urinate against the crops …"粗看起来，译文没有逻辑错误，问题是在荒郊野外哪里来的"toilet"？这一译文不但与"一群农民学生"此时的生活境况格格不入，而且 urinate 一词也过于直白，缺乏生动。作为文学叙述，还应有必要的"讲究"，试比较下一译文："There is a river to the west of the cornfield. At nights, male students would conveniently 'water' the crops in the field as they got up to relieve themselves."两个译本相比，前者虽比较"对等"，但与"地道的文学"的表述，似无太大关系。

值得注意的是，在文学翻译中，作者的一些幽默笔法，常常被译者（特别是外国译者）忽略。例如，《河》中，主人公立本想往上爬，要求其助手宋鱼弄些"钱钱肉"（驴鞭）以讨好领导。待宋鱼备好五根又大又粗的驴鞭后，上面分别贴了纸条："书记的""县长的""主任的""主席的"和"我的"，这是作者的灰色幽默，然而有的译者为了明确意图，分别为 For Party Secretary, For County Magistrate, For Director …其中一个介词 For 令味道全无；其实，简单译为…each one is labeled as "Party Secretary"，"County Magistrate"，"Director"…即可。再如，"老笨撇了撇嘴，又说：三十多岁的人了，连个肚子都没鼓起来，看人家多富态！宋鱼说：有本事的搞大别人的肚子，没本事的才把自己的肚子搞大"。对最后一句，典型的参赛译文是"The clever ones to give other people a big belly. The stupid ones only make their own bellies big."中国人似乎都不难发现，以上译者没有译出其所特指和调侃味道。"搞大别人的肚子"，不是指任何 other people a big belly，而是在婚外情之中所发生的事，好的译文当是"The really able men impregnate others in an affair, while the least able ones just to inflate their own bellies"等。

---

❶ 参见李荣启第 67 页。

林语堂说："译者所能谋达到之忠实，即比较的忠实之谓，非绝对的忠实之谓""一百分的忠实，只是一种梦想。翻译者能达七八成或八九成之忠实，已为人事上可能之极端"**⑮**。在这个意义上，文学翻译是一种永远的遗憾艺术，而这也正是其独特魅力所在。"译者和原作者达到了一种心灵上的契合，这种契合超越了空间和时间上的限制，打破了种族和文化上的樊笼，对译者而言，得到的是一种创造上的满足。"**⑯**

正如兰德斯所说，人们一般认为译者只是翻译语言，但其实并不完全如此；无论具体翻译内容，译者都需与思想观念打交道。文学翻译则更需理解文化**⑰**。《时代》杂志于十多年前将文学译者称为"文化使者"，应该说，这一提法是确切的。文学翻译，特别是中国文学的外译，正因其包含着深奥的中国元素，我们必须不断地探究各种翻译策略和转述方式，以使译文更具艺术性，更确切地体现其特殊意义，从而充分发挥文学翻译者的文化使者身份。参加本次翻译大赛的朋友们均在这方面做出了可喜的努力。

参考文献

曹明海．文学解读学导论［M］．北京：人民文学出版社，1997．

傅雷．致林以亮论翻译书［M］//翻译研究论文集．北京：外语教学与翻译出版社，1984．

贾平凹．倒流河［EB/OL］．http：//news. china. com. cn/citc/2013 - 08/29/content_29864313. htm.

李荣启．文学语言学［M］．北京：人民出版社，2005．

林以亮．翻译的理论与实践［M］//翻译研究论文集．北京：外语教学与研究出版社，1984．

林语堂．论翻译［M］//罗新璋，陈应年．翻译论集，修订版．北京：商务印书馆，2009．

---

⑮ 参见林语堂第 491 页。

⑯ 参见林以亮第 228 页。

⑰ 参见 Landers 第 72 页。

刘震云．塔铺［EB/OL］．http：//news. china. com. cn/citc/2013 − 08/29/content_
　　29864750. htm.

茅盾．为发展文学翻译事业和提高翻译质量而奋斗［M］//罗新璋、陈应年．翻译
　　论集，修订版，北京：商务印书馆，2009.

钱钟书．林纾的翻译［M］//翻译通讯．翻译研究论文集（1949 − 1983），北京：
　　外语教学与研究出版社，1984.

乔叶．月牙泉［EB/OL］．http：//news. china. com. cn/citc/2013 − 08/29/content_
　　29862982. htm.

苏童．人民的鱼［EB/OL］．http：//www. china. org. cn/arts/citc/2013 − 08/30/con-
　　tent_ 29869424. htm.

王宁．文化翻译与经典阐释［M］．北京：中华书局，2006.

吴光华．汉英大辞典［M］．上海：上海交通大学出版社，1999.

许钧等．学翻译的理论与实践—翻译对话录［M］．南京：译林出版社，2001.

张保红．文学翻译［M］．北京：外语教学与研究出版社，2011.

张德禄．语言的功能与文体［M］．北京：高等教育出版社，2005.

朱振武．文学工作者戒［J］．英语世界，2012（3）.

Landers, Clifford E. Literary Translation：A Practical Guide［J］. Toronto：Multilingual
　　Matters，2008.

Nida E. and C. R. Taber. The Theory and Practice of Translation［J］. Leiden：E.
　　J. Brill，1969.

Toury, Gideon. Descriptive Translation Studies and Beyond［J］. Amsterdam and Philadel-
　　phia：John Benjamins，1995.

从女性主义翻译角度探究译者主体性

——以《浮生六记》英译本为例

郑 晨*

ABSTRACT

As the subject of translation, translators have long been marginalized in traditional translation theories, yet the "cultural turn" in translation studies in the 1970s has greatly enhanced the status of translators and given emphasis to their subjectivity. In this regard, feminist translation theory provides a new angle for relevant studies. Based on previous studies, this paper briefly introduces the connotation and history of translators' subjectivity and maintains that feminist translation ideas and strategies can help translators sufficiently and appropriately give play to their subjectivity. This paper takes the English translation of *Six Chapters of a Floating Life* by Lin Yutang as an example to show how translators can appropriately apply their subjectivity from the angle of the feminist translation theory and accurately express the feminist spirit of the original text, and concludes that translators' subjectivity and translators' overall quality are mutually supportive and prerequisite to each other.

KEY WORDS: feminist translation theory, translators' subjectivity, translators' overall quality

摘 要

作为翻译的主体，译者在传统的翻译研究中长期处于边缘的地

---

* 北京外国语大学高级翻译学院。

位，20 世纪 70 年代，翻译研究中的"文化转向"使译者的地位得到提升，译者主体性问题也得到越来越多的重视，女性主义翻译理论为译者主体性的研究提供了一个新的视角。本文在前人研究的基础上，对译者主体性的内涵和发展进行了梳理，认为女性主义翻译理念和策略的运用有助于译者充分、适度地发挥主体性。在此基础上，本文以林语堂英译的《浮生六记》为研究对象，探讨译者如何从女性主义翻译理论的视角适度地发挥主体性，使译文准确地传达原文的女性主义精神，并得出译者主体性和译者素养相辅相成、互为前提的结论。

关键词：女性主义翻译理论，译者主体性，译者素养

作为源语与目标语之间的桥梁，译者在翻译过程中起着至关重要的作用，而女性主义与翻译结合所形成的女性主义翻译理论，因其强调译者的性别身份，为译者主体性研究提供了新的视角。林语堂英译的《浮生六记》即是从女性主义角度，充分发挥了译者的主体性，通过描画一位纯洁率真的家庭妇女形象芸，真实准确地向西方读者介绍了中国文学史上一位最可爱的女性，读者也充分感觉到译者对女性的深切关怀。这位学贯东西的文学家和翻译家通过这部译作，为提高女性在文学和翻译中的地位提供了一个范例，的确，其译作是译者不断提高自身素养以更好地发挥主动性的楷模。

女性主义又称女权主义，"是指为结束性别主义（sexism）、性剥削（sexual exploitation）、性歧视和性压迫（sexual oppression），促进性别阶层平等而创立和发起的社会理论。除在对社会关系进行批判之外，女性主义也着重于性别不平等的分析以及推动性底层（如女性、跨性别）的权利、利益与议题"❶。迄今为止，女性主义经历了三次发展浪潮。第一次浪潮始于 19 世纪下半叶直至 20 世纪初，这一阶段的女性主义目标是为妇女争取政治上的平等权利，包括选举权利，同时女性也要求享有与男性平等的受教育与就业权利。第

---

❶ 参见女性主义 [EB/OL]. [2014 - 08 - 19]. http：//baike. baidu. com/view/188518. htm? fr = aladdin#reference - ［1］ - 188518 - wrap.

二次浪潮发生在 20 世纪 60 年代，这一阶段出现了女性研究思潮，即女性主义理论。第三次浪潮的发生时间说法不一，一般认为是 20 世纪七八十年代，这一阶段的女性主义呈现多样化的发展，出现了生态女性主义、第三世界女性主义、跨性别女性主义等众多流派。

在传统的翻译研究中，译者一直处于边缘位置，古今中外对译者的称呼"译匠""媒婆""一仆二主"之"仆人""戴着镣铐的舞者""文化搬运工""翻译机器"等均在不同程度上贬低了翻译和译者的价值。传统的翻译观认为翻译只是语际之间的转换，翻译研究就是探讨怎样译、怎样译得好❷。这种观点无形中使译者沦为翻译机器和文化工具。传统翻译观中的理想标准也在不同程度上体现了这种思想，如钱钟书的"化境论"（transfiguration），即"不因语言语文习惯的差异而露出生硬牵强的痕迹，同时还要完全保存原有的风味"❸。钱先生的"化境论"与西方的"隐形论"（invisibility）十分相似。在描述其理论时，韦努蒂这样说道："我把翻译看作是创造透明文本的尝试，透明得就像未经翻译一样。好的翻译犹如一片玻璃。只有当上面有刮痕、气泡等瑕疵时，你才会注意到它的存在。理想的情况是不应有任何瑕疵。它本身根本就不应惹人注目"❹。传统翻译观的另一种观点是译者是"一仆二主"之"仆人"，译作依赖于原作，缺乏创造性，至多是种"寄生的艺术"（parasitical art）。"从前有人说'创作'是'处女'，翻译不过是'媒婆'，意谓翻译何足道，创作乃可贵耳"❺。

继尤金·奈达、韩礼德将语言学的理论运动到翻译研究之后，20 世纪 70 年代，"国际学术界出现了一个耐人寻味的景象，那就是不少当代国际级的文化学家、哲学家、文艺理论家，像埃文·佐哈尔、德里达、福柯、埃科、斯皮瓦克、尼南贾纳等，都不约而同地

---

❷ 参见谢天振《国内翻译界在翻译研究和翻译理论认识上的误区》第 2 页。

❸ 参见钱钟书第 1 页。

❹ 参见劳伦斯·韦努蒂第 1 页。

❺ 参见罗新璋和陈应年第 421 页。

对翻译产生了莫大的兴趣，并对翻译发表了相当独特而又深刻的见解"❻。1990 年，安德烈·勒菲弗尔（André Lefevere）和苏珊·巴斯奈特（Susan Bassnett）在合编的《翻译、历史与文化》一书中共同提出"文化转向"（cultural turn），即翻译研究不仅要关注语言问题，还必须在更广阔的历史文化视野中展开讨论。从此，翻译研究文化转向正式形成。埃文·佐哈尔（Itamar Even－Zohar）和图里（Gideon Toury）的多元系统论（Polysystem）为面向译入语的翻译研究提供了理论框架；以勒菲弗尔、巴斯奈特和西奥·赫曼（Theo Hermans）为代表的操纵学派（manipulation school）认为翻译就是文化改写（rewriting），译者不可避免地受到历史文化因素的制约和影响。随着对翻译中历史文化因素的重视，译者主体性（subjectivity）逐渐进入学者的研究范围，译者的地位和作用也日益引起关注。

查明建和田雨将"译者主体性"解释为"作为翻译主体的译者在尊重翻译对象的前提下，为实现翻译目的而在翻译活动中表现出的主观能动性，其基本特征是翻译主体自觉的文化意识、人文品格和文化、审美创造性"❼。随着对译者主体性问题的重视，译者的地位和作用也逐渐引起关注。翻译研究出现的"文化转向"使译者不再独立于特定的文化背景之外，而是不断受到历史文化因素的影响。译者不再是被动地充当原作的"仆人"、原作者与外国读者之间的"媒婆""文化搬运工"等，而是被置于与作者平等对话的位置，完成了由本体到主体的跨越。

而作为女性的发声者，女性主义译者长期遭受双重歧视。歌德曾把翻译比作"职业媒婆"；翻译家约翰·弗洛里欧（John Florio）把翻译比作"女性"，因为她们都"有缺陷"；法国修辞学家梅纳日（G. Menage）认为翻译像漂亮的女人，漂亮的女人不忠实；乔治·斯坦纳（George Steiner）把翻译的四个过程描述为信任（trust）、侵占（aggression）、吸收（incorporation）和补偿（restitution）❽。而侵

---

❻ 参见谢天振《翻译研究"文化转向"之后——翻译研究文化转向的比较文学意义》第 2 页。

❼ 参见查建明和田雨第 22 页。

❽ 参见 Steiner 第 312–315 页。

占是译者侵入和占领文本的过程，这显然是以男性为中心、对女性进行情欲占有（erotic possession）的过程。

女性主义翻译理论为译者主体性的研究提供了一个新的视角。女性主义翻译植根于女性主义运动，试图在翻译中重建女性主义译者的文化身份，从一开始就体现了女性主体意识的觉醒。西蒙（Simon）曾说："女性主义翻译理论的目标是识别和批判那些既将女性又将翻译逐入社会和文学底层的一团概念。为此，它必须探讨翻译被'女性化'（feminized）的过程，并且试图动摇那些维持这种联系的权威结构"❾。"语言不仅是交流的工具，更是一种控制手段……父权制语言是被主要由男性统治的社会惯例所塑造和使用……因此，女性主义者试图找到一种新的语言和文学形式，为女性发声，反映并回应女性的现实"❿。因此，女性主义译者的主体性力求消灭翻译研究和实践中对女性的歧视。

女性主义译者的主体意识还体现在他/她们对翻译的基本问题作了重新思考。女性主义翻译理论要求重新审视译文与原作的关系，主张译本要和原文享有相同的地位，"在译文中让女性的身影尽量被看到，女性的声音尽量被听到"⓫。基丁这 理念，弗洛图（Flotow）提出三种翻译策略：增补（supplementing）、加前言和脚注（prefacing and footnoting）和劫持（hijacking）。增补是译者为了弥补源语和目的语两种语言之间的差异而进行的创造性改写；加前言和脚注是译者从女性主义价值取向出发，对文本进行干涉，以说明自己的翻译目的和翻译策略；劫持则是译者对原文中与女性主义观点相悖的词句进行干涉并在译文中改写⓬。

译者主体性给予了译者一定的自由，但是这并不意味着译者可以任意地篡改、删减原文。译者的主体性是适度的，受到"忠实"标准的制衡：字面和内涵的双重忠实。基于此，笔者认为，译者主体性的发挥与译者自身素养是辩证统一的。一方面，译者主体性的

---

❾ 参见 Simon 第 1 页。

❿ 参见 Flotow 第 8 - 9 页。

⓫ 参见 Flotow 第 28 - 29 页。

⓬ 参见沈复第 28 - 29 页。

发挥需要以译者良好的自身素养为基础，包括语言、文学、文化等多方面的素养，没有后者作支撑，译者是无法恰当地发挥主体性的。另一方面，主体性的发挥也激励译者不断提高自己各方面的素养和能力。在上述这些方面，《浮生六记》的翻译实践都有非常突出的表现。

《浮生六记》典出李白的"浮生若梦，为欢几何"，是清朝长洲人沈复（字三白，号梅逸）著于嘉庆十三年（1808 年）的自传体散文。作者以简洁生动的文笔描述了他的婚姻爱情生活、家庭变故、闲情异趣、山水游记等，字里行间流露出他与妻子的伉俪情深，同时又与世无争的人生态度和价值观念。《浮生六记》的一大艺术魅力是对芸这位率真纯洁而浪漫的家庭妇女的形象塑造。芸聪慧好学，热爱生活，欣赏自然，又能勤俭持家，谦恭明理，却因为不世故不设防而被父母驱逐，历经生活的坎坷，最终英年早逝。1936 年林语堂将《浮生六记》四篇翻译成英文，分期连载于《天下》月刊及《西风》月刊，译文虽是现代英语流行语体，却精妙异常，从中不时可见神来之笔。林先生对芸激赏倍至，称之为中国文学史上一个最可爱的女性，充分流露出他对女性的深切关怀。

女性主义翻译最大的特点是"在意义生产中尽量突出女性的主体性"或"在翻译中以女性意识驾驭文本（woman-handing the text）"⑬。在翻译策略上，女性主义译者认为翻译是一种重写（rewriting），充分利用各种语言技巧为女性发声，甚至对文本进行干涉，"超越了传统对其隐形地位的限制"⑭。就译者常用的翻译方法而言，增补（supplementing）极为常见。增补与普通翻译中常用的补偿（compensation）相似，是译者为弥补源语和译入语之间的差异而进行的干预性活动。例如，布罗萨尔（Brossard）作品中的新词 mourriture 用来形容女人是做什么的，或给她们的孩子带来什么。它由三个词组成，分别是 nourriture（食物）、pourir（腐烂）和 mourir（死亡）⑮。这三

---

⑬ 参见 Simon 第 12 页。
⑭ 参见 Flotow 第 21 页。
⑮ 参见 Flotow 第 15 页。

个词说出了母亲的特质：为孩子提供食物，然后像植物一样腐烂死去，理想状态下，译者需要把这三层意思都体现出来。《浮生六记》的英译本中此类例子很多。比如，其中有这样一个句子："虽叹其才思隽秀，窃恐其福泽不深❶"。林先生译本为："I was quite struck by her talent, but feared that she was too clever to be happy❶。"芸是一位颇有才气的女子，但是三白担心芸的聪慧会害了她。如果直译，西方读者可能会对这个因果关系感到困惑。为什么聪慧的女人却没有好命运？林先生在此采取了增补的办法，译为"too clever to be happy"，从而告诉西方读者，三白担心芸会因为过于聪明而导致不幸，中国有句古话，"女子无才便是德"，意思是女子只需通文识字、能明大义，但若舞文弄法、挑动邪心，则不如不识字。林先生的译法暗示了封建糟粕对三白思想的影响，同时也表达了其对芸的同情和怜惜。

再看一例，原文是"自吃粥被嘲，再往，芸即避匿，余知其恐贻人笑也❶"。林先生译为"Since the affair of the congee happened, she always avoided me when I went to her home, and I knew that she was only trying to avoid being made a subject of ridicule❶"。"喝粥"的情节颇为有趣，即芸为三白藏粥被发现后遭众人"嘲笑戏弄"的故事。这与他们当时所处的时代有关。由于深受封建礼节的束缚，当时的女性被要求保持矜持、低调，如果主动向男性示好，会被认为放荡不羁。当时芸和三白还没有正式结为夫妇，因此为其藏粥、向其表示关心是个"不成体统"的行为，在世俗眼中是不恰当的。芸为了避嫌，因而有意躲避三白。林先生将"余知其恐贻人笑也"译为"I knew that she was only trying to avoid being made a subject of ridicule"，加了"only"，强调芸只是为了避嫌，而不是因为别的原因躲避三白，准确地体现出芸细致和谨慎的心理。如果不加上"only"，那么西方读者可能会认为芸如同其他封建女子一般怯生生地不敢向意中

---

❶ 参见沈复第 4 页。
❶ 参见沈复第 5 页。
❶ 参见沈复第 8 页。
❶ 参见沈复第 9 页。

人流露爱慕之心。但事实并非如此，芸喜欢三白，丝毫不想躲避他，只因不想旁人在背后说三道四，才不得已隐藏自己的情感。林先生站在芸的角度，准确地抓住了芸的复杂心情。

另外一个典型的例子是："余暗于案下握其腕，暖尖滑腻，胸中不觉怦怦作跳[20]"。林先生的译文为："I secretly held her hand under the table, which was warm and small, and my heart was palpitating[21]." 这是三白在新婚之夜第一次触摸芸的手时的心理描写。"暖尖滑腻"是说芸的手温暖、嫩滑、细腻，对应的英文是warm、greasy、delicate，而林先生将其译为"warm and small"，增加了small，略去了delicate。与西方金发碧眼的审美标准不同，东方对女性的审美标准是娇小、柔弱。一般而言，人们认为粗手粗脚的女人是劳苦命，而细手细脚的女人是富贵命。林先生的译法使西方读者对中国的审美标准有了一定的认识。不过，笔者认为，林先生的译法有些许欠缺：small只说明了手的大小，但并没有指明手是粗糙还是嫩滑，建议改译为"warm, delicate and small"。

再举一例，"芸笑挽素云置余怀，曰：'请君摸索畅怀'"[22]。下面是林先生的译文："Yun then playfully pushed Suyun into my lap, saying, 'Now you can caress her to your full'"[23]。林先生将"笑挽"和"置"译为"playfully pushed"。"playfully"写出了芸性格中调皮可爱、开朗豁达的一面，"push"则比place等词更能体现出芸的主动和急切心情，成功地塑造了一个善解人意、慷慨大度的可爱的妻子形象，同时我们也可以看到封建思想对芸的影响。她主动为丈夫寻找小妾，说明她欣然接受了中国封建社会男尊女卑、一夫多妻的思想。另一方面，芸不顾素云的感受便将其往自己丈夫怀中推，而素云也没有推脱，说明她们接受女人是取悦男人的工具的思想。

加前言和脚注是女性主义译者最常使用的策略，用以说明自己选材的目的以及译作中体现的女性主义思想。例如，阿伍德（Har-

---

[20] 参见沈复第10页。

[21] 参见沈复第11页。

[22] 参见沈复第66页。

[23] 参见沈复第67页。

wood）在译本《她人的信》（*Lettres d'une autre*）的前言中写道："我的翻译实践是一项政治活动，目的是使语言替女人说话。因此我在一个译本上署名意味着：这一译本使用了所有的女性主义翻译策略，使女性在语言中清晰可见"❷。林先生为《浮生六记》所作的前言有四页长，其中大部分篇幅是描绘芸这位可爱的女子，介绍了她与三白的婚姻爱情生活、闲情逸趣、山水游记以及家庭变故等。从前言中，我们可以看到，译者充分流露了对芸的关怀和赞赏，称赞她为中国文学上一个最可爱的女人。她与丈夫伉俪情深，胸怀旷达，淡泊名利，过着与世无争的生活，这对于帮助西方读者认识这样一位既传统又有些另类的中国女性有着重要的意义。

在译文中，林先生也运用了加脚注的方法来帮助读者更好地理解原文。

请看下例，"余虽居长而行三，故上下呼芸为'三娘'；后忽呼为'三太太'。始而戏呼，续成习惯，甚至尊卑长幼皆以'三太太'呼之。此家庭之变机欤❷"林先生译为"I was born the third son of my family, although the eldest; hence they used to call Yun 'San niang' at home, but this was later suddenly changed into 'san taitai.' This began at first in fun, later became a general practice, and even relatives of all ranks, high and low, addressed her as 'san taitai'".

"San" means "number three." The meaning of "niang" and "taitai" varies with local usage, but generally "niang" refers to a young married woman in a big household, while "taitai" suggests the mistress of an independent home❷.

林先生在这里加了脚注，是为了告诉读者"娘"和"太太"之间的区别。"娘"和"太太"都是对已婚女性的称谓，二者的区别在于，"太太"还有女主人的意思，在家族中的地位高于"娘"。加了脚注之后，读者可以知道，家中上下用"太太"来称呼芸，是出

---

❷ 参见 Flotow 第 29 页。
❷ 参见沈复第 124 页。
❷ 参见沈复第 125 页。

于对她的尊重和敬意，同时，也暗示了这对夫妇后来遭父母放逐的悲惨命运。

劫持是最具争议性的译法，是女性主义译者对那些非女性主义意图文本的挪用（appropriation）。例如，阿伍德将原作中形容魁北克（Québec）人口的阳性形容词 Québécois 改为包括阳性和阴性的形容词 Québécois-e-s❷。林先生对原作中不利于芸形象传达的字词进行劫持，成功地向西方读者展现了一位自信、可爱的中国女性形象。

下面这个例子也很能说明问题，原文是"唯两齿微露；似非佳相❷"。林先生的译文是"The only defect was that her two front teeth were slightly inclined forward, which was not a mark of good omen❷."这是沈复印象中芸的模样。他痛失爱妻，总是不由自主地回忆任何可能导致妻子不幸命运的不祥征兆，他说妻子"两齿微露"，"似非佳相"，林先生译为"which was not a mark of good omen"，语气跟原文相比较为缓和，因为他知道沈复并非厌恶妻子微露的牙齿，而是过于怀念妻子，忍不住回忆任何可能导致妻子英年早逝的不祥征兆。林先生的译法既抒发了对芸的惋惜之情，又表达了对其丈夫的深深同情和理解。另外，这一译法也告诉读者，在古代中国，牙齿微露是不祥之兆，这是封建社会对妇女的无形压迫，揭示了芸悲惨命运的根源。

再看一个句子，"唯诗之一道，妾稍有领悟耳❸"。林先生译为："I believe, however, that I do understand something poetry❸"。

芸是一位颇有才气的女子，但在与丈夫讨论文学的时候，却表现得极为谦逊，这尤其体现在"唯""妾"和"稍"等用词上。如果将这些字眼直译为英文，那么西方读者就会看到一个平庸、顺从的封建社会的传统妇女，并且困惑为何作者和译者会对这样的一个普通女子赞不绝口。实际上，是封建思想迫使芸掩盖自己的才华，

---

❷　参见 Flotow 第 29 页。
❷　参见沈复第 6 页。
❷　参见沈复第 7 页。
❸　参见沈复第 20 页。
❸　参见沈复第 21 页。

虽然她很喜欢和丈夫谈诗，也很享受文学中的乐趣，但在内心深处，她认为在文学造诣上，女性是无法超越男性，甚至无法和男性相比的。因此，她说"The ancient literature depends for its appeal on depth of thought and greatness of spirit, which I am afraid it is difficult for a women to attain"❸❷. 林先生没有照搬原文，而是采取了劫持的做法，将芸塑造成一个自信的女性形象。首先，译文使用第一人称"I"，体现了芸的自觉意识。原文的"妾"是会意字，甲骨文字形上面是古代刑刀，表示有罪，受刑，下面是"女"字，合而表示有罪的女子。在这里，"妾"是芸自称的谦词。林先生将"妾"译为"I"，使芸的话语中多了几分自信。而"believe"和"do understand"则加强了芸在西方读者心目中有主见、敢说话的形象。

最后的两个例子也很说明问题。其一是"芸曰：妾作狗久已，屈君试尝之❸❸"。林先生给出的译文"Well, I have been a dog for a long time, why don't you try to be one?"❸❹ 这里写的是芸坚持让丈夫尝尝"臭腐乳"的故事。原文中有两个表示自谦的词，即"妾"和"屈君"。关于"妾"的用法，上文已作了解释，这里不再赘述。"屈君试尝之"字面上的意思是委屈夫君尝尝。李善在为《文选·潘岳》作注解时说："夫君，元帝也。"从字型上看，"夫"字就是天人合一，有夫即天的寓意，体现了中国数千年男尊女卑的思想。显然"屈君"极为谦逊，芸是在一个较低的位置仰视丈夫。如果直译，西方读者看到的芸可能是一个非常谦卑、唯唯诺诺的普通女子，而且和下文芸把腐乳强行塞进三白嘴里的情节有些矛盾。因而林先生对"屈君"进行劫持，译成"why don't you"的反问句。显然，译文中的芸是一个非常自信，敢于和丈夫"叫板"的女性，活泼机灵，惹人喜爱，而且与下文的衔接也更加自然。

另一个是"丽人已得，君何以谢媒耶❸❺?"译文为"Now that I

---

❸❷ 参见沈复第 21 页。
❸❸ 参见沈复第 42 页。
❸❹ 参见沈复第 43 页。
❸❺ 参见沈复第 78 页。

have found a beauty for you, how are you going to reward the go-be-tween❸⑥?"这里写的是芸安排丈夫与憨园见面并请求她做丈夫小妾的故事。芸为丈夫找到了才貌双全的憨园做小妾，并且志在必得，于是向丈夫"邀功"。但她的措辞极为谦逊，没有使用第一人称，把自己称为"媒"，称丈夫为"君"，将丈夫置于一个更高的位置。在译文中，林先生改用第一人称，"I have found"为芸争取了更多的话语权，将她与三白置于一个平等的地位上，从而向西方读者展示了一个更为自信、更加可爱的妻子形象。一方面，她想努力做个贤惠的妻子、孝顺的儿媳和尽职的母亲；另一方面，封建礼节的枷锁并没有消磨她的个性和对理想生活的追求。她有自己的喜怒哀乐，敢于自由表达自己的感情。

女性主义翻译理论为译者主体性的研究提供了一个新的方向，即译者的性别身份，从女性主义翻译视角来探讨译者的主体性问题对于消解翻译中对女性的歧视以及提高女性主义译者的地位具有十分重要的现实意义。尽管如此，女性主义译者不能过分突出其在翻译中的主体性。从这个角度来说，林先生英译的《浮生六记》达到了很好的平衡。尽管是一名男性译者，林先生站在女性的角度，充分且恰当地发挥了译者主体性，向西方读者介绍了一位可爱的中国女性，给予了女性充分的关怀。同时，这也激励年轻译者不断提高自身素养，为主体性的发挥打下坚实的基础。

参考文献

劳伦斯·韦努蒂. 译者的隐形——翻译史论［M］. 北京：外语教学与研究出版社，2009.

罗新璋、陈应年. 翻译论集［M］. 北京：商务印书馆，2009.

女性主义［EB/OL］.［2014 - 08 - 19］. http：//baike. baidu. com/view/188518. htm？fr = aladdin#reference -［1］- 188518 - wrap.

钱钟书. 林纾的翻译［M］. 北京：商务印书馆，1981.

---

❸⑥　参见沈复第 79 页。

沈复、林语堂译. 浮生六记 [M]. 北京：外语教学与研究出版社，1999.

谢天振. 翻译研究"文化转向"之后——翻译研究文化转向的比较文学意义 [J]. 中国比较文学，2006（3）.

谢天振. 国内翻译界在翻译研究和翻译理论认识上的误区 [J]. 中国翻译，2001（4）.

查建明、田雨. 论译者主体性——从译者文化地位的边缘化谈起 [J]. 中国翻译，2003（1）.

Flotow, Luise von. Translation and Gender：Translating in the *Era of Feminism* [M]. Manchester：St. Jerome Publishing，1997.

Simon, Sherry. Gender in Translation：Cultural Identity and the Politics of Transmission [M]. London：Routledge，1996.

Steiner, George. After Babel—Aspects of Language and Translation [M]. Shanghai：Shanghai Foreign Language Education Press，2001.

行业篇

语言服务行业协会与语言服务知识管理

王立弟[*]　　郭亚玲^{**}

ABSTRACT

With the emergence of the Language Service(LS) industry from traditional translation practice, new forms of language service associations have come to the fore and so has the transition of existing translation societies to meet the needs of the new industry for the exchange of information and knowledge sharing. Globally, such associations have committed themselves to the knowledge-based nature of the industry and have initiated effective measures of knowledge management, including conducting surveys, sponsoring forums and publishing academic journals. These associations have played an active role in disseminating knowledge and promoting innovations and they have set a good example for their counterparts in China to follow and for the further growth of the language service industry in this part of the world in general.

KEY WORDS: language service, professional association, knowledge management

摘　要

随着传统的翻译工作转型为语言服务业，新的语言服务行业协会，已有的翻译协会也迅速做出调整，以期为这一新兴行业提供交流、学习与知识共享的平台。国际上语言服务行业协会抓住"知识

---

*　北京外国语大学高级翻译学院院长。
**　北京外国语大学。

密集型"这一行业特征，施行了有效、有益的知识管理措施，包括行业信息披露、开辟专业论坛和和出版专业学刊等，在促进知识共享和创新过程中扮演了积极的角色，同时也为我国语言服务产业发展提供了可借鉴的经验。

关键词：语言服务，行业协会，知识管理

经济全球化和信息化的发展使传统翻译服务的范围、规模、方式、供应方和购买方等都发生了巨变，翻译行业与相关行业跨界联合，迅速转型升级，形成了一个新兴行业——语言服务业❶。近几年，飞速发展的语言服务业已成为现代服务业的一个重要分支。美国卡门森斯咨询公司的最新研究成果表明，全球语言服务市场过去三年的年增长率是 8%，2014 年全球语言服务市场产值已达 400 亿美元❷。面对如此巨大的市场和迅猛的发展势头，语言服务业不仅要把握机会，还要不断提高竞争力，保持行业健康，持续发展。

首先，要对语言服务业有清醒、正确的认识。语言服务业具有现代服务业的基本特征——知识密集性❸。"语言服务"是指"通过直接提供语言信息转换服务和产品，或提供语言信息转换所需的技术、工具、知识、技能，帮助人们解决语际信息、交流中出现的语言障碍的服务活动"❹。语言服务的核心是知识和信息的服务，所以语言服务业是以知识运营为经济增长方式的行业。为了增强这个新兴行业的优势，知识的创造、获取、整合、共享、使用等知识管理（Knowledge Management）活动就具备了至关重要的作用。

语言服务业的知识管理会涉及语言服务供应商、语言服务采购商、技术开发商、本地化公司、译员、语言服务行业协会、研究机

---

❶ 这一新行业的名称，国际上尚无统一的说法，加拿大语言产业协会、美国全球化与本地化协会称其为"语言产业"，美国卡门森斯咨询公司和中国翻译协会将其称为"语言服务业"。本文采用中国翻译的提法称其为"语言服务业"。

❷ ［EB/OL］http：／／www. commonsenseadvisory. com/Resources /Facts and Figures. aspx.

❸ 参见郭晓勇。

❹ 参见袁军第 22 页。

构、出版机构、培训机构和咨询公司等部门和环节，这些环节以供需为主线，以分工与合作为特征，构成语言服务的闭合产业链❺。在这个链条上，语言服务行业协会代表整个行业的利益，是连接各部门的纽带。在国际上，语言服务业的知识管理大多由语言服务行业协会来完成。在知识经济时代，面对新形势，国际语言服务行业协会在知识获取、共享、知识创新等方面进行了积极有益的探索，也积累了丰富的经验，值得我们借鉴。

新形势下的语言服务行业协会

翻译产业转变为语言服务业的过程，催生了一批新的语言服务行业协会，如2002年成立的全球化与本地化协会（The Globalization and Localization Association，GALA）与2003年成立的加拿大语言产业协会（Language Industry Association，AILIA）。已有的翻译协会也在扩大会员范围，积极与行业其他组成部分合作，向语言服务行业协会转变，如美国翻译协会（American Translators Association，ATA）。同时，语言服务业所包含的各分支也有自己的行业协会，如巴西翻译协会（Brazilian Translators' Association，SINTRA）、世界翻译家阿拉伯语协会（World Arabic Translators' Association，WATA）等译者组织，还有像国际外包专家协会（The International Association of Outsourcing Professionals，IAOP）这样的专业服务协会。

笔者选取了5家在国际上影响力较大、分布在不同国家和地区的语言服务行业协会为调查对象，以研究它们在知识管理方面的经验和措施（见表1），进行比较和分析。加拿大是个双语国家，语言服务是他们的传统产业，相比世界上其他国家发展较快。加拿大语言产业协会（AILIA）由加拿大政府资助成立。美国翻译协会（ATA），是美国最大的笔译和口译工作者的行业协会，会员来自60多个国家，在国际上很有影响力。德国联邦翻译协会（Bundesverband der Dolmetscher und Übersetzer，BDÜ）是德国最大的语言服务行业协会。国际翻译家联盟（简称"国际译联"）（FédérationInternationale

---

❺ 参见王明新第59页。

des Traducteurs/International Federation of Translators，FIT）是国际权威的翻译工作者联合组织，拥有遍及 55 个国家和地区的 8 万余名笔译员、口译员与术语学家以及 100 多个协会会员。全球化与本地化协会（The Globalization and Localization Association，GALA）是全球最大的语言服务行业协会，具有全面代表性。

表 1　5 家语言服务行业协会情况概览

协会名称	AILIA	ATA	BDÜ	FIT	GALA
成立时间（年）	2003	1959	1955	1953	2002
会员人数	个人会员 25 人、单位会员 50 家	11000 人	个人会员 7500 人	会员组织 120 个	单位会员 200 家
会员结构	语言服务供应商、行业协会、政府部门、业界人士、学生、名誉会员	译员、教师、项目经理、网络和软件开发商、语言服务供应商、医院、大学、政府部门	译员	各国和地区翻译协会、翻译研究者、译员、术语专家	语言服务供应商、语言技术开发商、语言使用者、语言研究、教育、培训机构、职业发展咨询服务商

行业协会在知识管理方面的举措

在上述大背景下，知识管理已成为一个涉及多种活动的复杂过程。国际语言服务行业协会在及时获取外部知识、推动内部知识共享、加快隐性知识和显性知识转化来促进知识创新等方面采取了多种措施，取得了良好的效果。

首先，国际语言服务行业协会在披露行业发展信息方面发挥了显著的作用。国际语言服务行业协会通过亲自进行市场调研、与咨询顾问公司合作或与政府权威部门合作等方式，及时发布行业报告和数据，将行业发展状态、趋势和市场变化等信息传达给协会各部门。同时，各协会还建设各种平台，发布具体的供求信息和市场动态，促成市场与服务对接，或提供关于行业的知识、信息（见表2）。

表2　5家语言服务行业协会提供行业数据情况

协会名称	AILIA	ATA	BDÜ	GALA	FIT
获得方式	在线调研	与美国劳动统计局合作	BDÜ提供	与卡门森斯咨询公司、下一代本地化技术研究中心（CNGL）合作	与联合国教科文组织（UNESCO）、欧盟（EU）合作
平台	信息中心、加拿大资源中心、国际资源中心、商机专栏	资源中心	信息中心	资源中心、LIND-Web Platform会员发布与GALA发布	研究工作中心资源中心

就整体而言，知识管理涉及四个方面的知识：事实性的知识（知道是什么：know-what）、程序化的知识（知道怎样：know-how）、原理规律知识（知道为什么：know-why）以及关系性知识（知道与何相关：know-who）❻。国际语言服务行业协会积极从各种知识源获得关于市场、行业发展的事实性知识（know-what），及时为知识运营注入活力。发布行业数据、信息，是分享事实性知识的重要途径，与其他部门的合作使行业有机会了解可以指导、管理行业的权威机构和社会关系，引进了关系性知识（know-who）。在知识经济时代，知识不仅仅是一种资源，更是资本和产品。国际语言服务行业协会敏锐地捕捉到这一点，积极、及时获得外部知识，为行业争取了无形的知识资本。

美国翻译协会（ATA）引用美国劳动统计局的数据表明，到2022年，翻译工作岗位将增长42%，译员就业率将会增长46%，大大超过其他职业平均就业水平。全球化与本地化协会（GALA）发布了卡门森斯咨询公司的最新研究成果：全球语言服务市场过去3年的年增长率是8%，2014年全球语言服务市场产值400亿美元。该协会还援引了下一代本地化技术研究中心（CNGL）的数据，指出本

---

❻　参见 Zack。

地化是美国增长速度最快的第四大产业。国际译联则利用自己在国际舞台上的重要地位，与联合国教科文组织和欧盟合作，以及时获得权威数据。

国际语言服务行业协会不仅发布宏观数据，还对行业发展情况和趋势进行调研。加拿大语言产业协会（AILIA）在线调查了 570 家加拿大语言产业界个人、公司、组织机构之后，就采购、行业、翻译服务标准、招聘及劳动力短缺、信息共享新技术和协会的作用等重要问题展开了讨论研究，及时获得了第一手的资料。比如，他们认为保障语言服务行业健康发展的三大要素是提升产业形象、采用新科技、促进信息共享和职业人员合作。在最近三五年，劳动力短缺问题会变得更加严重，解决这个问题的关键首先在高校，其次是业界，然后是政府。

从表 2 可以看出，5 家行业协会都建有多种共享平台，并发布具体的信息数据。如 GALA 与欧盟翻译总公司合作所建设的语言产业网络平台 LIND-Web Platform，就是一个综合的、互动的知识共享版块，其中包括行业数据、事实、调研、新闻、文件等多种行业信息。

其次，语言服务行业是知识密集型服务业，为了提供优质的知识产品和知识服务，除及时获得知识外，还可以通过搭建知识共享平台，实现内部知识共享，为提高行业的创新能力和生产率创造条件。国际语言服务行业协会将语言服务行业的各个领域联系在一起，各成员间互利合作，在全球形成了稳定、可靠的互惠社会网络，有利于知识的共享、扩散和转化。

与其他资源不同，知识资源可重复、再生，而知识的分享是知识可以复制并创新的前提。国际语言服务行业协会积极通过多种渠道，如各种在线互动平台、在线数据库、培训与讲座等进行知识共享。

从表 3 可以看出，5 家国际语言服务行业协会都利用了最新的网络技术为会员提供知识分享的平台。AILIA、GALA 都设有业内专家访谈版块，BDÜ 和 ATA 组织了在线研讨会。业内权威人士和专家的经验、知识是行业继续发展的宝贵资源和动力，对从业者和刚入行的人来说更是难得的智力输入。入行较早的职业人士也有很多心得体会，他们同样是知识资源的一部分。美国翻译协会（ATA）网站设有从业经验专栏，由业内资深人士探讨从业经验、策略和各种问题的解决办法。他们的观点、个人风格、价值观会影响很多人，同时，他们的技能、技巧、具体情境下解决问题的办法等都是不可多得的实战经验。

表3　5家语言服务行业协会知识共享平台

协会名称	AILIA	ATA	BDÜ	GALA	FIT
平台	业内权威人士专访（In the words of）、社交网站（Twitter Facebook）媒体（Youtube）	专栏 Business Practices、Tips for Buyers、ATA 在线研讨会	研讨会、BDÜ在线研讨会论坛、MeinBDÜ咨询服务专栏	博客（GALA Blog）、在线媒体库（GALA onDemand）、Gala电影节、GALA CEO论坛、在线研讨会 webinar、GALA 行业专家访谈	数字交流中心、协会网站、社交网站（Facebook、Twitter）

　　语言服务行业与翻译行业已经有很大的不同，知识共享也就不再局限于翻译从业者之间的共享。全球化与本地化协会（GALA）专门设有 CEO 论坛，为会员企业管理层提供智力支持，解决他们实际工作中遇到的问题和困惑。美国翻译协会（ATA）网站设有采购商提示专栏，讨论如何采购合格的知识产品。

　　国际译联（FIT）和加拿大语言行业协会（AILIA）除自己的网站外，还利用了强大的社交服务网站脸书（Facebook）和推特（Twitter）来加强会员之间的交流。脸书（Facebook）是美国知名社交服务网站，成立十年来，其活跃用户已超过十亿。凡年满13岁者均可注册成为脸书用户，并享有站内所有免费功能。脸书（Facebook）在互联网社交和搜索方面功能强大，在美国，甚至全球都有巨大影响力。2013年互联网流量监测机构 comScore 列出全球最大网站前20名，脸书（Facebook）以 8.367 亿独立访问者的数字名列榜首。推特（Twitter）兼具社交网络服务及微博服务的网站，是全球互联网上访问量最大的十个网站之一。推特（Twitter）被称为"互联网的短信服务"，在全球有一亿多用户。如此多的用户进行实时互动，这是任何一家行业协会都不能单独完成的。利用这两大网站为行业服务，无异于为行业插上了两个翅膀。国际译联和加拿大语言行业协会的这一举措，为其他语言服务行业协会提供了有价值的借鉴。

另外，知识创新中很重要的一点是显性知识和隐性知识转换所引致的创新❼。隐性知识是根植于行为、经验并涉及具体情境的知识，包括认知因素和技术因素。认知因素指的是个人的思维模型，包括信仰和观点。技术的因素包括具体的技能、技艺和应用于具体情境下的能力❽，也就是程序化的知识（know-how）。显性知识是可以用符号和（或）自然语言的形式来阐述、编码以及交流（Nonaka，1994），原理规律知识（know-why）属于此类。

国际语言服务行业协会通过会员之间交流经验、共享资源和教学，将隐性知识通过会员间相互作用转化为新的隐性知识，这是创造知识的一种方式。要让创造出来的知识体现出商业价值，还需要知识的创新。将隐性知识和显性知识交流碰撞、逐渐转化，是知识创新的主要途径，因为知识作为行业的重要资源，只有与各部门的智力结合，才能产生新知识。

国际语言服务行业协会通过电子期刊、协会学术期刊、在线论文、研究文献数据库和调查报告与白皮书等方式，将关于行业原理规律的知识（know-why）注入行业，这些显性知识会引起各环节做出反应和新的努力，并与各部门的智力结合，逐渐内化，形成新的知识。而掌握着程序化知识（know-how）的职业人员，可以通过参加国际会议、协会年会、地区性会议等分享他们的隐性知识，并通过讨论交流将显性知识转化为隐性知识。

笔者所调查的5家国际语言服务行业协会均有自己的学术期刊并定期召开会议（见表4），这也是多年来全球各翻译协会一直在做的工作，所不同的是现在主题、议题范围更广，更加以知识为核心了。

---

❼　参见左美云等。
❽　参见 Nonaka。

表4 5家国际语言服务行业协会的期刊和会议

协会名称	AILIA	ATA	BDÜ	GALA	FIT
论坛	AILIA 年会、地区性会议	ATA 年会	研讨会、国际会议	研讨会年会	世界翻译大会（FIT World Congress）
刊物	INFO-AILIA	The ATA Chronical ATA Newsbrief	协会期刊（MDU Magazine）、BDÜ 所属出版社的各种书籍	电子期刊（Galaxy）	学术期刊（Babel）、电子通讯（Translation IT INFO）

国际译联主办的学术期刊（Babel）、德国联邦翻译协会（BDÜ）的期刊（MDU Magaziine）、美国翻译协会（ATA）主办的 The ATA Chronical 和全球化与本地化协会（GALA）的电子期刊（Galaxy），刊登学界、业界、研究人员的论文，主题涵盖了语言服务业的方方面面，紧跟语言服务业的发展，很多论文还具有前瞻性。

相比较而言，国际语言服务行业协会组织的各种会议，主题多围绕翻译展开，依然以翻译为核心。美国翻译协会（ATA）年会、德国联邦翻译协会（BDÜ）的研讨会和国际会议以及国际译联（FIT）主办的世界翻译大会议题的落脚点都在翻译，其他相关议题也有涉及，但不占主导地位。全球化与本地化协会（GALA）年会和加拿大语言产业协会（AILIA）的年会则涉及语言服务业的各环节，是专门的语言服务业的论坛。

召开论坛与出版期刊虽不是新潮流、新趋势，但在语言服务行业崛起的今天，相关行业协会正以这种方式储存知识，加强知识在各环节的流通，最终促成知识创新。国际语言服务行业协会在这方面还有很多提升的空间。

通过上文对国际语言服务行业协会知识管理的比较与分析，我们可以发现，他们的举措要比国内多很多，步伐也更快。中国的专业协会涉及的业务仍以翻译为主，还需加强对其他业务版块的了解和控制❾。国际语言服务行业协会的做法给我国语言服务行业协会带

---

❾ 参见穆雷。

来了如下启示：

（1）进行深入的行业研究，掌握行业动态，及时获取与行业相关的知识。

缺乏对行业的深入研究和行之有效的行业指导及管理，是我国语言服务行业存在的主要问题❿。在这方面，我们要借鉴国际上语言服务行业协会的做法，比如发布行业报告。2012 年，中国翻译协会联合中国翻译行业战略研究院发布了首份以权威数据为支撑的行业报告《中国语言服务业发展报告 2012》，这不失为与国际语言服务行业接轨的重要举措。

（2）充分利用先进的技术，搭建各种平台，尤其是利用强大的社交网站，促进知识共享。美国有 Facebook、Twitter，中国有微信、微博、腾讯 QQ，可以充分利用这些资源，为行业服务。

（3）主办学术论坛、期刊，以促进知识创新。

从中国语言服务业目前的状态看，我们依然缺乏上游产业智力支持⓫，将高等院校、研究机构的智力支持引入行业的重要手段是学术期刊和论坛。同样通过这种手段，知识的转化、创新才能实现。

我国现阶段的语言服务业亟待提升行业协会的指导地位，由于语言服务行业以知识运营为基本特征，进行知识管理也就成了行业协会的重要任务。此文所做的上述比较与分析或可为我国行业协会在促进新兴的语言服务业健康发展上提供借鉴。

参考文献

郭晓勇. 中国语言服务行业发展状况、问题及对策——在 2010 中国国际语言服务行业大会上的主旨发言 [J]. 中国翻译，2010（6）：34 – 37.

郭晓勇. 中国语言服务业的机遇和挑战 [J]. 中国翻译，2014（1）：9 – 11.

穆雷，韩莹. 专业协会在语言服务业专业化进程中的角色——中国和加拿大相关协会职能的对比研究 [J]. 中国翻译，2014（6）：63 – 68.

王传英. 语言服务业发展与启示 [J]. 中国翻译，2014（2）：78 – 82.

---

❿ 参见郭晓勇，王传英。

⓫ 参见王传英。

王明新，崔启亮，王志涛．翻译生态学视角下的语言服务产业链［J］．中国科技翻译，26（4）：58－60.

袁军．语言服务的概念界定［J］．中国翻译，2014（1）：18－22.

左美云．企业知识管理的内容框架研究［J］．中国人民大学学报，2003（5）：69－76.

Nonaka, I. A Dynamic Theory of Organizational Knowledge Creation［J］. Organization Science, 1994, 5(1)：14－37.

Zack, M. What Knowledge-Problems Can Information Technology Help to Solve：Proceedings of the Fourth Americas Conference on Information Systems［C］. Baltimore：MD, 1998：644－46.

Challenging Changes in Translation and Translation Studies

Yves Gambier*

摘　要

几百年以来，对翻译活动的需求、努力，及其地位，一直是大家避而不谈的话题。然而，翻译经验所受到的冷落方式却不尽相同。不同的语言和社会对翻译所表现出的冷落方式、冷落程度，以及冷落时间都不一样。在很多传统和不同时期中，翻译似乎大多为统治阶级服务，即在本质上服务于皇室或宗教，而在各式各样的日常活动中，如商业、科学和哲学等，却藏而不露，或根本不复存在（德莱尔）。本文论述了翻译领域最近的实践和研究，其赋予翻译经验的启示不是本文讨论的话题。

关键词：翻译活动，翻译经验，语言，社会，统治阶级

Understood in its traditional sense, translation is an activity that has been eschewed for centuries in terms of its need, the effort it requires, and its professional status. The experience is not uniform, however; languages and societies have neither borne the silence in the same way or to the same degree, nor at the same time. In many historical traditions and time periods translation has more often than not seemed to serve the powers that is, ostensibly beholden to established authorities (both royal and religious),

---

* Turun Yliopisto/University of Turku, Finland University of the Free State, Bloemfontein, South Africa.

hidden away as if non-existent and tucked in amidst all kinds of routine ex-changes—commercial, scientific, and philosophical, to name but a few (Delisle).

This paper endeavors to put into perspective the most recent practices and research in translation. Their implications in training are not here dealt with.

Beyond a Mechanical View of Translation

The word 'translation' seems to suffer from a bad reputation. It is often replaced by or competes with other terms, such as *localisation*, *adaptation*, *versioning*, *transediting*, *language mediation and transcreation*. While this proliferation of labels does not take place in all languages and societies, the fact that they have surfaced and gained currency can hinder our com-prehension and appreciation of the breadth and scope of the markets. It can also complicate the purview of the discipline: how are we to understand what the object of investigationreally is in Translation Studies (TS)? How broadly can definition of the term be extended to encompass the evolving communication situations and new hierarchies implied beyond the labels? 'Translation'suggests a labor of formal word-for-word transfer, a type of communication transpiring in a unidirectional conduit, an ethics of neutral-ity, evoking the image of the translator as a subservient worker. Indeed, many sponsors, amateurs, self-translators (including scholars translating their own articles) and engineers within the language industry continue to consider translation as a mechanical process, a problem of dictionaries, or simply an activity that accrues no apparent prestige and which can be handed off at any moment to a bilingual relative or colleague. The popular assumption that a text to be translated is nothing more than a linear se-quence of words or phrases no doubt explains why translation has long been considered as inferior, subordinate to the original.

The clash of paradigms-from a tradition based on religious texts and printed matter to digital culture-is only happening now. The hesitation to denominate what we do when we translate, or transcreate, trans-edit, or localize, is palpable. While emergent markets and technologies, as well as changing communication needs, have resulted in different sectors using different labels for professional activities, many associations still rely on differentiating translation and translators through the 'foundational' categories of 'literary' and 'non-literary' (technical, commercial, medical and legal).

So, in what ways is the current clash of paradigms manifest? Very often, the lay person will think of translation in the equivalence paradigm, or the quest to convey identical meanings. The implied aim is to achieve a text in the target language that is 'of equal value' (Pym82). There are strong assumptions underlying such an approach of an implicit framework of the communication model where a message is transferred from one language to another and the tropes of border and bridge work powerfully. It assumes, for instance, that two languages 'do or can express the same values', as (Pym82), as if retranslation was never needed. But a word or concept may connote different meanings in another language or may be absent altogether, so the relationship between the two languages is not necessarily symmetrical. Two words may also refer to the same object, and this would not necessarily convey the intended meaning of the original text. The implicit assumptions of the equivalence paradigm usually compel people to criticize a translation because certain words have not been replaced. Thus, the famous set phrase: 'Traduttore traditore'. This focus on the lexical similarity of texts, however, is misguided. It does not allow one to consider, describe, and explain the translation decisions and the translated output. The distinction between what is manifest (literal, direct and surface-level) and what is latent (implicit, connotative and underlying) 'misreads' the process of translation, and relegates the translator's act of interpreting the content to a task of relative obscurity. When scholars translate survey questionnaires, when foreign businesses discuss contracts, and viewers watch subtitled TV programs, or when language teachers use back-translation, they all rely heavily on the equivalence paradigm-language differences are considered as errors, as distortions in meaning. Viewed from this perspective, translators are non-existent; they are passive agents, with no voice, no empathy, no subjectivity, no reflexivity, no interpreting skill, no intercultural awareness, and no qualifications.

Within TS academic studies, however, the equivalence paradigm has been contested. Since the 1980s, translation theories and conceptual frameworks have shifted to include and prioritize a more contextualized and socio-culturally oriented conception of the translation process. Translation has been reframed as a form of intercultural interaction. It is not languages that are translated, but rather texts that are socially and culturally situated. Within this 'cultural turn' in TS, several perspectives in particular have contributed to the critique of the long standing equivalence paradigm-Descriptive Translation Studies (Toury), the *Skopos* theory (Reiss & Vermeer), and cultural politics (Venuti) among others. Translation is thus viewed as a process of re-contextualization, as a purposeful action. Translators consider and balance diverse factors during the translation process, in order to achieve a communicative purpose, and their translations materialize as functionally adequate in the target culture. The entire decision-making process is bound to considerations that involve the client end-receiver. Meaning is no longer considered as a mere invariant in the source text, but rather as culturally embedded, with a need to be interpreted. Translation becomes not just a lexical hurdle to overcome, but the result of connections between text, context, and myriad agents. TS has also succeeded in deconstructing both the conventional definition and the image by embracing creativity, voice, interpretation, commitment and an ethics of responsible subjectivity (Sun).

Two paradigms are now evolving, and justify to some degree the current multiplication of labels created for 'translation'. On the one hand, the paradigm of equivalence has evolved into one more oriented toward the public or audience targeted, i. e. the paradigm of the 'cultural turn'. It exists concurrently with another changing paradigm, one which reflects the platforms and mediums through which the activity of translation is now carried out. In this sense, the paradigm of the book (upon which the paradigm of equivalence is based) transforms into one of the digital and Web (where the text to translate becomes multimodal).

'Going digital' for almost three decades now, translation processes and translators were jolted by the new work and social environments facilitated by technologies. Research in media and translation, in the meanwhile, had been carried out on a separate track. The year 1995—in conjunction with the 100-year anniversary of the cinema—saw a turning point for Audio Visual Translation (AVT), followed later by translation in newspapers and news agencies. We will now turn to consider the particular characteristics of these digital and media backdrops in relation to translation.

Translation and Localization

Localization has become a popular concept in both translation practice and theory. Four main historical phases (that now overlap) are generally designated: software, websites (Jiménez Crespo), mobile phones, and video games (O'Hagan & Mangiron), including those digitally distributed. As desktop personal computers became more prevalent throughout the 1980s, and as software companies began to envision sales in countries and languages for which software programs were not originally conceived, the need arose to modify the functions and features of the applications in such a way that they would fulfill the requirements and demands of local consumers. At the same time that software engineers and programmers were coding content in their respective local languages around the world, the effective marketing and localization strategies and campaigns by multinational developers and the initial forays into initiatives that sought to harmonize protocols internationally would eventually give way to increasing use of standard interfaces and terminology for office applications and Internet browsers worldwide. Indeed, the quest for a more seamless communication process by computer across diverse protocols, interfaces, and platforms in multiple languages was not confined to business transactions; it becames a social experience as well.

Localization service providers quickly developed into large organizations. The growing ease with which to offer multilingual services allowed for the emergence of 'Multiple Language Vendors (MLVs)' in addition to the usual 'Single Language Vendors' (SLVs). The array of services associated with producing multilingual translations expanded to include project management, software engineering, graphics engineering, desktop publishing, and eventually sophisticated content management system development and maintenance. As part of a highly competitive market, software and hardware products with short shelf-lives need to be regularly and quickly updated and launch at the same time (simultaneous shipment or simship) in myriad languages. Software programs designed to deal specifically with the new and diverse translation and localization environments have been consistently improved over time, leading to the now common use of translation memory and terminology management systems, part of the suite of function alities known as Computer-Assisted Translation (CAT) tools. Machine Translation (MT) and post-editing services now supplement these traditional ones (Folaron). Today, the localization industry is supported by a number of professional organizations such as the Localisation Research Centre (LRC), the Centre for Next Generation Localisation (CNGL), the annual localization world conference, and the Globalization and Localization Association (GALA).

'Localization' refers not only to the professional procedure of adapting content linguistically, culturally, and technically; it likewise is used more loosely to refer to the entire industry that has emerged around localization. It is also highly context-bound. (Folaron) The acronym Globalization Internationalization Localization Translation(GILT) refers to the four correlated and interdependent activities that now comprise this industry. While the order of the activities referred to in the acronym indicate the current sequence of processes that should ideally take place, the actual emergence of the terms historically is exactly the reverse.

Penned as G11N for short, globalization is synonymous with a certain mindset that includes a series of corporate tasks. This lends support to Fry who noted early on that globalization is 'the process of making all the necessary technical, financial, managerial, personnel, marketing and other enterprise decisions to facilitate localization' (Fry42). Internationalization, abbreviated as I18N in the professional domain, refers most generally to two approaches, the first technical and the second linguistic/cultural. It advocates separating the code from content and supporting international natural language character sets when the original digital content is first conceptualized, so that there is less need for manipulation and engineering of the code later when it is localized. Internationalization also includes the use of controlled language.

Localization (L10N), in terms of professional procedure, is most closely linked to translation. In its broadest sense it 'revolves around combining language and technology to produce a product that can cross cultural and language barriers—no more, no less' (Esselink) and implies 'the full provision of services and technologies for the management of multilingualism across the digital information flow' (Schäler in Folaron; Dunne 4). Depending on the technical complexity of the content originating at the source, and on the languages and cultural regional users for which it is ultimately destined, localization project resources and workflows will vary substantially in nature. In a nutshell, however, three areas are always addressed: linguistic, cultural, and technical. Content that was adapted linguistically and culturally before widespread use of computers, Information and Communication Technologies (ICT), and digital devices was most commonly addressed in the literature as 'adaptation'. Technical adaptation through technologies for use of the content in or with other technologies prompted the shift in terminology (i.e. to 'localization') in the translation domain.

Translation, the last component of the GILT acronym, can be viewed from two main perspectives in relation to localization. When analyzed from the perspective of professional workflow models, translation is a part of localization. When conceptualized from the perspective of translation history and the academic discipline, localization is a part of translation. There are various ways of analyzing, interpreting, and understanding translation in this context. In TS, O' Hagan and Ashworth speak of the modification of Package and Content, while Pym focuses on localization in terms of its distribution quality: his approach to localization is more process-oriented. If we assume that localization is about adapting a text so that it accounts for the local (i. e. target culture's) linguistic and cultural norms and conventions, then it seems that the idea is well-established in both translation studies and practice ❶. Adding a new term (i. e. localization) would therefore seem unnecessary, except that we are clearly moving away from the traditional sense of translation within the equivalence paradigm.

As a last remark, according to some scholars, globalization (in the general sense) is believed to promote (cultural) homogeneity and impose sameness, whereas others tend to think of it more in terms of cultural heterogeneity (e. g. Appadurai 1990). The two opposing approaches to globalization have been partially reconciled, at least to some extent, within the concept of glocalization introduced by Robertson, concept which has been a useful one when considering traditional localization practices operating from top to bottom. On the one hand, we witness some homogenizing processes in the form of product *globalization* and *internationalization* that would seem to impose sameness, and on the other, there are localizing processes in the form of product *localization*, whereby the products are adapted both linguistically (*translation*) and culturally so that they have the ' look and feel' of a locally made product. However, no matter how

---

❶ See Nida's dynamic equivalence, 1964: 159; Nord's instrumental translation, 1997: 52; House's covert translation, 1997: Ch. 2; or Venuti's domestication, 1995: 19-20.

local a given product will look, it will still retain a number of features of the original, global product (e. g. Microsoft's *Windows* has some distinctive features across all of its localized versions that make it easily recognizable irrespective of the language into which it has been localized). It could therefore be argued that such products are in fact *glocalized*.

Translation Going Digital

Communication, Information and Computer Technologies (ICTs) have introduced certain changes in attitudes and representation with regards to translation. These changes may well induce a significant break not only in translation practice but also in the discourses about translation. Software is used for creating translation memories, aligning texts, managing terminology, checking spelling and grammar, accessing and searching electronic corpuses, and carrying out machine translation. Differently combined technologies also exist, such as those integrating translation memories, terminology bases and proposed machine translation results. Equally important are the changing social relations. Experiences are shared thanks to discussion lists and forums, blogs and various social media and networking sites like Linked In and You Tube.

From the use of micro-computers that exponentially facilitate data-sharing and the creation of local networks, we have now moved to a kind of dematerialized computing (cloud computing) which lifts all the worries and burdens of management, maintenance and reconfiguration of work tools from the translator's shoulders. This rapid evolution is not inconsequential for the practice of translation, nor on the organization of its practice and surely not on its supply (Mossop; Perrino). Shared resources accessible in real time are now dynamic; costs are reduced; management is shortened; work is shared. Dematerialization favors simplification and productivity. On the other hand, it also creates a certain dependence on Internet connections and poses problems concerning security and confidentiality breaches.

The ongoing changes in translation practice in the digital world are not confined to professional translation and localization activities. Myriad types of users have in fact emerged. One prominent example is the use of Machine Translation (MT) by general users everywhere. Programs available on the Web for free allow users to upload content and to obtain a 'gist', with no overriding concern for quality. Human intervention can be limited, even non-existent. If users are bilingual or multilingual, they can now provide their feedback to the proposed results and attempt to improve the performance of the MT in their respective language pairs and directions.

A second kind of general user with more specific attributes includes those who may have no professional training but who manage or are fluent in languages other than their mother tongue. They carry out such activities as fan translation, fan subbing, fan dubbing, and scan-trans on deliberately chosen mangas, animated films, and video games.

A third type of user-translator participates in projects that are less 'fan' -motivated but clearly project-centered. Often referred to as participatory or collective translation (with implied crowdsourcing), they translate and/or localize software, websites, articles, reports, literary texts and interviews. For this collective, unpaid effort, volunteer and anonymous (or sometimes not) participants rely on their linguistic competence and translate and revise whatever and whenever they feel motivated to do so, until the entire project is complete. They can translate thanks to such tools as Traduwiki, Wiki translate and Google Translate. Social media or socio-digital networks (Facebook, Twitter, LinkedIn, etc.) take advantage of this collective will to translate in order to become more accessible to sectors of the population they may never have envisioned originally. Crowdsourcing (i. e. , a translation task offered up to an undefined group of volunteer translators) has sparked a great deal of concern with regard to the people involved (Are they translators?), its ethics (What are the implications of this freely provided work on companies seeking to make a profit?) , and the very concept of what translation is, how it comes about, and how it is perceived.

Finally, there continues to be much collaborative translation work (as a team) carried out by a mix of professional working and professionally trained translators. They share resources, can work on the same document or content from diverse locations, and share activities of translation, research, terminology management, revision, and proofreading. Dematerialized computer resources are available and at the common disposal of all. Translation jobs or projects may be bid on and qualifications and requirements posted (*Proz* and *Translator's Café* are two examples). Volunteer networked translation can also be carried out by professionals (that is to say, those who have been trained for translation and/or have experience in translation), for example through networks such as Babel, Translators without Borders, the Rosetta Foundation, etc. (Gambier). These activist translators work for a specific cause, and respond to the needs expressed by NGOs and other associations.

The schema provided above are helpful for designating the diverse translating groups that have emerged within a digital environment. For collaborative, volunteer-networked activist group, and open source community translation projects, professionally trained translators are also willing participants. Through the network, they share problems as well as tools and solutions, effectively putting an end to individualism or the romanticized translator image of old. Reconfigured by technologies, their socio-professional enterprise materializes to meet the challenges of outsourcing, competition, job insecurity, online bidding, international RFPs, etc. For the general users and fan-based collectives, on the other hand, the link is primarily technological. These online 'communities' are limited in breadth and scope. Tying all these groups together, however, is a common thread of momentum that is shifted in the direction of the user-translator as actor, as the producer of content. The evolution of translation practice in the digital world is thus not only technical, but also economic and social.

How, and to what extent, these new practices might disqualify, or deprofessionalize, full-time translators who are trained and experienced?

Productivity, accessibility, quality and collaborative networking have all become more tightly intertwined. Some tools seem to resonate regressively, implying a return to the old concept of translation that is a word-based and a formal, mechanical and countable transfer. The line-by-line translations of European Union directives, produced with the constrained aid of translation memories, the practice of subtitling in direct, or the subtitles of fans, all tend to stick to the source and become verbatim, with no regard for such matters as the effects on reception and on reading. These changes in the conditions and pace of work can ultimately demotivate translators, who become dispossessed of all power, forced always to be online and beholden to the tool imposed by the client.

Eschewed for so long, translation does not generate the same enthusiasm or enjoy the same prestige that music, photography, journalism or cinema has on the Web, with millions of amateurs ready to promote the products they are passionate about as a pastime. Nevertheless, there are certain parallels that can be drawn between translators and journalists, who have likewise been confronted with computerization and an influx of amateurs. There are points in common (Gambier 76-77): they work with written and oral forms, and have a socio-cultural responsibility that goes beyond the immediacy of the statements produced. They require abilities to document properly and conduct terminological research. They need to be able to establish relationships with other experts. The communicational efficiency of media professionals could be a useful lesson for translators, while the translators' concern for quality and precision could serve to assist media professionals increasingly being asked to translate on-sight to synthesize their texts more effectively. In both cases, acquiring skills is more important than gaining knowledge that is rapidly rendered obsolete, and where autonomous decision-making and the ability to self-evaluate are essential. Finally, both professions are confronted with ICTs, facing the transformations they imply within production workflows and in the distribution channels of information. Like for journalism the means and tools users have at their disposal today are making translation desirable and feasible.

Journalists and translators alike seem to be forced to re-question their very norms and ethics.

Audio Visual Translation (AVT)

Before the popular embrace of computers and ICTs now current in our digital world, AVT has been a fertile terrain for the discipline's earliest research in translation and media. It has been mainly concerned with the transfer of multimodal and multimedia speech (dialogue, monologue, comments, etc.) into another language/culture. From the mid-1950s to today, the labels used for AVT have changed (film translation, language transfer, screen translation and translation for the media). Within the profession versioning is sometimes preferred as a generic term, one that encompasses subtitling and dubbing, with 'translation' being rejected for being too narrow (word-for-word).

An AV product or performance consists in a number of signifying codes that operate simultaneously in the production of meaning. The viewers, including translators, comprehend the series of codified signs, articulated in a certain way by the director (framing and shooting) and the editor (cutting). One of the key challenges for AVT practice and research is to identify the types of relationships between verbal and non-verbal signs. The positions and quantities of certain signs are always relative: the importance of sound can outweigh visual semiotic forms in certain sequences; the film code can outweigh language signs in other sequences. The table below sums up the 14 different semiotic codes which are active to varying degrees in the production of meaning.

	AUDIO CHANNEL	VISUAL CHANNEL
VERBAL ELEMENTS (signs)	– linguistic code (dialogue, monologue, comments/voices off, reading) – paralinguistic code (delivery, intonation, accents) – literary and theatre codes (plot, narrative, sequences, drama progression, rhythm)	– graphic code (written forms: letters, headlines, menus, street names, advertising, brands, intertitles, subtitles)
NON-VERBAL ELEMENTS (signs)	– special sound effects/sound arrangement code – musical code – paralinguistic code (voice quality, pauses, silence, volume of voice, vocal noise: crying, shouting, coughing, etc.)	– iconographic code – photographic code (lighting, perspective, colors, etc.) – scenographic code (visual environment signs) – film code (shooting, framing, cutting/editing, genre conventions, etc.) – kinesic code (gestures, manners, postures, facial features, gazes, etc.) – proxemic code (movements, use of space, interpersonal distance, etc.) – dress code (including hairstyle, make up, etc.)

The different types of AVT are here classified into two main categories: translation between codes (oral/written codes), mostly within the same language, and translation between languages, which also implies changes in codes. Certain types can be intra-and interlingual.

In the first category (between codes, within the same language), we find four basic types. In *intra-lingual subtitling*, or "Same Language Subtitles (SLS)", there is a shift from the spoken mode of the verbal exchange in a film or TV program to the written mode of the subtitles. The two main reasons for using intralingual subtitles are for language learning and reinforcement of reading skills, and for accessibility, defined as the right for certain groups to have access to AV texts, in this case the deaf and hard of hearing. Intralingual subtitling is often a teletext option on TV. The two types of intralingual subtitling are partly processed differently: the first one (for language learning) does not mention signal noises, telephones ringing, doors slamming, angry voice, shouting, etc. It is a tool for social or better sociolinguistic integration. The second type (for the deaf) usually renders verbal and non-verbal audio material. It is, like interlingual subtitling, subject to norms of exposure times, reading speed constraints and subtitle density. But, in contrast to interlingual subtitling and closer to dubbing, it respects a certain degree of synchronization, following to a certain degree the lexis and syntax of the original speech because many hard-of-hearing use lip-reading as an additional source of information.

The second type, live subtitling, sometimes called 'respeaking', is also commonly used for intralingual transfer, but can also appear in interlingual form. Done in real-time for live broadcasts (e. g. sporting events, TV news), it needs technical support, such as voice recognition software. Since there is hardly time, or resources, to proofread the output of the software before it is broadcast.

The third type, Audio Description (AD), gives the blind and visually impaired access to films, art exhibits, museums and opera/theatre performances. It can be intra-or inter-lingual. It involves reading information to describe what is happening on-screen (action, body language, facial expressions, costumes, objects). The information is added to the sound track of the dialogue, or the dubbing of the dialogue for a foreign film, with no interference from sound and music effects.

Finally, the fourth type, audio-subtitling, is useful for the dyslexic, elderly, partially sighted or slow readers. A text-to-speech software 'reads' the subtitles out loud.

The second category, (between languages) contains eight types of AVT. Their practice is changing, too. The first type, *script/scenariotransla-*

tion, is needed in order to obtain subsidies, grants and other financial support for co-production, or for searching for actors, technicians, etc. The second, *interlingual subtitling*, involves moving from oral dialogue in one or several languages to one/two written lines. The task is increasingly being carried out by a single person who translates, spots (or cues, time-codes) and edits, thanks to ad hoc software. Bilingual subtitling, as practiced, for instance, in Finland and Israel, is usually offered in movie theatres, but not on TV.

The third type, *simultaneous or sight translation*, is generated from a script or another set of subtitles already available in a foreign language (pivot language). It is used during film festivals and in Film Archives (Cinematheques).

The fourth type, *dubbing*, adapts a text for on-camera characters. It cannot be reduced to lip-synchronization, but may be time synchronized or isochronic (the length of the dubbed utterance should match the length of the original one). Not all viewers have the same degree of tolerance towards visual/lip dischrony and gesture and facial expression/voice dischrony. Dubbing is also sometimes intralingual: for example, Harry Potter films have been dubbed in the US, and films shot in Italian dialects (from Palermo or Bari) have been dubbed or subtitled into standard Italian.

The fifth type, *free commentary*, one of the oldest forms of revoicing, is clearly an adaptation for a new audience, with additions, omissions, clarifications and comments. Synchronization is done with on-screen images rather than with a soundtrack. It is used for children's programs, documentaries and corporate videos.

The sixth type, *interpreting*, takes several forms on screen. It can be consecutive (most of the time pre-recorded), simultaneous (the original voice being turned down to a low level of audibility), or with sign language. Important elements in media interpreting are voice quality and the ability to keep talking. A major distinction can be made between interpreting in a TV studio-based communicative event, with or without the presence of an audience (interviews and talk shows), and interpreting for broadcasts of events occurring in a faraway location (political speeches, press conferences, royal weddings, etc.). The psychological pressure, especially when working in bidirectional mode, the unusual working hours, recruitment at short notice (e. g. for live coverage of disasters) are rather typical of media interpreting.

The seventh type, *voice over* or 'half dubbing', takes place when a documentary, an interview or a film is translated and broadcast almost synchronously by a journalist or an actor who can half dub several characters. The target voice is superimposed on top of the source voice, which is almost inaudible or incomprehensible.

Finally, the eighth type, *surtitling* is a kind of subtitling placed above a theatre or opera stage or in the backs of seats, and displayed non-stop throughout a performance. The surtitle file is not released automatically since actors and singers do not perform twice in the same way, at the same rate. The translator, also a member of the audience, inserts the surtitles during the show. Surtitling can also be provided for the hearing impaired.

To sum up: the various types of AVT do not translate in the same way, using the same codes. Some emphasize the oral dimension (dubbing, interpreting, voice over, and free commentary); others switch from oral to written (interlingual, intralingual, live subtitling and surtitling), from written to written (scenario translation), from pictures to oral (audio description), or from written to oral (sight translation, audio-subtitling). Are some types more domesticating modes of translation than others? It is true that dubbing, free commentary ... allow the linguistic material to be manipulated, censored in order to conform to dominant expectations and preferences or to conform to target-culture ideological drives and aesthetic norms. The history of AVT sheds light on how some AVT types are used as instruments of linguistic protectionism and language purism.

Digital technologies are changing AV production (script writing, production of sounds, pictures, costumes, as well as special effects, shooting, editing, etc.), distribution, and projection. They have introduced new forms such as audio description, subtitling, live subtitling, and audio subtitling. New technologies and devices (video-streaming, video and TV on demand, podcasting, mobile phones and portable video) continue to redefine broadcasting and audiences. They create new demands and needs, such as new formats, e. g. very short films lasting only a few minutes, and 'mobisodes', a series for mobile phones lasting one or two minutes. Two quite different processes are at work. On the one hand, technology offers a better and more versatile range of services and programs. The diversity of TV channels, through cable and satellites and via relay and networking (pay-TV, trans-border and local TV, and thematic TV channels on history, sports, finance, cartoons, etc.) marks the end of a centralized media model (mass media) from broadcasting to narrowcasting. On the other hand, the world audience is becoming increasingly global, with videos on YouTube and films on the Internet available for all.

Internet communities have materialized to create subtitles for American AV productions in order to allow viewers to have immediate access to new episodes of popular series or new films. Fansubbers and fandubbers are the most salient since the late 1980s. The quality of their work is conditioned by how much they understand of the original and by how well they know the freeware or shareware computer program used to create the subtitles and to superimpose them on the film. For this type of subtitling, there is no strict limit as to the number of lines per subtitle, or characters per line; the ty-pographical characters or font size can be large; the scrolling speed can be faster than in the conventional subtitles; the position of the titles can be sub-or on the top of the screen; there can be gloss additions. Amateurs tend to translate word-for-word and are closer to the original and wordier, mak-ing the reading time shorter and breaking the norms and conventions typi-cally applied to professional subtitling. Fansubs, fandubs and amateur sub-titling use methods that challenge not only how we think about subtitling, but the very process of AVT itself.

Finally, automation is changing the working process. Digitization would improve sound quality and allow analysis and re-synthesis of the actor's voice for dubbing. Today, some software programs can clone original voices, so that the dubbed voice is assimilated to that of the original actor, regardless of the source language. This raises an important, new issue: voice rights. By combining software, it is also possible to automate the making of interlingual subtitles. As such, it is easy to consider cost and productivity from another angle, and to see revision and editing in another way. So, does the future of translation lie somewhere between full (or almost full) automation and amateurs transferring words through different e-tools with free access? These changes and questions require revisiting certain concepts that are well-established in TS, particularly when considering their application in AVT. For example:

– The concept of *text*: 'Screen texts' are short-lived and multimodal; their coherence hinges on the interplay between images and sound. From the conventional text as a linear arrangement of sentences, or as sequence of verbal units to the hypertext on the Internet, the notion of text becomes ambiguous, if not fuzzy.

– The concept *of authorship*: In literary studies and TS, the author is often perceived as a single individual. In AVT, a number of groups or institutions are an integral part of the 'authoring' process (screen writer, producer, director, actors, sound engineers, cameraman, editors, etc.).

– The concept of *sense/meaning*: In AVT, sense/meaning is neither produced in a linear sequence nor within a single system of signs. Interaction transpires at multiple points: between the various agents involved in creating the AV product; between these agents and the viewers; between different AV productions (visual references, allusions). The hierarchical relationship between original and translation, between production and reproduction, between initial broadcasting and a rerun is damaged in AV, knowing that a film can be edited for different purposes and in different ways (final cuts), for TV, DVDs, flights or specific audiences (politically correct projections, bowdlerized versions of swearwords, etc.). The globalization of the film industry cannot be equated with the standardization of meanings, narratives and public feedback.

– The concept of *a translation unit.* The issues of text, authorship and sense/meaninginvite questions when considering the translation unit in AVT.

– The concept and types *of translation strategy*: Strategy varies at the macro-and micro-levels, and with respect to the socio-political and cultural effects of AVT.

– The links between translation *norms* and technical constraints: Amateurs introduce typographical variations, add glosses or commentaries, change the positions of lines, etc. To what extent does technology imply certain new norms?

– The relationships between *written* and *oral* (Gambier and Lautenbacher) , between written norms, and between ordinary speech and dubbing are another relevant issue. What is the sociolinguistic role and responsibility of the subtitler, for example?

– *Accessibility* is a key word in AVT, not only as a legal and technical issue but as a concept which shakes up the dominant way of assessing the quality of a translation, the aim being to optimize the user-friendliness of AVT, software, web sites and other applications. It covers a variety of features including acceptability, legibility, readability (for subtitles) , synchronicity (for dubbing, voice-over and free commentary) , and relevance in terms of what information is to be conveyed, deleted, added, or clarified.

Even if interdisciplinarity increasingly characterizes AVT research today, with methods and concepts borrowed from literary studies, sociology, experimental psychology, film studies, reception studies, history and didactics, the frameworks within which much AVT analysis continues to be conducted are predominantly linguistic, including pragmatics, discourse analysis and cognitive linguistics. While the research is gradually moving away from case studies and specific issues towards corpus-based approaches and a more systematic theorization (Gambier), there is still a long way to go to achieve a coherent field of research that combinesthe wide diversity of semiotic codes and their influence on linguistic ones. More experimental studies on viewer processing habits, reading strategies and reception patterns are needed. The ongoing fragmentation of audiences demand a better understanding of viewer needs and more adequate articulation of time-space correlation and mediation priorities for AV translators.

AVT and the localization of software, web sites, mobile devices, and video games can be brought into fruitful dialogue. They have at least three features in common: both types of translation are the results of team work; the work is on volatile and intermediate texts (production script, dialogue list, on-line documents in progress, rolling software versions, regularly updated Web and social media content) which overstep the traditional dichotomous boundaries between source and target and question the very notion of an original; and the criteria of quality include not only acceptability, but comprehensibility, accessibility and usability. All three features have implications for training.

Translation and the News

A relatively recent and growing area of research in translation studies is that of translation and the news. From news agencies to live editorial newsrooms, the news is continuously being filtered through languages; indeed, this seems to have been the case since the birth of journalism (Valdeón, 2012a). From local reporters to national and international news agencies (Associated Press, Reuters, Agence France-Presse), from special correspondents to different newspapers and TV channels, from bloggers to online editors, the information switches between oral and written forms, from regional languages to a lingua franca and again to national languages. Readers are rarely aware of any translation process, with or without ideological manipulation. The integration of foreign language sources in news reports, and intermedia agenda settings in the multilingual mediascape as well as the emergence of new values in linguistically and culturally diverse newsrooms are all potential areas of research. Scholars began to reflect on issues associated with translation in the news at a conference held at Warwick (the United Kingdom) in 2006, one of a series of research seminars funded by the British Arts and Humanities Research Council as part of a three-year project (2004 – 2007) investigating the politics and economics of translation in global media (Bielsa & Bassnett; Conway & Bassnett).

News translation is a unique form of communication production. In many cases, it is hardly feasible to reconstruct the exact text production process, including the translation process, as journalistic environments are characteristically complex, multi-source situations. The question of whether translation appropriately and adequately describes the processes involved is a relevant one. Trying to establish clear source text-target text boundaries is a hazardous endeavor, as the production of news is never clearly differentiating from its translation. Moreover, journalists deny translating. Observations in news rooms and interviews with journalists show how uneasy they feel with translation (Davier): They generally do not know languages well, and they do not render foreign news as word-for-word translation. Translation is not considered to be part of the journalist's task, and so they accommodate, adapt, and localize information according to different sets of audience expectations. Their constraints are clear: tight time and space turnarounds, and obliged to follow in-house style preferences. In other words, they cannot help but rewrite, reframe, summarize, cut, clarify, reformulate the news: they 'transedit' (Stetting) the foreign extracts and quotes embedded in news stories. In fact, the translational process in news discourse is rarely explicit, and the nature of translation as a process mediating between cultures is ignored. Journalists reject the term translation because they assume that translation implies equivalence, linguistic correspondence, fidelity to the source text, and no re-contextualization. However, in a special issue of Journalism dedicated to translation and the BBC (Baumann, Gillespie & Sreberny), translation is understood as a linguistic transfer, even though the use and import of news is not limited to language-to-language transformations. In a previous issue, van Leeuwen discussed the rewriting in *The Vietnam News*. The title of his article is highly indicative of his hesitation: Translation is applied only to linguistic choices while adaptation is related to textual transformation practices with political, economic, and social implications❷. All these authors, working within Communication Studies, were unaware of the evolution of translation studies. Nevertheless, although the perception and representation of journalists remain grounded in a certain ideology of translation, their actions carried out match the concept of translation as defined today in translation studies. The transformations identified in news translation (e. g. , restructuring the source text with a new focus, deleting and/or adding items, borrowing) are characteristic of translation more generally (Schäffner).

Studying and discussing the production and consumption of translation—mediated news across linguistic and cultural spaces needs the use of a clear and consensual terminology and careful methodology. This is also valid for broadcasted news (Conway) and periodicals (Hernández Guerrero). Internationally distributed magazines such as *Elle*, *Newsweek*, *Cosmopolitan*, *Scientific American*, *National Geographicor Time* are also examples of adaptation and localization, because both the linguistic and extralinguistic features of the products are modified so that they best appeal to the local readers of the magazines. Interestingly, transformations can happen when local information is globalized for a wider readership, when global news is localized (e. g. , when official U. S. cables made available by WikiLeaks are distributed and explained to Spanish readers), or when local information is produced as a response to another local newspaper (e. g. , the Greek slogans against some German campaigns in 2015 during the negotiation of the Greek debts with representatives of the Euro zone). In the latter case, allusions, clichés, and national stereotypes can become contentious

---

❷ See also Raw.

issues for the translators (van Doorslaer ' Translating ' ; van Doorslaer, Flynn, & Leerssen, in press). Basic translation studies questions remain always: Who selects the information to be translated? What are the translation strategies? Who revises, accepts, and legitimizes or validates the final output? How does reception influence decision making? Selecting, translating, framing, and editing the news (reported events, leads, headlines, quotes) entails much more than carrying out a linguistic process; rather, it is ' a complex mixture of power relationships (continental, national, linguistic, political and ideological) ' (van Doorslaer, ' Journalism ' 180), where journalists are part of a larger social system ❸.

Finally, in this discussion of translation and the media, it is appropriate to mention one of the latest terms being investigated in translation studies: *transcreation*. The number of so-called specialized transcreation providers (Ray & Kelly) has grown significantly over the past few years. Is transcreation more than translation, a kind of translation, or in opposition to translation? (Katan, in press; Mukherjee; Pedersen). The concept borders on adaptation and localization (the translation is done with a particular audience or local market in mind and makes use of technologies). Do different text types need different labels? Would software, mobile devices, and video games correlate more appropriately with localization, and marketing material, brochures, and advertising with transcreation, while websites straddle the two terms? In advertising,. for example, transcreation seems to combine translation, creation, and copywriting: On the one hand, translators (or transcreators?) take an active and creative part in the communication process; on the other hand, they are involved with various semiotic resources, as in AVT—being responsible for the entire text (i. e. , verbal text, layout, images, and animations) and moving meaning through intercultural communication in the global market. Thus, we can see

---

❸ See Bielsa, 2007; Schäffner & Bassnett, 2010; Valdéon, 2009, 2010a, 2010b, 2012b, 2014.

a strong convergence between localization, adaptation, transediting, versioning, and transcreation. They all distance themselves in similar ways from the source text and from the field of translation (for too long limited to verbal texts and linguistic equivalence), conferring a more responsible and positive role to the translators. Although it is perhaps too early to dismiss all the labels as having no value in translation studies and to retain *translation* only, the paradigmatic changes are ostensibly in process.

To sum up, the platforms, technical protocols, media, sociotechnical contexts, and digital world within which translation practices are currently organized reflect a conflation of the structured and structuring dynamics that motivate production and consumption of multimedia, multimodal content. The desire to translate, to communicate through translation, is enhanced by computing and ICT. The paradigm of equivalence, analytically viable for static texts and delimited territories, and as if the translation event was the fact of the only translator, is challenged by the dynamic and fluctuating content that passes fluidly from one production-consumption scenario to another, transformed into linguistic versions culturally amenable and relevant to users increasingly fluent in the language of technologies. The proliferation of terms designating the linguistic-cultural transformations for which the word translation would once have sufficed is indicative not only of a conceptual disruption but of the communication value being added to the nodes of a burgeoning global network.

Reference

Appadurai, Arjun. Disjuncture and Difference in the Global Cultural Economy. Global Culture: Nationalism, Globalization and Modernity. Ed. Mike Featherstone. London: Sage, 1990. 295 – 310.

Bielsa, Esperença and Susan Bassnett. Translation in Global News. London/New York: Routledge, 2009.

Bielsa, Esperença. Translation in Global News Agencies. Target(19. 1): 135 – 55.

Conway, Kyle & Susan Bassnett, eds. Translation in Global News: Proceedings of the Conference Held at the University of Warwick-June 23, 2006.

Conway, Kyle. Everyone Says No: Public Service Broadcasting and the Failure of Translation. Montreal/Kingston: McGill-Queen's UP, 2011.

Delisle, Jean & Judith Woodsworth, eds. Translators through History. Amsterdam/ Philadelphia: John Benjamins, 2012.

Digitalizing Translation. Translation Spaces 1 (2012): 3 – 31.

Dunne, Keiran. Perspectives on Localization. ATA Scholarly Monograph Series. Vol. 23. Amsterdam/Philadelphia: John Benjamins, 2006.

Esselink, Bert. The Evolution of Localization. Localization: The Guide from Multi-Lingual Computing & Technology No. 57 Supplement. July/August, [EB/OL]. [2003 – 04 – 07]. http://www. multilingual. com.

Folaron, Debbie. A Discipline Coming of Age in the Digital Age. Dunne 195 – 219.

From the Dutch corantos to Convergence of Journalism: The Role of Translation in News Production. Meta 57. 4(2012): 850 – 65.

Fry, Deborah The Localization Primer. 2nd ed. Revised by Arle Lommel. [EB/OL]. http://www. lisa. org/interact/LISAprimer. pdf.

Gambier, Yves & Olli-Philippe Lautenbacher, eds. Ecrit et oralité en traduction, Glottopol [EB/OL]. [2010 – 07 – 155]. http: //www. univ-rouen. fr/dyalang/glottopol/numero15. html

Gambier, Yves. Multimédia et médiation: quel défis? Problemi e tendenze della didattica dell'interpetazione e della traduzione. Eds. Yves Gambier & Mary Snell-Hornby. Special Issue of Koiné IV. 1994. 67 – 79.

Hernández Guerrero & María José. Traducción y periodismo. Bern: Peter Lang, 2009.

House, Juliane. Translation Quality Assessment: A Model Revisited. Tübingen: Narr, 1997.

Jiménez Crespo, Miguel. Translation and Web Localization. Abingdon: Routledge, 2013.

Katan, David. Translation at the Cross-Roads: Intercultural Mediation by Others or Ready for the Transcreational Turn? Perspectives (Special Issue on Translation as Intercultural Communication) Forthcoming in 2015.

Merkherjee, Sujit. Translation as Recovery. New Delhi: Pencraft International, 2004.

Mossop, Brian. Has Computerization Changed Translation? Meta 51. 4 (2006): 787 – 92.

Natural and Directional Equivalence in Theories of Translation. The Metalanguage of Translation. Eds. Yves Gambier & Luc Van Doorslaer. Amsterdam/Philadelphia: John Benjamins, 2009. 81 – 104.

Nida, Eugene. Toward a Science of Translation. Leiden: E. J. Brill, 1964.

Nord, Christiane. A Functional Typology of Translations. Text Typology and Translation. Ed. A. Trosborg. Amsterdam/Philadelphia: John Benjamins, 1997. 43 – 66.

O'Hagan, Minako & Carmen Mangiron. Game Localization. Amsterdam/Philadelphia: John Benjamins, 2013.

O'Hagan, Minako & David Ashworth. Translation-Mediated Communication in a Digital World: Facing the Challenges of Globalization and Localization. Clevedon: Multilingual Matters, 2002.

Pedersen, Daniel. Exploring the Concept of Transcreation-Transcreation as 'More than Translation? Cultus 7 (2014): 57 – 71. http://cultusjournal. com/

Perrino, Saverio. User-Generated Translation: The Future of Translation in a Web 2. 0 Environment. Journal of Translation [EB/OL] 12 (2009). http://www. jostrans. org/issue12/art_perrino. php.

Pym, Anthony. The Moving Text: Localization, Translation and Distribution. Amsterdam/Philadelphia: John Benjamins, 2004.

Ray, Rebecca & Nataly Kelly. Reaching New Markets through Transcreation: When Translation Just Isn't Enough. Common Sense Advisory, 2010.

Recent Developments and Challenges in Audiovisual Research. Between Text and Image: Updated Research in Screen Translation. Eds. Chiaro Delia, Heiss Christina & Bucaria Chiara. Amsterdam/Philadelphia: John Benjamins, 2008. 11 – 33.

Reiss, Katharina & Hans Vermeer. Towards a General Theory of Translational Action: Skopos Theory Explained. Trans. C. Nord. Manchester: St Jerome, 2013.

Retrieved from http//www 2. warwick. ac. uk/fac/arts/ctccs/research/tgn/

Robertson, Roland & Kathleen E. White, eds. Globalization: Critical Concepts in Sociology. London: Routledge, 2003.

Robertson, Roland. Globalisation or Glocalisation? The Journal of International Communication 1. 1 (1994): 33 – 52.

Réseaux de traducteurs/interprètes bénévoles. Meta 52. 4 (2007): 658 – 72.

Schäffner, Christina & Susan Bassnett, eds. Political Discourse, Media and Translation. Newcastle upon Tyne: Cambridge Scholars Publishing, 2010.

Schäffner, Christina. Rethinking Transediting. Meta 57. 4 (2012): 866 – 83.

Sprung, Robert C. ed. Translating into Success: Cutting-Edge Strategies for Going Multilingual in a Global Age. Amsterdam/Philadelphia: John Benjamins, 2000.

Sun, Sanjun. Rethinking Translation Studies. Translation Spaces 3(2014): 167 – 91.

Toury, Gideon. Descriptive Translation Studied and Beyond. 2nd ed. Amsterdam/Philadelphia: John Benjamins, 2012.

Translating Information in the Post-Industrial Society. Across Languages and Cultures (Special Issue) 11. 2(2010): 149 – 284.

Translating Information. Oviedo: Ediuno. 2010.

Translating, Narrating and Constructing Images in Journalism with a Test Case on Representation in Flemish TV News. Meta. 57. 4(2012): 1046 – 49.

Valdeón, Roberto, ed. Journalism and Translation. Meta (Special Issue) 57. 4 (2012): 843 – 1092.

Valdeón, Roberto, ed. Translating Informative and Persuasive Texts. Perspectives (Special Issue) 17. 2(2009): 77 – 136.

van Doorslaer Luc, Peter Flynn & Joep Leerssen, eds. Interconnecting Translation Studies and Imagology. Amsterdam/Philadelphia: John Benjamins, 2015 (in press).

van Doorslear, Luc. Journalism and Translation. Handbook of Translation Studies-Vol. 1. Eds. Yves Gambier & Luc van Doorslaer. Amsterdam/Philadelphia: John Benjamins, 2010. 180 – 84

Venuti, Lawrence. The Translator's Invisibilty: A History of Translation. Abingdon: Routledge, 2008.

跨境电商的大数据翻译服务需求

——从阿里巴巴收购翻译 365 谈起

崔启亮[*]

ABSTRACT

Alibaba's acquisition of 365 *fanyi* in 2015 has attracted the attention from the fields of translation and media. Based on introducing the translation service situation provided by 365 *fanyi* and the translation service requirements of Alibaba to conduct the cross-border e-commerce, this paper points out that the cross-border e-commerce of Alibaba promotes a large amount of multi-lingual and multi-product translation requirements, summarizes the features of translation service requirements of the cross-border e-commerce, analyzes the motivation of Alibaba's acquisition of 365 *fanyi* and proposes a practical viewpoint that this acquisition promotes the fields of translation, media and investment to pay attention to and practice the new requirements of the language service of the cross-border e-commerce.

KEY WORDS: translation service, cross-border e-commerce, alibaba. com, 365 *fanyi*

2015 年阿里巴巴收购"翻译 365"事件,受到翻译界和媒体界的广泛关注。本文在介绍"翻译 365"提供的翻译服务现状,阿里巴巴跨境电商对翻译服务需求的基础上,指出了阿里巴巴跨境电商促生了海量、多语言、多产品的翻译需求,总结了跨境电商翻译服务需求的特征,分析了阿里巴巴收购"翻译 365"的动因,提出了

---

* 对外经济贸易大学,硕士生导师;中国翻译协会本地化服务委员会秘书长。

翻译界、媒体和投资界必须关注跨境电商语言服务新需求这一现实的观点。

2015 年 8 月 20 日，阿里巴巴集团对外宣布，阿里巴巴国际站（Alibaba. com）已经收购国内众包翻译平台"翻译365"及并行的众包翻译平台"做到网"。收购的内容主要是"翻译365"的翻译译员管理体系，同时"翻译365"主要团队也将加入阿里巴巴负责翻译业务，特别是下一代人工翻译平台的建设，以解决中小企业参与跨境电商业务时的语言障碍。

显然，这一并购事件在业界产生了很大影响。人们在不断追问，"翻译365"究竟是什么机构？阿里巴巴公司为什么要并购"翻译365"？跨境电商有哪些翻译需求？这些翻译需求有什么特征？相关企业又如何满足这些翻译需求？本文试图就以上问题为翻译界和跨境电商界的朋友们作一扼要分析。

众所周知，"翻译365"是一朵云（北京）科技有限公司的翻译服务品牌之一，"翻译365"与同属一朵云公司的"做到网"众包翻译服务平台，遥相呼应，形成了二者相互支撑之势。一朵云公司由硅谷回国人员刘禹于 2011 年创建，当年 12 月获得原新东方创始人之一徐小平真格天使基金的第一轮融资，2012 年 12 月又获得了田溯宁领导的宽带资本的第二轮融资。至此，一朵云公司通过互联网云翻译平台这一方式，开始为其客户提供规模翻译服务。

根据"翻译365"网站的介绍，截至 2013 年 12 月的统计数据显示，"翻译365"专职译员有 500 名，其译员均具备专业翻译资质，都有 3~5 年的专业翻译经验，此外，支持这一平台的具有留学背景的兼职译员达 25000 名，可满足英、德、法、意、日、韩、俄七大语种与汉语对译的商业需要。"翻译365"主推七大语种与汉语对译的专业笔译及口译服务，也可以为客户提供 80 多种语言的专业笔译，翻译领域涵盖汽车、机械、电子、IT、能源、医药、化工、水利、金融、物流、法律、通信、建筑、地质、矿业、仪表、纺织、交通、旅游、农牧、航空等五十多个行业，至今已为这些领域提供了超过数百亿字的笔译服务和数千场同声传译及现场口译服务。基于以上业绩，"翻译365"在 2014 年 4 月与阿里巴巴公司签署了战略合作协议。

同属一朵云公司的"做到网"与传统翻译公司有着显著的区别。一朵云公司在成立之初，就按照互联网公司的模式进行运营，通过互联网技术，将传统翻译行业现代化。公司的"做到网"和"翻译365"云翻译技术和翻译实施平台，全面提高了人工翻译的速率，并以此很快汇集了众多兼职译员，通过在有影响力的媒体上所进行的宣传和推广，公司成立不久，便获得了天使投资的资金支持❶。

另一方面，阿里巴巴跨境电商的长足发展，带来了巨大的大数据翻译服务需求。该公司成立于 1999 年，由专注于互联网电子商务的马云创立，其使命是"让天下没有难做的生意"。他的公司 2014 年在纽约证券交易所上市，当年的总营业额为 762.04 亿元人民币，净利润是 243.20 亿元。

阿里巴巴国际站（Alibaba. com）是阿里巴巴集团最早的国际业务，创立于 1999 年，目前已成为全球领先的跨境贸易批发平台。根据阿里巴巴的数据，由于数千万中小企业通过阿里巴巴国际平台，将其产品销售到全球各地，从 2012 年到 2014 年，阿里巴巴网站的海外买家便增长了 62%，现在已有 400 万国际买家，分布在全球 200 多个国家和地区。与此同时，阿里巴巴有 100000 家供应商和制造商，每天网站均有 10 亿美元的交易需求。有关阿里巴巴网站顶级供应商的分布数据，如图 1 所示。❷

阿里巴巴提出天下没有难做的生意，但是，他们也意识到了，天下的确有不十分容易懂的语言。当跨境电子商务遇到语言障碍之时，阿里巴巴所打造的全球化生态链便出现了断链。美国 CSA 公司的研究报告显示：52.4% 以上的消费者只在他们母语网站上购物，如果消费者读不懂电子商务网站的外语内容，当然不会买其推销的

---

❶　参见崔启亮 2015 年 8 月 4 日的文章《台风来了？速评阿里巴巴收购 365 翻译》。

❷　此图源自 Xu Xing2015 年上海 LocWorld 会议上的发言，题目是 "New Challenges and Solutions of E-Commerce Internationalization"。

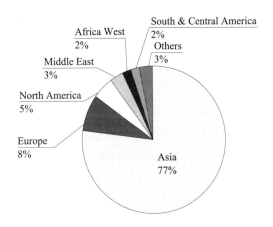

图1　阿里巴巴网站顶级供应商的地理分布

货物❸。因多语言网站本地化、网站产品信息本地化、商家和买家之间交易过程所必须的沟通信息等因素，导致了阿里巴巴对多语言、海量、快速的翻译与本地化等语言服务的巨大需求（见图2）。

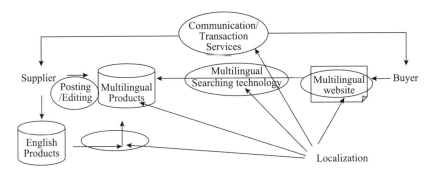

图2　阿里巴巴网站需要的本地化服务

　　阿里巴巴的语言服务来自买家和卖家对网站、产品信息和交流信息的多语言需求。卖家需要及时、准确地将所销售的商品以买家可以理解的语言进行翻译和展示，买家需要方便、及时、准确地查询和购买所需产品，买家和卖家当然需要及时和顺畅地交流和谈判，以完成网上交易。当买家和卖家来自全球不同国家和地区时，他们

---

　　❸　参见 DePalma 在 2006 年发表的调查报告 "Can't Read, Won't Buy：Why Language Matters on Global Websites"。

的语言和文化差异便成了阻碍跨境电子商务交易的瓶颈。作为跨境电子商务平台，阿里巴巴需要为卖家和买家提供语言服务。为此，阿里巴巴国际站和全球速卖通网站已经发布了法语、德语、意大利语、日语、朝鲜语、荷兰语、葡萄牙语、俄语、西班牙语、阿拉伯语、泰语、土耳其语、越语、印度尼西亚语、希伯来语网站。但是，还有更多语言的网站需要进行翻译和本地化，才能满足全球不同市场的买家和卖家的跨境电子商务交际需要。

对此，阿里巴巴跨境贸易事业部资深总监付必鹏表示，随着全球一体化的加强，国内很多中小企业都想涉足跨境电商业务，但大都因为语言障碍而无法进行。同时，由于外贸领域对翻译的要求也有着独特的诉求，比如快速、精准、片段化，因此，一般的翻译社或者在线翻译很难满足企业需求。而"翻译365"的业务则"包括了机器翻译和人工翻译，同时现有的译员发展和管理体系、质量监控和评价体系，以及较大的译员库，能够有效地帮助有意向的国内中小外贸企业进入电商行业，通过 Alibaba. com 的平台与国外采购商进行沟通、达成交易，从而促进中小企业发展转型，并拉动我国外贸出口指数"❹。

当然，以阿里巴巴国际站和全球速卖通为代表的跨境电子商务，在实现全球化和国际化服务的过程中所产生的巨大翻译需求，与传统的人文社科类文本翻译有着显著的差别，甚至与当前翻译公司的翻译服务也明显不同。跨境电商的翻译需求特征主要表现在以下几个方面：

（1）海量、频繁更新的大数据信息。网上所提供的产品数量和类别众多，而且每天甚至每时都在更新网上的产品信息，其数据量之大，行业之广，都是传统翻译所未曾遇到过的。

（2）多语种、多行业、多产品的信息内容。由于买家和卖家来自全球不同国家或地区，他们所销售和购买的产品来自不同的行业，产品种类极其丰富。这些源自不同行业的众多产品，对翻译服务提

---

❹　参见环球网 2015 年 8 月 20 日发布的新闻"阿里巴巴收购国内最大众包翻译平台"［EB/OL］．http：//tech. huanqiu. com/original/2015 – 08/7321293. html.

供者在行业和专业知识方面（例如术语，产品名称等），无疑提出了严峻的挑战。

（3）快速、低价的翻译需求。由于产品内容在不断更新，加上激烈的市场竞争，卖家希望在产品发布后，能够快速地翻译成不同买家熟悉的语言。对众多中小卖家而言，他们并没有产品内容翻译的预算费用，因此，他们必然希望以极低甚至免费的方式，获得已译出的产品介绍文字。

（4）信息碎片化和重复性。产品名称、尺寸、颜色、价格、联系方式、买家评价等信息大部分是短句或短语，甚至是单词，分散在网站的不同页面的不同产品的信息海洋之中，而很多通用词语均重复出现各个产品的页面之上。

（5）卖家缺乏翻译质量的专业评估能力。绝大部分网上卖家都是中小企业，他们来自各个行业，对翻译专业性的认识参差不齐，对译文质量的优劣也无法辨别和评价，有些卖家甚至提出苛刻的翻译质量要求，但几乎没有翻译预算。

总之，与传统翻译内容相比，跨境电子商务的翻译需求特征，可以总结为大数据、多语种、多行业、快速翻译、低价翻译、碎片化、重复性以及卖家对译文质量无法评价等。这些特殊的翻译需求是对翻译服务提供商提出的空前挑战，从而迫使他们不得不将此类翻译与此前的传统翻译有效地区别开来。

为了应对迅速增长的跨境电商语言服务需求，阿里巴巴提出了自己的解决方案。他们为了加强语言服务，成立了包括机器翻译在内的技术和管理团队，聘请了专业的翻译技术专家。阿里巴巴在加强内部语言服务建设的同时，还积极寻找语言服务供应商，将语言服务外包给国内外众多翻译公司，包括"翻译365"等提供翻译服务的公司或团队。

尽管做了很大努力，阿里巴巴语言服务需求的增长速度与现实翻译服务供给能力之间仍有很大差距。机器翻译尽管效率高，但翻译质量无法满足一些高端业务的要求。外部翻译服务公司尽管可以提供较高质量的翻译服务，但价格高，响应不及时，沟通管理成本大，而且进度不透明，质量无法有效控制。另外，中国的人力资源成本不太高，完全有可能组建阿里巴巴的内部翻译团队，集中管理包含翻译服务在内的语言服务需求。但是，如果靠新成立翻译公司，招聘和培养翻译员工的方式，则无法满足快速发展的需要。因此，收购一家合适的翻译公司便成了阿里巴巴当前最有效的选择。

2013 年在中国工商行政管理总局注册的经营范围中包括翻译或者本地化服务的公司有 55975 家❺。为什么阿里巴巴通过千挑万选，最后决定并购"翻译 365"呢？其实，阿里巴巴购买翻译公司的基本条件不过是该公司要有足够多的专职和兼职译者，公司能够接受较低的翻译服务价格，公司能够快速提供海量信息翻译，公司规模不能太大，而且必须具备互联网快速灵活的基因，并有能力提供多语言多行业的翻译与本地化服务。当然，能够满足这些条件的公司并不多，而"翻译 365"似乎完全符合这些条件，而且，2014 年阿里巴巴已与"翻译 365"结成了战略合作伙伴，互相比较了解和信任。

阿里巴巴收购"翻译 365"后，充分利用"翻译 365"已有的众包翻译资源（译员、翻译平台、管理团队），并且与阿里巴巴原有的内部翻译团队进行整合，为不断扩张的国际电子商务业务提供语言、技术、资源、运营支撑。通过对翻译内容特征分析，他们可以以机器翻译的高效率提供产品基本信息的翻译服务，以专业人工翻译团队提供网站多语种专业翻译服务。阿里巴巴收购"翻译 365"可以打造阿里跨境电子商务的生态系统，打通语言服务在阿里跨境电商中的瓶颈，从而真正实现"天下没有难做的生意"的使命。

阿里巴巴的这宗收购信息发布之后，多家新闻媒体（新浪、搜狐、人民网、环球网、中华网等）纷纷进行了报道或转载，并在翻译行业内引起了广泛的讨论。这次收购给翻译行业的从业者、新闻媒体、金融投资者带来了怎样的启示呢？

首先，这一事件必将促使社会和市场重视以翻译服务和本地化服务为核心的语言服务的价值，在中国企业和产品走出去过程中，企业必须依靠专业的语言服务，打破语言和文化之间的交流障碍，

---

❺　参见中国翻译协会 2015 年发布的《中国翻译服务业分析报告 2014》。

以实现真正全球化和国际化的目标。

它将促进翻译企业和本地化企业管理者和从业者思考，面对跨境电商的海量信息、高效率、低成本的新翻译市场需求，如何从流程、技术、组织方面进行调整或转型，以获得更大的语言服务市场。

它将引发相关高校翻译教学教师思考翻译教学内容，包括课程设置、教学方法，思考互联网带来的电子商务翻译对翻译人员的新要求，从而加强对新翻译形式和翻译内容的教学和实践。

它将推动天使投资这样的风险投资机构进一步重视翻译和本地化服务这个小众专业领域的投资价值，挖掘这个埋藏很深的金矿，实现资本风险和收益投资回报的最大化。

它同时也将引发社会各行业人士重新审视翻译行业和翻译职业，思考翻译行业是蓝海还是红海，是否值得到翻译行业寻求投资和发展机会。对于翻译专业的学生而言，应更深刻地认识翻译行业的职业特性，为将来的职业发展提供判断的依据。

阿里巴巴收购"翻译365"后的效果和影响，还将继续引发翻译行业的人士更深入地观察和思考，收购是否成功还需要双方甚至多方继续在实践中探索，这不仅有利于翻译行业的发展，也有助于我国越来越多的电子商务网站走出国门，走向国际，实现企业和服务的全球化。

显然，翻译不仅是语言问题，也是交际问题和文化问题，跨境电商需要多元化的翻译服务。当互联网与翻译相结合，有些公司发现语言服务市场是座等待挖掘的"金矿"，同时也有些公司认为，大数据、低价格、快交付的跨境电商翻译服务是个必须绕过去的"泥潭"。其实，跨境电商的翻译服务是"金矿"还是"泥潭"并非关键，重要的是，跨境电子商务翻译是互联网经济诞生的新需求，新市场，这一需求与市场需要行业人士去面对、探索和解决。

参考文献

崔启亮. 台风来了? 速评阿里巴巴收购365翻译 [EB/OL]. http：//www. giltworld. com/
　E_ ReadNews. asp? NewsId＝797.

中国翻译协会. 中国翻译服务业分析报告 2014 ［C］. 北京：中国翻译协会，2015.

DePalma D, B. Sargent and R. Beninatto. Can't Read, Won't Buy：Why Language Matters on Global Websites. Common Sense Advisory Inc. , 2006.

Xu Xing. New Challenges and Solutions of E-Commerce Internationalization. LocWorld Conference, Shanghai, 2005.

全球语言服务发展及启示

王华树*

ABSTRACT

Based on the authoritative language service reports both at home and abroad, this paper attempts to analyze the current development of global language services, and points out that the global language services are characterized by increasingly rapid demand growth, expanded service areas, diversified service types, and flourishing language technologies, which pose new challenges to current translation teaching and translation studies. The paper concludes that China's translation education and studies should change in order to keep pace of the times.

KEY WORDS: language services, translation technology, translation teaching, translation studies

摘 要

本文基于国内外权威的语言服务报告，分析了全球语言服务发展现状，指出全球语言服务的特征需求持续增长，服务领域不断拓展，服务内容日趋多元化，语言技术蓬勃发展，这对当前的翻译教学和翻译研究提出了新的挑战。文章指出，从国内翻译人才培养和翻译研究的现状看，改革翻译教育和拓展翻译研究势在必行。

关键词：语言服务，翻译技术，翻译教学，翻译研究

---

* 北京师范大学外国语学院。

　　郭晓勇在"2010 中国国际语言服务行业大会"上指出：全球化和信息技术的飞速发展已经催生了一个包括翻译与本地化服务、语言技术工具开发、语言教学与培训、语言相关咨询业务为内容的新兴行业——语言服务行业，其范围已经远远超出传统意义上的翻译行业，成为全球化产业链的一个重要组成部分❶。"翻译行业发展到现在，其内涵已经大大扩展，包括翻译服务、本地化服务、翻译技术、翻译咨询、翻译培训和翻译行业发展战略研究等。因此我们的应用翻译研究也应该紧贴行业发展，相应地拓展领域，例如翻译项目管理、翻译技术应用、多语术语与语料库建设等领域的研究"❷。

　　然而，根据《中国翻译学研究 30 年（1978～2007）》❸ 的数据统计来看，从宏观角度探讨翻译行业特征的文章寥寥无几，涉及翻译行业和管理的论文在 30 年中只占到 0.6%；《应用翻译研究 30 年（1980～2010）》❹ 的数据统计表明，传统的翻译研究内容仍占压倒性优势，对于语言服务行业的宏观分析并不多见，应用翻译研究滞后于实际需求，这是我们不得不思考的问题。

　　就整体而言，随着全球经济和技术日新月异的发展，语言服务呈现出鲜明的时代特征。根据《中国语言服务业发展报告 2014》❺显示，我国翻译服务企业在 2000～2013 年的 14 年始终呈现逐年增长的趋势。其中从 2000 年开始到 2004 年的 5 年间，翻译服务企业的数量增长始终维持在一个较高的水平上，尤其是 2000 年、2002 年和 2004 年都高达 30%，甚至 40% 以上。从 2004 年至 2012 年，翻译服务企业数量始终维持 10% 以上的增幅，且呈现增长平稳状态。截至 2011 年，全国在营的语言服务及相关企业为 37197 家，到 2013 年底，增加到 55975 家，年均增幅高达 25%，大大超过 2000～2011 年企业数量的年均增长率 18.5%。翻译业务量每年均在 2000 万字以上的国际化大公司（如 Microsoft、Oracle、SAP、华为等）不断增多。

---

❶　参见郭晓勇第 34 – 37 页。

❷　参见黄友义第 1 页。

❸　参见许钧，穆雷第 77 – 87 页。

❹　参见方梦之第 22 – 27 页。

❺　参见中国翻译协会《中国语言服务业发展报告 2014》。

以国际知名的通信供应商华为公司为例，2011 年仅笔译部分的字数统计已超过 3 亿，包括 40 多个语种，覆盖上千种产品，连续多年保持持续增长。

从全球市场来看，国际知名语言服务调查机构——卡门森斯顾问公司（Common Sense Advisory，CSA）发布的《2014 年语言服务市场报告》❻ 的数据显示，2009～2014 年，全球语言服务业总产值分别为 235 亿美元、263 亿美元、283.4 亿美元、330.5 亿美元、347.78 亿美元和 371.9 亿美元（见表 1）。2008～2012 年的 5 年，除2011 年外，语言服务市场的年增幅均在两位数以上（见表 1）。

表 1　2009～2014 年语言服务增长趋势

年份	市场总值（亿美元）
2009	235
2010	263
2011	283.4
2012	330.5
2013	347.78
2014	371.9

由此可见，在全球化和信息化时代，语言服务市场需求迅速扩大，而且呈现出持续快速增长的态势，这为我们带来了更多的机遇和挑战。经济全球化和信息化促使国家之间在科技、文化、贸易等多方面的国际交往越来越多，应用文体翻译在整个翻译活动中占有的比重越来越大，文学翻译的比例逐渐降低，翻译不再局限于传统的文学、历史、哲学等人文学科，拓展到了各行各业。非人文学科的翻译内容非常广泛，涉及政治、经济、法律、科技等各个领域，此类翻译已经成为当今语言服务市场业务的主体。根据《中国语言服务业发展报告 2014》❼ 统计，在排名前三的翻译业务领域中，"制造业"与"信息技术产业"的选择率最高，有一半企业的业务均涉及"制造业"，占调查样本的 50%。51 家企业的前三大翻译领域均

---

❻　参见 Common Sense Advisory：The Language Services Market：2014。

❼　参见中国翻译协会《中国语言服务业发展报告 2014》。

涉及"信息技术产业"，占调查样本的 45.6%。除此之外，被企业选作前三大翻译领域的还有"电力、热力、燃气及水生产和供应业""金融业""科学研究和技术服务业""教育""水利、环境和公共设施管理业"、"建筑业"及"文化、体育和娱乐业"等。可以看到，国内翻译服务企业的业务所涵盖的行业领域相对比较广泛，说明翻译服务市场的需求广泛，每个行业领域都可能具备较大发展前景。根据美国语言公司协会（The Association of Language Companies, ALC）发布的《2015 年行业调查报告》❽ 显示统计，美国语言服务企业的收入大多数来自医疗、法律和政府领域。相比之下，欧洲和其他地区语言服务企业的年收入比例最高的领域分别是技术、制造和软件，其中技术领域的收入在 2013 年约占 11%，约占其当年总收入的四分之一（见表 2）。

表 2　ALC 2015 年语言服务服务领域份额调查

语言服务领域	美国	欧洲	其他地区
医疗	29%	15%	19%
法律	19%	11%	5%
政府	19%	12%	16%
制造	14%	16%	10%
教育	14%	9%	8%
医药	13%	8%	12%
服务业	12%	8%	13%
保险	8%	7%	9%
金融	8%	10%	7%
软件	7%	16%	14%
技术和工程	7%	24%	26%
广告	6%	11%	11%
安全	6%	4%	0%
其他	14%	5%	6%

在这一大趋势下，语言服务内容与日剧增。据 CSA 2014 年的统计❾，尽管传统笔译和口译服务近四年来仍是最主要的业务，但是，

---

❽　参见 The Association of Language Companies：2015 Industry Survey。

❾　参见 Common Sense Advisory：The Language Services Market：2014。

近年来一些与本地化服务有关的业务领域，如网站国际化、多媒体本地化、软件本地化、国际化服务、创译、国际化测试、机器翻译译后编辑等保持了相对稳定。2013年和2014年，上述本地化服务内容的市场份额合计分别为25.81%和27.84%，超过了现场口译，成为语言服务业的第二大业务类别。最近几年，Android和iOS系统风靡全球，手机游戏和移动应用本地化翻译也逐渐成为语言服务领域的热点（见表3）。

表3　2011～2014年全球语言服务内容比重

语言服务内容	2011 年	2012 年	2013 年	2014 年
笔译	45.68	45.70	45.56	33.13
现场口译	14.44	14.05	11.38	9.64
软件本地化	6.55	6.17	6.53	6.38
电话口译	3.40	2.40	2.22	5.47
项目管理	—	—	—	4.60
网站全球化	4.72	5.44	5.02	4.31
桌面排版	—	—	—	4.14
创译	1.90	2.71	2.77	3.89
游戏本地化	—	—	—	3.82
国际化服务	2.29	2.91	2.59	3.80
笔译技术	3.99	3.40	3.21	3.46
机器翻译译后编辑	2.33	2.47	2.42	3.33
多媒体本地化	3.27	3.43	3.79	3.15
测试和质量保障	2.35	2.51	2.69	3.15
旁白/配音/叙述/字幕	4.35	4.20	3.93	3.14
手机应用本地化	—	—	—	2.39
视频口译	0.89	1.29	1.18	1.37
口译技术	1.59	1.36	1.08	0.83

此外，语言服务企业也在不断开拓更多的业务增长点。CSA在综合分析2011～2014年的数据❿后指出，笔译、网站国际化、软件本地化、现场口译、翻译技术、桌面排版等是增长最快的业务领域。

---

❿　参见 Common Sense Advisory：The Language Services Market：2014。

2013 年，69.24% 的语言服务企业提供网站国际化服务，提供软件本地化、多媒体本地化企业的比例分别为 65.23% 和 61.52%。2014 年，网站本地化和软件本地化是仅次于传统翻译业务的快速增长业务，分别占调查企业的 17.59% 和 15.66%；除直接的语言服务外，在"其他业务"调查中，29.40% 的企业提供创译者，20.12% 的企业提供文档处理，19.04% 内容创建，15.78% 语言培训、6.63% 品牌分析、5.90% 市场调查等。

据《中国语言服务业发展报告 2014》统计，在翻译服务企业的主营业务类别调查中，120 家受访企业中几乎所有企业的主营业务类别都涉及"翻译服务"，共 117 家，占企业总数的 97.5%；除"翻译服务"外，约一半企业的主营业务类别涉及"本地化服务"和"语言服务咨询"业务，分别占企业总数的 50% 和 48.33%；有 25% 的企业主营业务涉及"翻译工具/软件开发"业务；20.83% 的企业涉及"语言服务 + 人才培训"业务。除此之外，还有 10 家企业主营业务类别涉及"工业软件开发""翻译人员海外派遣""贸易和咨询""出国劳务"以及"出国签证服务"等其他类型业务。

可见，语言服务的内容不再局限于口译和笔译，已经日趋多元化，传统的翻译研究者囿于语言和文本的研究，没有接触到或者想象到当今丰富多彩的翻译内容，传统的翻译理论已经无法解释现代新型的翻译活动和内容。随着翻译领域和服务内容的多元化，全球范围内翻译研究对象以及翻译教学必将发生重大变化。

纵观历史长河，人类社会的进步和发展，包括每一次重大社会变革，都与科学发现和技术发明息息相关。技术革命带来了产业革命，每一次技术革命都推动了社会生产力的发展。19 世纪六七十年代开始，以发电机技术为代表的科技革命推动人类进入了电气时代；20 世纪四五十年代开始，以电子计算机、网络技术为代表的第三次科技革命，将人类带入了信息时代。信息技术的发展正在改变着语言服务的生态环境，语言技术正朝着信息化、专业化、网络化、云端化趋势快速发展❶。根据翻译自动化用户协会（Translation Auto-

---

❶　参见王华树第 25 - 30 页。

mation User Society，TAUS）和 ALC 的统计❶❶，在 20 世纪 80 年代，翻译服务企业尚未使用翻译工具。随着信息技术的发展，尤其是近年来在云计算和互联网技术的推动之下，翻译技术发展迅速，翻译工具如雨后春笋，层出不穷。SDL Trados、MemoQ（Kilgray）、Wordfast、SDL Multiterm、MemSource、SDL WorldServer、Deja vu、Heartsome、Logoport（Lionbridge）、MultiTrans（Multicorpora）、Olifant（Enlaso）已经成为语言服务中主要的翻译工具。技术写作、文档格式转换、图片识别、字数统计、语料对齐、翻译记忆、术语提取、术语识别、语音识别、自动化质量保证、翻译管理等工具应运而生，广泛应用于产业翻译实践之中。

在网络技术的发展和市场需求的推动之下，翻译工具从单机版走向网络协作，从单一的 PC 平台走向多元化的智能终端。Wordfast Anywhere、Google Translator Toolkit、Lingotek 等工具可以实现实时协作，多个团队成员同时操控一个翻译项目，满足了当代翻译项目时效性和协作性的需求。Lionbridge、SDL 等大型语言服务提供商都在尝试利用自动化机器翻译技术和译后编辑技术❶。随着云计算技术和自然语言处理技术的发展，各式各样的语音翻译（如 Vocre、SayHi、iTranslate 等）、拍照翻译、扫描翻译、电话口译等技术各显神通，基于大数据语料以及人机交互的智能机器翻译系统将扮演越来越重要的角色❶。

技术的蓬勃发展和行业应用，加快了翻译速度，优化了翻译流程，降低了翻译成本，提升了行业整体翻译生产效率，已成为语言服务模式变革的推动力。对于拓展翻译研究范畴，改变翻译人才培养观念也将会产生重要而深远的影响。

语言服务需求的激增、翻译服务领域和内容的变化、翻译技术和工具的快速发展，这些变革导致翻译质量评估、翻译标准、翻译价格、翻译速度、翻译能力、翻译伦理、翻译主体等概念发生深刻

❶ 参见 TAUS：Translation Technology Landscape Report 2013。
❶ 参见 The Association of Language Companies：2015 Industry Survey。
❶ 参见韦忠和第 71－74 页。
❶ 参见王华树第 92－97 页。

的变化，限于篇幅，不再赘述。面对上述一系列变化，我们不得不对现代的翻译活动、翻译教学和翻译研究进行重新审视，尽快迎接新的挑战，适应新的发展。

笔者通过国内三大招聘网，对20家主要的语言服务企业翻译相关职位的招聘信息进行了调查，发现无论是专职翻译还是翻译经理，除了要求过硬的语言能力之外，绝大多数招聘公司还要求应聘者具备如表4所示的能力。

表4　国内语言服务企业翻译相关职位能力要求

能力模块	主要内容
IT技术	计算机操作系统基础知识
	Office办公系统的基本编辑与排版技巧
	编码及格式转换：PDF、INDD、FM、DWG等格式转换、OCR识别
	快速信息获取能力：单位时间内获取所需信息指数——搜商
CAT技术	译前：字数统计、重复率计算、翻译记忆库复用、术语提取
	译中：利用Trados等进行翻译，利用MultiTerm进行术语管理
	译后：质量保证、生成译文、语言资产维护
项目经验	项目管理：启动、计划、实施、收尾等阶段基础知识及相关技能
	组织协调能力：部门内部、外部以及团队之间的协调
	成本和进度控制能力：单位成本控制及风险防范与控制
	专业领域项目经验
职业道德	服务意识：翻译作为一种服务的职业准则
	质量原则：按照行业质量标准、客户质量要求等交付
	时间原则：按照行业基本要求、客户及项目基本要求等交付
	保密原则：遵守诚信原则、职业规范、客户要求等

根据北京、上海等地60家业务规模较大的翻译公司的招聘信息，苗菊等总结了翻译行业对职业翻译的15项能力要求❶；中国翻译协会本地化服务委员会与南开大学MTI中心联合实施了"2011年全国及天津滨海新区企业语言服务人才需求"调研项目❷，其中调查了全国65家企业对语言服务人才的职业素养需求，这两项调查的

---

❶　参见苗菊，王少爽第63–67页。
❷　参见王传英第67–70页。

主要结果同表 4 中翻译市场需求的关键能力保持一致。

因此，在市场和竞争全球化的今天，语言服务的蓬勃发展带给中国语言服务企业更多的机遇和挑战，语言服务正在进行全新的定位⓭。我们应该抓住机遇，放眼整个语言服务产业链，进一步拓展跨学科研究，多视角、全方位地进行"产业翻译学"的研究，例如，经济全球化时代语言服务产业间的关系、产业内翻译企业组织结构、产业发展环境和产业布局、产业本身发展规律、语言服务价值链分析、语言服务社会化分工、语言服务企业管理、市场营销、众包翻译模式、项目管理与翻译流程设计、信息技术与语言技术、知识管理与语言资产管理、翻译标准与服务行业标准、人力资源管理与翻译职业发展等。只有不断研究新情况，分析新问题，我们才能与时俱进，不断开创信息化时代应用翻译研究的新局面，促进翻译学研究的全面发展。

翻译学是一门开放性的学科，如何组织和吸引更多的跨学科学者进入研究队伍是摆在我们面前的重要任务之一⓮。当前翻译研究界还应该转变研究观念，逐步扩大翻译研究队伍，减少不必要的体制和政策限制，邀请语言服务行业及跨行业的专家、企业管理层、一线经理人以及其他翻译从业者共同参与到翻译研究之中，相信他们的加入必将给翻译学带来新的活力。

参考文献

方梦之. 应用翻译研究 30 年（1980 - 2010）[J]. 上海翻译，2012（2）.

郭晓勇. 中国语言服务行业发展状况、问题及对策 [J]. 中国翻译，2010（6）.

黄友义. 在第四届全国应用翻译研讨会上的讲话 [J]. 上海翻译，2011（3）.

刘和平. 法国释意理论：质疑与探讨 [J]. 中国翻译，2006（4）.

苗菊，王少爽. 翻译行业的职业趋向对翻译硕士专业（MTI）教育的启示 [J]. 外语与外语教学，2010（3）.

穆雷. 建设完整的翻译教学体系 [J]. 中国翻译，2008（1）.

⓭　参见袁军第 80 - 83 页。

⓮　参见刘和平第 20 - 26 页。

王传英.2011 年企业语言服务人才需求分析及启示［J］. 中国翻译, 2012（1）.

王华树. 信息化时代的计算机辅助翻译技术研究［J］. 外文研究, 2014（3）.

王华树. 语言服务技术视角下的 MTI 技术课程体系建设［J］. 中国翻译, 2013
　　（6）.

韦忠和.2012 年及未来几年语言服务行业的发展趋势［J］. 中国翻译, 2012（3）.

许钧，穆雷. 中国翻译学研究 30 年（1978 – 2007）［J］. 外国语, 2009（1）.

袁军. 语言服务：中国翻译行业的全新定位［J］. 中国翻译, 2012（5）.

中国翻译协会. 中国语言服务业发展报告 2014［C］. 北京：中国翻译协会, 2014.

Common Sense Advisory. The Language Services Market：2014. May 2015.

TAUS. Translation Technology Landscape Report. April 2013.

The Association of Language Companies. 2015 Industry Survey. May 2015.

研究生口译学习动机的现状与发展

林　薇[*]

ABSTRACT

Closely related with the learner's learning behavior, performance and outcome, motivation has been proved as an important factor in learning and L2 acquisition. However, incompatible with its importance, motivation has remained a neglected topic of research and an untapped potential in interpreting learning, especially for Translation and Interpretation (T&I) learners at the graduate level. Briefly reviewing the evolution of the concept of motivation in psychology and L2 learning, this study adopts the Self Determination Theory (SDT), an increasingly accepted theory of motivation psychology, as its theoretical framework to investigate the status quo and the development of interpreting learning motivation among postgraduate T&I learners in China.

KEY WORD: motivation, interpreting learning, postgraduates, continuum

摘　要

动机与学习者的学习行为、表现和成果密切相关，已被证明是学习和二语习得中的重要因素。但在口译研究中却尚未得到充分的重视和探索，其对口译教学的贡献作用也仍有待挖掘。本文简要回顾心理学和二语习得中对动机的研究和利用，并采用日益成熟的动机心理学理论——自我决定理论作为理论框架进行实证

---

* 北京外国语大学高级翻译学院。

性研究。

关键词：动机，口译学习，研究生，连续体

学习动机是影响学生学习活动的重要因素。它不仅影响学习的发生，还影响学习活动进程中的诸多变量：学习策略、自我效能感、元认知等，从而影响学习的结果，因此备受研究者的关注。学习动机研究甚至已经成为二语教学研究的重要组成部分。职业口译员的培养近年来方兴未艾，但对于学习者的动机状况和发展却知之甚少，鲜有结合学习动机的客观发展规律来开展口译教学的教学实践。鉴于此，本文将梳理有关口译学习动机的国内外文献，并报告 2012 年开展的口译学习动机问卷调查成果，以期更好地了解国内口译学习者的学习动机状况，构建口译学习动机模型，为从社会建构主义的教学理念出发，设计和实施口译教学动机策略提供帮助。

在心理学中，动机是一个宽泛的概念。进入 20 世纪后半期，动机更多地被认为是个体的知情选择且个体得以控制自己的行动，即"个体为自身的行动作出选择"❶。近年来的动机研究倾向于将动机作为特定复杂环境中的变化过程来看待，并更感兴趣于"动机与多个内部、社会和情境因素进行动态互动的有机发展"❷。Deci 等的自我决定理论（Self-Determination Theory，SDT）是动机过程观关注下的一个新兴动机理论。该理论将动机视为一个连续体，两端分别是无动机和内在动机，而处于这两者之间、贯穿整个连续体的则是不同自主调节状态下的外在动机❸。该动机理论框架将众多复杂的因素很好地纳入了动机这一动态和有机的概念，能够解释多种现有动机理论模式，具有很强的解释力❹，因此引起了越来越多的关注和发展。例如，Noels 提出，采用这一连续体的动机概念将有助于系统地组织各项学习目标，培养自主、自我调节的学习者❺。杨涛等则认

---

❶　参见 Williams 第 119 页。

❷　参见 Dörnyei 第 301 页。

❸　参见 Ryan 第 68 – 78 页。

❹　参见许宏晨第 163 – 165 页。

❺　参见 Noels 第 43 – 68 页。

为，这一系统的较强解释力和对动机策略的关注将使其有可能成为今后动机策略研究的重要背景理论❻。

近年来，动机开始吸引口译研究者的关注。一些学者认为动机是口译学习者本身已具备的能力，能够预测学习者在口译学习课程中的表现，因此提出在入学考试时对此加以测试。另一些学者则认为动机是一项会影响口译学习效果的软技能，并研究了动机和学业成就/口译表现的相关性。但是，口译教学中很少有人对动机这个复杂的心理学概念进行测量❼，目前也还没有学者系统化地测试或研究口译教学中的动机问题❽。Rosiers 等研究了语言焦虑、动机和自我感知的语言能力这 3 项个体差异变量，发现动机这一个体差异变量与其他两个变量不存在相关性❾。Shaw 只是在研究口译学习者和手语翻译学习者的差别时运用了标准化的表现和动机测试工具❿。这些研究都只将动机作为一个静态的因素加以对待，且未能将口译学习动机作为研究的中心内容深入探索，也未能及时跟踪口译学习者学习动机的发展与变化或是针对口译教学提出具体和实用的动机策略建议。可以说，目前的口译教学方法仍然深受行为主义影响，即"受课程设置、教师训导和测评设计影响的工厂化训练模式"⓫，口译教学重点"一直在认知技能的训练上，而不是在动机和其他个性特征等软技能的训练上"⓬。

近年来，随着中国对外交往的蓬勃发展，各高校也纷纷开设专门的口译教学课程，但口译教学的理念、课程设置目标和教学方法等远未成熟，对于英汉口译学习者特别是研究生阶段口译学习者的动机研究仍处于空白状态。在中国知网上对已发表的期刊文章和学位论文以"口译教学"和"动机"为主题或关键词进行模糊检索，

---

❻ 参见杨涛、李力第 62 – 67 页。
❼ 参见 Timarová 第 29 – 46 页。
❽ 参见 Timarová 第 31 – 52 页。
❾ 参见 Rosiers 第 53 – 69 页。
❿ 参见 Shaw 第 70 – 84 页。
⓫ 参见 Bransford 第 132 页。
⓬ 参见 Shlesinger 第 2 页。

只能获得 5 篇期刊文章和 1 篇硕士学位论文，且所有这些文献研究的对象都是大学本科生。而在近十年来的所有国内口译研究相关研讨会发表论文中，只有王永秋对其所教授的 45 名学习英汉同传的研究生进行了一次问卷调查，发现这些研究生的动机类型主要为工具型，学习英汉同传是希望将来能成为一名职业的同传译员❸。在这个研究中，口译学习动机仍是作为一种静态的个性特征而被调查和研究的。

　　中国目前已有超过 200 所高校开设了研究生层次的口译培训课程，动机作为在口译学习过程中发挥重要作用的因素，有必要得到更多的研究并通过恰当的动机策略加以利用，以取得比较理想的学习效果。为此，2012 年 9 月，笔者在北京外国语大学高级翻译学院开展了初步的口译学习动机研究，希望通过该研究回答以下两个问题：（1）研究生层次口译学习者的学习动机有哪些类型？（2）这些动机类型是否会随着口译学习进程而发生变化？如果是，发生了怎样的变化？对于这两个问题的回答将有助于验证动机自我决定理论在口译教学中的适用性，以及针对职业口译培训课程制定具体的动机策略。

调查对象

　　2012 年 9 月时，北京外国语大学高级翻译学院共有 225 名口译学习研究生（一年级 111 人，二年级 114 人）。学院的全部口译学习研究生都接受了这次调查。调查显示，74.7% 的研究生在本科学习完成后直接进入学院学习口译并有 85.8% 的研究生在本科学习阶段的专业是外语。表 1 展示了研究生一年级组和二年级组的受调查者基本情况。

表 1　受调查学生组成情况　　　　　　　　　　　　　　单位：人

	数量	性别				本科外语专业				本科直升			
		男	%	女	%	是	%	否	%	是	%	否	%
一年级	111	17	15.3	94	84.7	96	86.5	15	13.5	80	72.1	31	27.9
二年级	114	22	19.3	92	80.7	97	85.1	17	14.9	88	77.2	26	22.8
总计	225	39	17.3	186	82.7	193	85.8	32	14.2	168	74.7	57	25.3

---

❸　参见王永秋第 178 - 183 页。

调查工具和过程

结合口译教学情况，调查问卷以高一虹等中国大学本科生英语学习动机类型调查问卷为基础改编而成❶。有关动机类型的问题均采用了李克特5分量表的形式进行编制，各回答分别编码以实现计分，"完全同意"计5分，"完全不同意"计1分，在数据分析前还对反面措辞的题项进行了分数转换。调查于2012年秋季学期第一周开展，匿名进行且在调查前向学生说明研究调查的目的。在收回问卷前，要求学生仔细检查有无漏答现象，且专人负责在教室门口回收问卷，以此保证所有收回的问卷都是完整和有效的。问卷分析采用了SPSS 19的简单描述性统计法和探索性因子分析，以了解口译学习动机的基本情况。

调查结果

全部数据的KMO值为0.812，Barlett球形检验意义显著（p≤0.05)，因此可以进行因子分析。最人旋转生成了8个因子，累积旋转平方和为60.842%。表2和表3展示的是数据因子分析的结果。

表2　各因子的特征根值、方差和累积方差贡献率

因子	标签	特征根值	方差	累积方差
因子1	促进交流	3.307	11.404	11.404
因子2	职业发展	3.177	10.955	22.359
因子3	内在兴趣	2.317	7.989	30.349
因子4	社会名望	2.137	7.368	37.716
因子5	学位和证书	2.092	7.214	44.930
因子6	外部鼓励	1.721	5.935	50.865
因子7	海外发展	1.546	5.331	56.196
因子8	外语学习	1.347	4.646	60.842

---

❶　参见高一虹第28－38页。

表 3　调查项目载荷和公因子方差

因子	调查项目	载荷	公因子方差
促进交流	Q20. 我学口译是为了帮助不同语言的人更好地进行沟通	0.810	0.766
	Q21. 我学口译是为了促进中国发展和对外交流	0.768	0.639
	Q23. 能够促进交流我觉得很自豪	0.681	0.610
	Q31. 我学口译是为了更好地了解其他领域	0.578	0.571
	Q6. 我学口译因为我喜欢与别人进行交流	0.569	0.626
职业发展	Q29. 尽管我并不希望成为一名职业口译员，口译将成为我职业生涯中的重要一环	0.765	0.670
	Q32. 我学口译是为了进入别的领域，从而实现我的职业目标	0.673	0.656
	Q28. 当口译员是我的终极职业理想	0.643	0.490
	Q27. 口译对我来说是个工具	0.586	0.550
	Q5. 我学口译是因为这个职业很有发展潜力	0.564	0.719
内在兴趣	Q4. 我学口译是因为我对外语学习很感兴趣	0.661	0.663
	Q18. 我学口译是因为我觉得我有语言才华，能做好口译	0.631	0.443
	Q7. 我特别喜欢口译	0.531	0.656
社会名望	Q25. 我学口译是因为口译能让我过上体面的生活	0.716	0.599
	Q8. 我学口译是因为我听说口译收入较高	0.675	0.610
	Q26. 我学口译是因为口译员常常和社会杰出人士一起工作	0.566	0.692
	Q16. 我学口译是因为我想进入职业口译这个好圈子	0.563	0.600
学位和证书	Q14. 我学口译是为了获得口译证书	0.779	0.702
	Q17. 我学口译是为了方便移民	0.707	0.626
	Q15. 我学口译是为了获得硕士学位	0.688	0.593
外部鼓励	Q12. 我学口译是因为我的父母和朋友鼓励我	0.705	0.674
	Q10. 我学口译是因为老师鼓励我	0.687	0.542
	Q22. 我学口译是为了不辜负父母、老师和亲友的期望	0.560	0.585
海外发展	Q13. 我学口译是为了能有机会去国外发展	0.701	0.671
外语学习	Q30. 我学口译是为了证明自己的外语水平	0.672	0.598
	Q19. 我学口译是因为我想提高英语水平	0.664	0.671

　　为比较两个年级组是否存在不同之处以及将二年级研究生作为一年级研究生的参照对象，进而对一年级和二年级研究生的问卷调查数据进行了区分以分别进行因子分析。两组的 KMO 值分别为 0.751（一年级组）和 0.713（二年级组），Bartlett 球形检验结果均具有显著意义（p≤0.05），因此都可以进行探索性因子分析。表4、表5 分别展示了两个年级组数据的因子分析结果。

表4　一年级组各因子特征根值、方差和累计方差

因子	标签	特征根值	方差	累计方差
因子1	促进交流	3.094	10.668	10.668
因子2	口译工作的吸引力	3.065	10.568	21.236
因子3	学位和证书	2.647	9.128	30.363
因子4	自我期望	2.424	8.358	38.721
因子5	外部鼓励	2.171	7.488	46.209
因子6	获得接触	2.105	7.257	53.466
因子7	外语吸引	1.792	6.178	59.644
因子8	语言和口译	1.676	5.778	65.422

表5　二年级组各因子特征根值、方差和累计方差

因子	标签	特征根值	方差	累计方差
因子1	职业吸引	3.865	13.328	13.328
因子2	促进交流	3.436	11.849	25.177
因子3	社会名望	2.234	7.702	32.879
因子4	职业发展	1.945	6.706	39.585
因子5	海外发展	1.806	6.227	45.813
因子6	学位和证书	1.579	5.444	51.256
因子7	外部鼓励	1.575	5.433	56.689
因子8	外语学习	1.528	5.268	61.957
因子9	外语和口译	1.439	4.961	66.918

讨　论

　　本调查显示出北京外国语大学高级翻译学院研究生选择学习口译是受到了外部和内部动机的共同驱使：促进交流、职业发展、内在兴趣、社会名望、学位和证书、外部鼓励、海外发展和外语学习。

高一虹等的调查发现，中国大学本科生英语学习动机的类型为内在兴趣、成绩、学习情境、出国、社会责任、个人发展和信息媒介❺。与本调查的结果进行比较可以看出，研究生口译学习者在某些动机方面表现出与本科英语学习者相似的情况：内在兴趣、近期发展（本科生的"成绩"和研究生的"证书和学位"）、海外事业和生活的吸引和个人发展（研究生的个体发展）仍然是学习动机中的内容。这些相似的动机类型表明，本科阶段使用的针对外语学习和个体发展的动机策略在研究生层次的口译教学中仍然适用。例如，应在研究生层次的口译课程设置中仍然包含外国社会与文化内容，继续系统地培养学习者的跨文化意识；鼓励学生设立可实现的短期目标，发展自信心，减少学习焦虑。

进一步分析各学习动机类型发现，研究生层次的口译学习者更多地受到口译职业及其自身职业规划的影响，学习动机的出发点更加长远，而不再仅仅限于本科时期的近期（成绩）和个人发展动机类型。这也支持了发展和教育心理学中对于研究生和本科生职业价值观比较研究的发现❻。此外，可以看到本调查发现的动机多属于工具型性质，提示在设计和采用动机教学策略时，有必要更多地利用学习者的职业发展动机。口译教学的课程设置应与口译职业密切相关，通过使用真实的口译现场材料增加课程内容的吸引力，并通过提供口译实习机会和举行模拟会议等手段让学生更多地开展口译实践，更全面地接触口译职业。

调查发现的研究生口译学习动机可进行进一步的概念归纳和总结。如果选用动机自我决定理论的连续体模式，这些动机可被纳入内在兴趣和外在兴趣两大类。除因子3本身即为"内在兴趣"外，余下的7个因子均属外在兴趣并可进一步分成子类别，外部调节：因子5"学位和证书"；映射调节：因子8"外语学习"；认同调节：因子7"海外发展"、因子4"社会名望"和因子6"外部鼓励"；以

---

❺　参见高一虹第28－38页。

❻　参见 Yu 第37－40页。

及整合调节：因子1"促进交流"和因子2"职业发展"。本调查未发现"无动机"成为主要因子。这可能是因为研究生层次的口译学习者对于口译学习均受到了某些程度的动机类型作用，否则是无法完成口译专业富有挑战性、竞争非常激烈的入学考试。图1展示基于动机自我决定理论连续体模型构建的研究生口译学习动机模型。

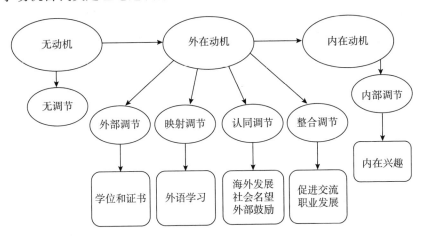

图1　研究生口译学习动机模型

对调查数据进行细分后发现，在研究生一年级和二年级组之间存在不少差异。这表明，有必要针对不同年级组（学习阶段）采取不同的动机策略。研一组受到了口译的吸引，但并不像二年级组那样明确地被口译职业这一动机所驱动（"口译职业的吸引"是二年级组的首要学习动机因子）。一年级组还在父母和老师等周围人的鼓励下（因子5）将口译学习视作探索其潜力的一条途径（因子4和因子6）。但二年级组已经形成了对口译职业比较清晰的认识，更多地为职业和事业发展相关因子所激励。换言之，相比一年级组，二年级组有着更为明确的职业和事业发展动机。因此，对于二年级口译学习者的动机策略应更集中于学习者个体层面，关注和利用其自我认同感和自信心，而不再是学习者的语言和学习情境层面对于学习体验的关注。

两组口译学习动机因子的异同也表明，口译学习动机会随着学习进程而发生变化，这为将动机视为一个连续体有机发展的动机自我决定理论提供了实证证据。两组口译学习者在进行研究生口译学习之前有着相似的外语学习背景，而且多在本科学习完成后直接进入研究生学习（如表 1 所示）。差异之处仅在于受调查时是否已进行了一年的研究生层次口译学习。两组学习者表现出来的动机因子比较稳定，但因子的权重和排序发生了变化。更重要的是，随着学习进程的发展并临近毕业和就业，动机因子更加具有职业和事业发展导向。尽管仅仅 1 年的口译学习并不足以充分证明动机自我决定理论动机连续体的存在，但有力地支持了外在动机向内在动机进行发展的"内化"假设。

　　动机是口译教学中的重要因素。本研究采用了自下而上的方法探索了研究生层次口译学习者的学习动机结构，表明在受调查的中国学生中主要有 8 个类型的口译学习动机：促进交流、职业发展、内在兴趣、社会名望、学位和证书、外部鼓励、海外发展和外语学习。其中大部分动机为工具型和外部动机。动机的职业和事业导向尤为明显，说明研究生层次的口译学习者更加务实。因此，能让学生获得职业体验的动机策略会受到欢迎并产生积极的效果。同时，仍可沿用一些二语学习的动机策略，特别是在研究生一年级口译学习者中。调查数据的分析结果支持了动机自我决定理论的动机连续体模型，并由此建立了口译学习动机模型。

　　由于该研究调查仅在一所学院开展，研究结果未能代表研究生层次的所有口译学习者，具有一定的局限性。此外，跨文化研究表明，社会和文化环境会对学习动机结构产生深远和重大的影响，各地区和各国之间存在很大的学习动机差异。因此，可进一步研究各种学习动机差异，进而采取不同的动机策略。

　　动机是一个复杂的心理学概念，本研究只是一次对于研究生层次口译学习者学习动机的探索性研究。所建议的动机策略因此比较笼统和宏观，也没有得到实践的检验。更深入地分析调查数据并开展教学实验研究将有助于在口译教学中采取有针对性的、合适的动机策略。

参考文献

高一虹，等．大学本科生英语学习动机类型与自我认同变化的关系［J］．国外外语
　　教学，2002（4）．

王永秋．同声传译专业硕士研究生学习动机调查［M］//翻译人才培养的全球视
　　野——国际大学翻译学院联合会 2011 年会论文集．北京：外语教学与研究出
　　版社，2012．

许宏晨．二语动机自我系统研究述评［M］//北京大学外国语学院外国语言学及应
　　用语言学研究所语言学研究（第七辑）．北京：高等教育出版社，2009．

杨涛，李力．动机过程观、自我系统和二语动机策略研究［J］．外语与外语教学，
　　2010（5）．

Bransford J.，A. Brown and R. Cocking, eds. How People Learn：Brain，Mind，Experi-
　　ence，and School. Washington：National Academy，2000．

Dörnyei Z. Motivation in Language Learning. Shanghai：Shanghai Foreign Language Educa-
　　tion Press，2012．

Noels K. A. New Orientations in Language Learning Motivation：Toward a Contextual Model
　　of Intrinsic，Extrinsic，and Integrative Orientations and Motivation. Motivation and Sec-
　　ond Language Acquisition. Honolulu，HI：University of Hawaii Second Language Teach-
　　ing and Curriculum Center，2001. 43 – 68．

Rosiers A. J. Eyckmans and D. Bauwens. A Story of Attitudes and Aptitudes? Investigating
　　Individual Difference Variables within the Context of Interpreting. Interpreting 13. 1
　　（2011）：53 – 69．

Ryan R. M. and E. L. Deci. Self-Determination Theory and the Facilitation of Intrinsic Moti-
　　vation，Social Development，and Well-Being. American Psychologist 55. 1（2000）：
　　68 – 78．

Shaw S. Cognitive and Motivational Contributors to Aptitude：A Study of Spoken and Sign
　　Language Interpreting Students. Interpreting 13. 1（2011）：70 – 84．

Shlesinger M. and Franz Pöchhacker. Aptitude for Interpreting. Interpreting 13. 1（2011）：
　　1 – 4．

Timarová Š. and Heidi Salaets. Learning Styles，Motivation and Cognitive Flexibility in In-
　　terpreter Training：Self-Selection and Aptitude. Interpreting 13. 1（2011）：31 – 52．

Timarová Š. and H. Ungoed-Thomas. Admission Testing for Interpreting Courses. The Inter-
　　preter and Translator Trainer 2. 1（2008）：29 – 46．

Williams M. and Robert L. Burden. Psychology for Language Teachers. Beijing：Foreign Language Teaching and Publishing Press, 2000.

Yu, Z. , H. Teng, H. Dai and Z. Hu. A Research on the Vocational Value of Chinese Postgraduate. Chinese Journal of Applied Psychology 10. 3 (2004)：37 – 40.

北京高校兼职译员现状调查

燕　宁*　叶　静*　孙　浑*

ABSTRACT

There has been increasing research interest in translators, but part-time translators, especially student translators, have drawn scant attention. Based on questionnaire surveys of graduate student translators in Beijing and of Language Service Providers (LSPs) in China, this study intends to find out student translators' work situation. As the research shows, on one hand students' rights to receive remuneration for their translation are not well protected. On the other hand, their translation competence does not yet meet the LSPs' demand. Also, most student translators did not wish to enter the translation industry upon graduation. It is suggested that the MTI programs in China need to focus on developing students' translation competence, that students should raise their awareness of protecting their own rights, and that translation agencies should respect student translators' rights in order to attract talents into translation industry.

KEY WORDS: part-time translator, student translator, MTI program, translation industry

摘　要

当前，有关译者的研究越来越多，但关于兼职译员现状的调查尚不多见，而涉及学生译员的调查几乎没有。本文通过问卷的方式对北京翻译硕士（MTI）学生和各地翻译公司进行了调查，以了解

---

*　北京外国语大学。

学生从事兼职笔译工作的现状及问题。调查发现，一方面，学生译员的劳动报酬权利未得到保障；另一方面，学生的翻译能力无法很好地满足翻译公司的要求。此外，翻译行业对学生的吸引力不高。本文为此建议高校进一步提升学生的翻译能力，学生译员要提高保护自身权益的意识和能力，而翻译公司应保障学生权益以提高行业吸引力。

　　关键词：兼职译员，学生译员，翻译硕士，翻译行业

　　在当今语言服务业中，兼职译员是不可或缺的一部分，且数量正在不断上升。由于国内语言服务业对这一部分重要资源尚有更好的利用空间，对兼职译员现状的清醒评估，无论从语言服务业的角度，还是从翻译培养机构的角度，均显得极为重要。

　　研究兼职译员的状态，首先要了解"兼职"的定义及其在语言服务业所处的地位。目前，各个国家和地区对"兼职"的定义方法有所不同，大体分为按工作时间、工作性质和两者相结合的方法。为了方便国际比较，经济合作与发展组织（OECD）在实地调查的基础上，提出每周工作低于 30 小时的工作为"兼职"工作❶，而兼职译员的数量目前已超过全职译员。2013 年调查显示，欧洲的兼职译员总体上占译员总数的 60%❷，在中国，这一比例则更高。根据中国翻译协会 2012 年的中国语言服务业发展报告，中国兼职译员在全部译员中的比例为 73.7%，而 2014 年中国翻译服务业分析报告表明，高达 61% 的企业将 50% 以上的业务量交由兼职人员完成。但是，尽管如此，兼职译员在语言服务行业中被边缘化的倾向仍很严重，行业内部和学界针对兼职译员的调查也不多。作为兼职翻译群体的一部分，学生兼职译员的生存状况和需求更是没有得到足够的关注，在本项研究中，笔者居然没有发现任何针对学生译员的调查。可见，他们的生存现状及需求，也亟待得到研究者的重视。

　　最近几年，越来越多的研究者开始将目光投向翻译行业，以及

---

❶　参见 Bastelaer。
❷　参见 Pym。

语言服务业的发展。比如，王恩冕根据其 2005 年对北京市口译市场的调查，提出了详细的解决措施。潘珺于 2009 年则针对上海市及江苏省口译职业化发展进行了调查。2012 年，邓春对国内公共机构社区口译服务的调查显示了这一领域的现状及问题。2014 年中国翻译服务业分析报告也对翻译服务业的整体状况及前景进行了深入的分析。

此外，译员群体的生存及工作状况也逐步引起了一些研究者的关注。比如，国际会议口译协会（AIIC）研究委员会对其译员的"工作负荷"进行了调查（杜争鸣，2005）。2007 年中国地区译员生存状况调查报告对全国译员的基本情况、工作强度、身体状况、心理状况、收入、业余生活、培训状况等方面进行了认真的研究。不过，就整体而言，直至今日，很少有研究专门针对笔译员，关于兼职笔译员的调查更为稀少。

至于译员应有的权利问题，李克兴于 2012 年从法律角度，专门对比了"英文法律条文、合同条款中出现频率极高的与'权利/力'有关的各种表述方式"❸。张雪和覃欣岚借鉴"罗宾逊的翻译躯体学理论探讨后现代语境下译员的权利与义务，并通过探索译员权利与义务的协调方式，力求达到三大主体在翻译过程中的平衡"❹。但是，对译员权利的调查为数甚少，而关于学生译员权利保障的调查几乎处于完全缺失状态。

有关行业对从业者的需求，也是我们了解兼职译员的重要内容。Richterich 将需求分析定义为"收集语言学习个体或群体的信息及其未来使用语言情况的过程"。胡斯钦森（Huthchinson）则将需求分为学习需求（learning needs）与目标需求（target needs）。前者指学习者的主观要求，后者指学习者为了满足完成未来的工作所需的知识与能力。李德凤通过调查香港职业译员的需求和香港翻译专业学生的需求，对香港翻译专业本科课程设置提出了建议。王传英在 2012 年也对全国 65 家语言服务企业进行了调查，将其归纳为语言服务人才需求和专职翻译的语言服务能力要求，并对语言服务人才培养提

---

❸　参见李克兴第 98 页。

❹　参见覃欣岚第 181 页。

出了很好的建议。陈科芳于 2013 年调查了杭州市 10 家小型翻译公司（专职笔译人员 10 人左右，兼职译员 20 ~ 30 人）对笔译员素养的要求。然而，这类调查大多没有区分全职与兼职，有些则是面向整个语言服务行业。据笔者的研究，大多数翻译硕士学生并未将专职翻译纳入未来职业规划，若按照专职翻译人才需求制定培养计划未必能满足这部分学生的需求。因此，笔者对全国翻译公司进行了问卷调查，了解其与学生笔译员的合作现状、对学生译员的评价及其对兼职译员的要求，以期为翻译专业的课程设置及专业建设提供借鉴。

以下为调查问卷的基本情况：本次问卷调查的对象包括两类，即北京市高校中的 MTI 学生译员和各地的翻译公司。针对前者，在问卷设计上，笔者着重强调了 MTI 学生译员现状、报酬和权益保障等内容；针对翻译公司的问卷则包括翻译公司与学生译员的合作现状、翻译公司对学生译员的评价及对兼职译员的要求。本次调查共收到来自学生译员的 115 份问卷，有效问卷 106 份；收到来自翻译公司的 32 份问卷，有效问卷 30 份，有效回收率分别为 92% 和 93%。下面对两份问卷的统计结果进行分析。

1. 学生译员的基本现状

学生译员的工作量较小，且波动性大。近几个月来每周翻译 1000 字以下和 1000 ~ 3000 字的学生均为 39%，不到 1/5 的受访者表示每周翻译 3000 字以上。也就是说，大部分学生平均每天的翻译量为 140 ~ 400 字。超过一半的受访者表示每周花在笔译工作上的时间不超过 10 小时，40% 的受访者不超过 5 小时，而 26.42% 的受访者表示"波动较大，有时活多，有时没活"。学生的课业要求决定了其无法达到专职译员或自由译员的工作量，而缺乏固定的客户，则导致很多学生译员的工作量波动较大。

英译中是学生译员的主要翻译方向，中译英相对较少。50% 的学生表示其主要翻译方向为英译中，选择"两种方向一样多"的学生比例次之，为 27%，主要翻译方向是中译英的学生比例为 21%。而根据《中国翻译服务业分析报告 2014》的调查结果，翻译服务企业的中译外业务量总体高于外译中。翻译题材方面，大部分学生译员（约占82%）的翻译题材为非文学翻译。

学生译员对计算机辅助翻译软件的使用率不高。40.57%的学生译员表示从未使用过翻译软件，只有5%的受访者表示每次都会使用翻译软件。而根据 Common Sense Advisory 的调查❺，经常使用计算机辅助翻译软件的自由译员占 66.5%，比例远高于学生兼职译员。而在各类软件中，学生最常使用的是 SDL Trados（60.32%），其次是 MemoQ（28.57%）、Memsource（17.46%）、Déjà Vu（9.52%）和 Wordfast（4.76%）。

翻译软件使用率不高的原因主要是学生翻译技术的欠缺和软件价格过高。被问及为什么不使用辅助翻译软件时，58%的学生表示"不会使用"，1/3 的学生是因为"正版软件价格太高"。由此可见，MTI 在计算机辅助翻译方面的教学需要加强，翻译公司也应尽力为学生提供翻译软件。

取得劳动报酬的权利是公民的一项重要劳动权利。本调查显示，劳动报酬权利无法得到保障是学生译员面临的首要难题。

根据调查，翻译硕士学生译员的平均薪酬、薪酬期待及能接受的最低薪酬如下表所示。

学生译员的平均薪酬、薪酬期待及能接受的最低薪酬（平均数）

单位：元/千字中文

	中译英	英译中
平均薪酬	110.15	101.07
期待薪酬	208.27	191.68

学生译员的实际薪酬普遍较低，学生的薪酬满意度低。在薪酬满意度上，选择"一般"和"不太满意"的译员均占38%，"非常不满意"的占 11.32%，仅有 0.94%的受访者对薪酬"非常满意"。需要指出的是，本次调查针对的是研究生，本科生的平均翻译薪酬水平可能更低。翻译薪酬对学生的翻译质量影响较大。76.42%的受

---

❺　参见 Kelly。

访者认为价格较低会影响翻译质量，89.62% 的受访者认为提高翻译价格会改善翻译质量。稿酬支付方面，虽然大多数学生译员都得到了应有的报酬（约占 64%），但只有约 37% 的学生表示客户从未拖欠过稿酬，超过 20% 的学生表示遭遇稿酬拖欠的频率大于 30%。大部分学生译员都曾遭遇稿酬拖欠，很多人需经过漫长的等待或者不断地讨要才能得到报酬，甚至有 35% 的学生遇到过不支付稿酬的情况。

由此可见，学生译员获得劳动报酬的权利并未得到保障。究其原因，第一，学生译员的客户群不固定，60% 的受访者表示没有固定客户。第二，学生的维权意识不强。将近 60% 的学生从未与客户签订合同，约 30% 的学生偶尔与客户签合同，只有约 10% 的学生译员经常与客户签订合同。当客户拖欠或不支付稿酬时，只有 7% 的学生译员会选择进行投诉。相比之下，Kelly 对社会自由译员进行的调查显示，当客户拖欠稿酬时，约 9% 的自由译员会寻求法律手段维权，约 29% 的译员会在译员论坛上发帖曝光拖欠事件。

学生译员普遍认为译员在行业内的地位不高。只有 11.32% 的受访者认为译员在整个翻译链上"比较受重视"，认为"非常受重视"的比例为零。接近一半（49.06%）的受访者选择"一般受重视"，37.74% 认为"基本不受重视"。在这种情况下，翻译行业对大学生的吸引力肯定不足。比如，44% 的受访者表示求职时与其他行业相比，译员在行业中"地位一般"，42% 的受访者表示译员地位"偏低"，只有不到 5% 的受访者认为译员地位"偏高"，认为译员地位"很高"的比例为零。另外，只有 16.04% 的受访者表示愿意从事专职翻译，49% 的受访者坚决不从事专职翻译。翻译行业对学生的吸引力不足，这可能会阻碍翻译行业吸引高水平人才，对翻译行业的长远发展不利。

2. 翻译公司对待学生译员的现状

学习需求指学生的学习期待、学习动机、学习条件等，是学生主观上的需求；目标需求则是学生为了应对将来工作的要求而必须在学习过程中获得的知识与能力，目标需求直接对应社会需求，即

社会和用人单位对学生能力的需求❻。在翻译硕士（MTI）专业培养
中，学生的主观需求可以通过教师与学生的交流等方式获得，相对
较容易；而社会对翻译人才的需求，则因学校与产业的相对分离，
较难被老师与学生所了解。因此笔者对翻译公司与学生合作的现状、
对学生的评价及对兼职译员的翻译能力要求进行了调查，从社会需
求的角度进行需求分析，以期为翻译硕士专业的发展提供借鉴。

　　大部分翻译公司都会雇用学生译员，但学生译员不占主体地位。
30 家受访公司中，20 家表示其学生译员占兼职译员总数的 0～30%。
学生译员占 30%～50% 的翻译公司有 3 家，占 50%～80% 的只有 1
家，还有 3 家公司表示没有学生译员。翻译公司选择的学生译员多
具有高学历。46% 的翻译公司雇用的学生译员中"硕/博研究生偏
多"，而"本科生和研究生比例差不多"的公司占 38%，仅有 16%
的公司表示本科生偏多。

　　另外，对学生译员的获取渠道呈现多样化。最常见的方式是
"网站招聘（75%）"，排在其后的分别是"联系高校学生（46%）"，
"找合作过的优秀译员（42%）"和"联系高校老师（38%）"。另外
两家翻译公司表示还会通过"员工推荐"的方式寻找译员。若委托
学生译员翻译，翻译公司对客户的报价较低。63% 的翻译公司表示
找学生译员翻译时，对客户的报价低于找社会兼职/自由译员时的报
价，其中，38% 选择"略低"，25% 选择"明显较低"，选择"持
平"的占 30%。

　　就整体而言，翻译公司对学生译员的整体评价不高。70% 的翻
译公司认为学生译员的表现比社会兼职或自由译员差，其中 30% 认
为学生译员的表现"明显较差"，只有 13% 的公司认为学生表现略
好。选择专职翻译以外的译员时，80% 的翻译公司倾向于选择社会
兼职或自由译员，有些翻译公司表示，只有在"没有合适的社会译
员"时才会选择学生译员，而且"一般都会选择水平较高，或有翻
译证书的译员"。从不与学生译员合作的翻译公司表示，学生的"翻
译质量不高""稿件内容很专业，学生经验有限，很难达到要求"。

---

❻　参见杨金蕊。

由此可见，学生译员的表现并未得到大部分翻译公司的认可。在这种情况下，一些翻译公司依然选择雇用学生译员，其主要原因是选择他们成本低。42%的翻译公司与学生译员合作的原因是"价格较低"，30%的公司表示原因是"性价比高"。46%的翻译公司认为学生译员的报价"非常低"。而根据笔者对学生的调查，学生在翻译定价中的决定权很小。接近一半的受访者认为其在翻译定价中的决定权"很小"，24%的受访者表示其决定权为零，只有不到 15%的学生会与客户进行价格谈判。

笔者对翻译公司挑选学生译员时看重的因素进行了调查，结果显示，翻译质量是翻译公司看重的首要因素，其次是语言能力，然后依次是价格、翻译技术和以往合作关系。笔者进一步从这几个方面用李克特量表调查了翻译公司对学生译员的评价。结果显示，翻译公司除了对学生译员按时交稿这一点较满意外，其余方面评价均不高。1/3 的公司认为学生译员语言能力一般，半数公司认为学生译员语言能力差。就翻译质量而言，30%的公司认为质量一般，半数公司认为质量差。对学生翻译技术水平的评价就更低，除了两家公司认为学生翻译技术较好外，其余公司均对学生的翻译技术水平表示不满，30%的公司认为学生译员翻译技术特别差。可见大部分翻译公司认为学生译员不具备其要求的翻译能力，尤其是翻译技术方面表现较差。

通过对学生译员和翻译公司的调查，笔者对学生进行笔译兼职的现状及问题归结如下。第一，大部分翻译公司会与学生合作，主要原因是成本低。第二，学生译员的收入权利无法得到保障，翻译报酬低，薪酬拖欠严重。翻译行业对学生的吸引力低，不利于翻译行业对优秀人才的引进。第三，翻译公司对兼职译员的翻译能力要求主要有翻译质量、语言能力和翻译技术水平等，学生未达到翻译公司的要求，尤其表现在翻译技术方面的欠缺。

本调查表明，一方面，学生在进行笔译兼职时其获得报酬的权利很难得到保障；另一方面，学生在翻译公司要求的各种翻译能力上表现欠佳，主要依靠低价获得翻译兼职机会。因此，学生既要提高保护自身劳动权利的意识和能力，又要提高自己的翻译能力。翻译硕士专业要全面培养学生的语言和翻译能力，着重提高学生的翻译技术，使学生能更好地适应未来职业的要求。翻译公司要增强对学生权益的保障，提高翻译行业吸引力，促进行业的健康发展。

由于各种原因，本调查只针对北京市的翻译硕士学生，且样本数量有限。未来应扩大调查规模，对兼职译员进行更全面、详尽的调查，使调查结果更具代表性，以此促进翻译行业的发展和翻译市场的完善。

参考文献

陈科芳，刘雨乐. 杭州小型翻译公司笔译译员素养调查与分析［J］. 浙江外国语学院学报，2013（5）.

邓春，文军. 我国社区口译的现状调查及其启示［J］. 外国语文，2012（5）.

杜争鸣，孟祥春. Workload Studies：一项以人为本的口译工作调研——国际会议口译协会（AIIC）译员"工作负荷研究"评述［J］. 中国翻译，2005（5）.

李克兴. 论法律文本中"权利"和"权力"的表述和翻译［J］. 中国翻译，2012（4）.

潘珺，孙志祥，王红华. 口译的职业化与职业化发展——上海及江苏地区口译现状调查研究［J］. 解放军外国语学报，2009（6）.

王传英. 2011 年企业语言服务人才需求分析及启示［J］. 中国翻译，2012（1）.

王恩冕. "口译在中国"调查报告［J］. 中国翻译，2005（2）.

王金蕊，丁晶. 基于需求分析的翻译专业本科课程设置调查研究——以山东省一高校为例［J］. 山东外语教学，2013（5）.

张雪，贾欣岚. 后现代主体观下的译者的权利及义务——兼评罗宾逊的翻译躯体学［J］. 海外英语，2010（7）.

中国翻译协会. 中国语言服务业发展报告［R］. 北京：中国翻译协会，2012.

中国翻译协会. 中国语言服务业发展报告［R］. 北京：中国翻译协会，2014.

中科院科技翻译协会. 中国地区译员生存状况调查报告［R］. 北京：中科院科技翻译协会，2007.

Huthchinson, Tom, and Alan Waters. Case Studies in Identifying Language Needs. Oxford：Pergamon Press, 1983.

Li，Defeng. Tailoring Translation Programs to Social Needs：A Survey of Professional Translators. Target 2000（12）：127 – 49.

Translator Training: What Translation Students Have to Say. Meta: Translators' Journal 47 (2002): 513 – 31.

Venuti, Lawrence. The Translators' Invisibility: A History of Translation. Translation Studies. London/New York: Routledge,2004.

MTI 语言服务管理方向的探索与思考

张月强[*]

ABSTRACT

The MTI Education Center of Peking University offered a brand-new course entitled "Management of Human Resources" in the fall semester of 2014. Such an experiment in the exploratory curriculum of the so-called Master of Languages Administration (MLA) led to a need of a graduation thesis, aiming at an evaluation of the MLA graduate students. The MLA graduates of 2015 were allowed to write a project report as their graduation thesis to fulfill partially the requirement of their Master's Degree program. Dual-supervisor system was also introduced in which one supervisor was from Peking University while the other from the LSP industry. The introduction of a fundamental management course as well as the project report writing has given the MTI program an opportunity of further exploration in its curriculum. This paper, with a careful and detailed analysis, summarizes the attempt in the course setup as well as the reform in the graduation thesis writing of the MTI program.

KEY WORDS: MLA, management course, project report

摘 要

2014～2015 学年第一学期，北京大学 MTI 教育中心尝试在 2014 级 MTI 专业语言服务管理方向开设基础管理课程《人力资源管理》，对语言服务管理专业课程设置进行了一些实践性的尝试和探索，并

---

[*] SAP 公司中国区人才管理解决方案总监。

在第二学期选择 2013 级 MTI 专业研究生以项目研究报告的形式进行毕业论文试点，引入校外指导老师和校内指导老师双导师制，以探索语言服务管理方向的考核评价新思路。基础管理课程及项目研究报告的创新实践，对于 MTI 语言服务管理方向的课程设置和毕业评价提供了有益的探索和思考。本文将对基础管理课程设置创新和项目研究报告创新的探索实践进行总结和思考。

关键词：语言服务管理，管理课程，项目研究报告

语言服务管理是北京大学 MTI 教育中心重点培育与发展的专业方向，旨在培养具有国际视野和语言服务行业经验，同时具备双语转换能力和语言技术应用能力的复合型行业管理人才。同学术型硕士培养相对聚焦某一领域的专业研究人才的培养目标不同，翻译专业硕士，特别是语言服务管理方向的专业硕士，更注重其实践性和应用复合性。因此，从学科交叉与融合的角度出发，这一专业方向需要在原有翻译专业课程设置的基础上，适当加强对研究生基础管理知识的培养，进而实现培养出拥有语言技术应用能力和行业管理能力复合型人才的预定目标。

就中国经济发展状况而言，社会需要具备管理才能和某一专业系统知识的复合型人才。中国经济经过三十年的高速发展，越来越多的企业已走向全球化和国际化，中国企业在此一过程中，也逐渐开始或已实现从资源型发展到内涵式发展的转变，因此，对综合性人才的需求，对具备专业知识的高级管理人才的需求，尤其是对全球化和国际化相关背景或知识基础的管理人才的需求甚为迫切和旺盛。因此，从 MTI 语言服务管理方向学生的就业角度看，强调管理能力和专业知识的复合型人才培养成为必然选择。

在移动互联网时代，团队协作已成为企业管理的核心内容之一。任何一个人都需要从"自我管理"到"团队管理"再到"战略业务管理"的升华，因此，从职业化素养角度更前瞻性地思考语言服务管理的培养目标，把走出校门后的职业化成长前置到学历教育阶段，为未来的职场精英打开一扇管理的窗户，为其奠定管理的视野，当有利于拓宽应用型研究生的职业通道。

　　从理论与实践相结合的角度看，语言服务管理方向需要大量的项目实践作基础，因此，项目实践过程中的团队组建、人员激励、项目管理等工作不能单纯依靠"碰壁"式的顿悟来解决，相反，研究生需要理论和实践方面的引导，以帮助并不具备丰富工作经验的学生们逐步过渡到职业人士，实现角色的转变，以推动未来在项目实践管理方面的成功。

　　综合来看，在语言服务管理方向中设置相关的基础管理课程完全有必要，由于 MTI 专业硕士的培养周期仅有两年，在管理课程的导入方面，更凸显出了一定的紧迫性。

　　当然，基础管理课程所涵盖的内容异常丰富和宽泛，可供选择的领域非常多，包括财务管理、营销管理、人力资源管理、项目管理等。而语言服务管理方向的学生大多为英语专业人才，其中只有不超过 10% 的学生有过相关工作经验，因此，他们的管理基础知识相对薄弱。基于以上考虑，北京大学 MTI 教育中心选择了与个人成长、团队管理等紧密相关的《人力资源管理》课程作为课程设置的突破口，并创新性地提出由具备管理和实践经验的资深企业管理人士担任讲师，这一做法主要基于以下几点想法：

　　首先，所选管理课程不能过于理论化或学术化而脱离语言服务行业。理论化或学术化的管理课程，易使研究生陷入具体的理论深井，对并不以企业管理为就业目标的语言服务管理专业学生来说，过于理论化的课程有接受难度，因此，涉及人员管理的《人力资源管理》课程可以有效地规避过于理论化的风险，易于与项目实践中的团队合作、沟通管理、人员评价和激励等相结合，这一安排，既可增强学生对团队的系统理解，又可拓展其专业知识基础上的系统思考能力。

　　其次，管理课程不能完全实践化而干扰了正常的课程体系。MTI 语言服务管理方向的研究生不同于普通意义上的职业教育或在职学历教育，不能为了引入管理的课程而扰乱其正常的课程体系，因此，不适合引入类似于宏观经济、市场营销、财务管理等实践性特征更强的管理课程，而具备理论性学术研究和实践性特征的人力资源管理课程则比较合适，因为它既便于学生接受又贴合项目实践的实际需要。

最后，管理是实践的科学，因此，选择企业管理人士担任课程讲师，能够从实践角度和项目管理角度为学生展示真实的管理场景，更容易将经营管理中发生的生动案例带入课堂，通过细致系统地解剖和分析来自实践的真实案例，使研究生迅速建立起感性认知。

在设定课程目标时，我们强调了帮助学生理解企业人力资源管理、完善管理思维和意识，专业、高效、规范的服务团队和组织等重要内容，通过帮助研究生区分"管理者"和"管理参与者"两种不同的角色，从职场新人、明星员工、新任经理、"空降兵"等不同的阶段展开管理者需要实现的自我管理、团队管理、人员管理和战略业务管理等不同阶段的人力资源管理知识和技能培养，使其尽快熟悉企业人力资源管理的真实情况。

在思考和设置人力资源管理课程大纲时，我们充分借鉴了《非人力资源经理的人力资源管理》等成熟课程，在充分考虑 MTI 语言服务管理的特色及培养目标的基础上，确定了《人力资源管理》课程大纲及其所涵盖的一下重要内容：

首先是职业化素养部分。这一部分主要讲授如何实现从一名新人到职场人士的角色转换，即自我管理，包括个人职业化素养（例如日常工作处理、劳动法规、社保制度、时间管理等）、专业化生存（向上管理/管理上司、团队合作、沟通技巧、演讲与表达技能等）、职业化发展（工作选择与职业生涯规划等）等内容。其次是团队管理技能部分。本部分主要讲授团队管理者的管理知识和技能、新任经理的角色转变、管理者的团队管理技能等，包括团队组建（招聘选拔、性格测试与评测、工作分工等）、员工辅导（目标管理、培养与发展等）、人员激励（团队精神和文化建设、沟通协作、员工辅导、人员激励等）。再次是专业管理意识和管理视野拓展部分。在处理这部分内容时，我们主要强调跟团队相关的人力资源管理的拓展领域，例如管理者的压力和情绪管理、风险管理等。同时，在领导力发展、互联网与社交时代管理变革应对、目标与战略管理等方面强化学生管理视野的拓展。结合实践应用的要求，该部分课程选择了"走进企业实践"——企业高层管理者实践分析和案例剖析的形式进行课堂教学（在 2014～2015 学年第一学期选择跟语言服务紧密相关的新东方教育集团人力资源总监进行了管理培训生选拔和培养方案的实践分享）。

在开设《人力资源管理》课程的基础上，我们结合语言服务管理学生专业知识结构的特征，确定了课程评估方法，其中包括阶段考核、期末论文和情景模拟（二选一：对专业文章的翻译、模拟团队实战思考）。同时，北京大学 MTI 教育中心进行了项目研究报告的创新探索，即选择部分学生进行试点，基于语言服务管理专业方向研究生的 20 周相关企事业单位实习经验，基于对某一与语言服务行业管理相关问题的研究与思考，在学校和企业双导师的指导下撰写出来的案例型或研究型专题文章。

在课程评估方面，我们将其分两阶段完成：（1）阶段考核：主要考察学生对管理视野的理解和看法，以"互联网对我们的生活的改变以及未来学习和工作方式的变革"为主题展开思考并完成短文撰写。（2）期末论文和情景模拟：主要考察学生对人力资源管理的理解和团队管理的思路。在期末翻译论文和情景模拟中二选一：

I）文章翻译：利用语言优势和所学的人力资源管理工具，结合全球和中国人力资源管理的发展，阐述人力资源管理在组织中的作用与创新发展分析。（主要考察学生对新观点的捕捉能力和翻译专业功底）

II）情景模拟：依据下述背景介绍，结合本课程关于领导力、团队管理等知识，请梳理出你的行动策略和工作计划。

上班第一个月，你便获得了领导的信任，被任命为 APEC 峰会会务专业资料的翻译工作小组长。由于时间紧迫，该项目要求在 2 个月之内必须高质量完成，以便 APEC 领导人非正式会晤的时候能够发布公告。公司加派了 5 个成员参与该项目，并明确宣布该项目由你全权负责。其中有一位为单位服务多年的资深专家 A（男性），一位最近刚生育后返工的经验丰富的专家 B（女性），一位家境殷实、工作纯属个人爱好的同事 C（男性），一位跟你同期毕业工作的 D（女性）。

面对不信任你的 A，需要分散精力照顾家庭的 B，心思不在工作的 B 和 C，缺乏经验的 D，你该如何更好的开展工作，确保任务顺利完成？

综上所述，在期末考试中，我们欣喜地发现超过三分之一的学生选择了更有挑战的题目二，结合自己的项目实践体会，充分利用《人力资源管理》课程讲授的团队沟通方法、领导力方法、管理学方法等，详细阐述了团队分工协作计划、行动计划、情境模拟等深刻的思考，同时用详细的图表等形式呈现出来，成熟和清晰的思考凸显了《人力资源管理》基础管理课程对其管理视野的提升。

在项目研究报告方面，2013 级 MTI 语言服务管理方向研究生的第四学期，MTI 教育中心选择部分学生进行项目研究报告撰写的试点，鼓励研究生针对某一语言服务实践项目，结合过去两年所学专业知识和基础管理知识，在学校校内指导老师和企业校外指导老师的共同指导下撰写相关的案例型分析文章，或者针对项目管理过程中某一具体问题的研究型专题文章。共有 4 位学生分别撰写了《翻译项目中的沟通管理分析——以 E 项目为例》《高校翻译专业项目团队激励机制浅析》《翻译写作中的译文一致性》《校企合作中实习生管理的双赢模式——以 MTI 专业与出版社的合作为例》等项目研究报告。

在借鉴学术硕士的毕业论文撰写规范基础上，语言服务管理的项目研究报告强调首先立足于语言服务管理相关的项目实践，从专业的项目实践出发，针对在项目实践过程中遇到的问题，以及实践探索的解决方案等进行系统的梳理、复盘分析，建立整体的项目研究报告框架；其次引入校外指导老师的参与，以实际运行的工作经验作为参考，从管理视角和案例剖析角度进行指导和引导，尤其突出从团队管理和项目管理的思考和探索，并且帮助学生在核心问题的观点上提炼得更鲜明，在核心问题的解决方法上更聚焦和具体化，尽可能规避大而全的观点或空泛的解决方法。

在以上探索过程中，学生都能够以自己亲身经历的项目实践为蓝本进行项目研究报告的撰写，能够提炼出有一定借鉴意义的项目管理和团队管理观点，具备一定的前瞻性和研究意义。当然，作为首次创新，受限于项目参与深度、项目的市场化程度等因素，以及学生的知识结构限制，不可避免存在很多需要改进的地方。

在上述基础管理课程教学和项目研究报告指导过程中，我们有一些值得深入思考和探讨的体会。

在基础管理课程的设置方面，能否在内容上更加创新，适当强化旨在培养学生的职业化素养、拓展学生管理视野的内容，既包括项目管理、沟通管理、时间管理、向上管理等个人管理内容，又包括团队建设、团队激励、领导力发展、目标管理等团队管理内容，在专业视角的基础之上，完善管理视角以更好地推动项目实践和个人成长，进而拓展知识结构，培养复合型的管理人才。

同时在形式上，能否适当增强包括语言服务行业的企业一线经营管理人员，尤其是管理经验丰富的人员的参与，无论是走进企业实践，还是将企业实践引入课堂等形式。

在项目实践方面，能否突破翻译项目而扩展到语言服务行业的相关管理实践工作，例如可以在一些创新性和快速发展的行业，承担跟语言服务有一定关联的项目实践或实习。即能否跳出专业的深井，利用语言优势，适当跳出行业限制。另外，校内实践项目如何创新机制，从而更好地激励学生深度参与，以便更有实践的体会，更主动地思考和探索。

在项目研究报告方面，能否更全面地借鉴学术硕士的规范，包括强化题目的选择和论证（开题），适当增加专业深度（更深刻地提出问题，更鲜明地提出解决问题的探索路径等），以学术论文的规范严格要求（架构、逻辑、内容格式、排版等）。在答辩环节，能否引入更多的学生参与、观摩，并且采用预答辩等环节，强化项目研究报告的质量。

校外导师能带来不同的管理视角和实践视角，尤其是在管理课程的教学以及项目研究报告的案例分析方面。但校外指导老师一方面面临着优秀人才时间无法保证的困惑，另一方面也面临着跟高校既有的学术体系结构方法不一致的难题。因此，校外导师的遴选需要慎重，校外导师的课程和实践更需要贴合学生实际以及培养目标。

总之，北京大学 MTI 教育中心语言服务管理方向勇于创新，勇于尝试，在基础管理课程的引入和项目实践报告的试点方面，为 MTI 教育和语言服务管理专业的培养做了极其有益的探索，对相关专业的教学、科研和发展均提供了借鉴。

教学篇

教育信息化时代的翻译教学

范　敏[*]

ABSTRACT

This paper first gives an introduction to the function and influence of the information technology towards translation teaching, and then gives an analysis of the educational concept, curriculum construction and teaching techniques during the process of translation teaching in the age of educational informationalization. It is hoped that it will achieve a new translation teaching pathway so as to meet the needs of the development of our times. This author points out that in order to meet the needs of social competition and markets, the translation teaching needs to innovate educational concepts, to combine quality education and applied skills education so as to improve the students' innovative spirits and capability, and to meet the requirements of high quality and compound type of translation talents by society.

KEY WORDS: educational informationalization, education concept, curriculum, teaching technique

摘　要

本文旨在讨论教育信息化时代翻译专业教学过程的培养理念、课程建设与教学手段，以寻求符合时代发展的新型翻译教学思路。作者指出，为了适应社会竞争与市场需求，高校翻译专业教学需不断创新翻译人才培养理念，优化翻译课程群与教学手段，把素质教

---

* 曲阜师范大学。

育和实用技能教育结合起来，培养学生的创新精神和创新能力，以满足社会对高素质复合翻译人才的需求。

关键词：素质与实用技能教育，教学培养理念，课程建设，教学手段

在教育信息化时代，现代信息技术逐渐融入翻译课堂教学，这必然带来翻译教学的系列改革，为了适应社会竞争以及社会赋予的培养实用型、创新型、复合型的高素质翻译人才的重要任务，高校翻译教学必须做到与时俱进，把素质教育和实用技能教育结合起来，运用现代化教育手段，改革传统的翻译人才培养思路，培养具有较强的跨文化交际能力、专业能力、创新能力与社会适应能力，能从事多领域翻译工作，并能熟练使用计算机技术的应用型高端翻译人才，以满足社会对高素质复合应用型翻译人才的需求。

2010 年，高等学校外语专业教学指导委员会制定的《高等学校英语专业英语教学大纲》也指出，21 世纪高校英语专业人才的培养目标是，"具有扎实的英语语言基础和广博的文化知识并能熟练地运用英语在外事、教育、经贸、文化、科技、军事等部门从事翻译、教学、管理、研究等工作的复合型英语人才……这些人才应具有扎实的基本功、宽广的知识面、一定的相关专业知识、较强的能力和较高的素质。也就是要在打好扎实的英语语言基本功和牢固掌握英语专业知识的前提下，拓宽人文学科知识和科技知识，掌握与毕业后所从事的工作有关的专业基础知识，注重培养获取知识的能力、独立思考的能力和创新的能力，提高思想道德素质、文化素质和心理素质。"同时，该大纲还指出"科学技术的迅猛发展和信息时代的到来，为教育手段的现代化提供了条件和保障，也为英语教学提供了丰富的资源。教学手段的现代化关系到人才培养的质量。要积极采用现代的、多元的和全方位的教学模式，在充分利用原有电教设备的基础上，积极探索和开发计算机辅助教学。有条件的要逐步建设计算机网络系统、光盘资料中心以及多媒体自修中心，为更新教学内容、提高教学效率、培养学生有效的学习方法创造条件。同时也为学生提供一个更加灵活、方便、实用和广阔的学习和实践的

空间。"

因此，为适应教育信息技术时代和新大纲对翻译专业人才培养的要求，提高学生的专业能力与职业能力，高校翻译专业教学改革必须注重培养理念、翻译课程建设与翻译教学手段改革三项内容。

首先，在教育信息化时代，我们应该注意翻译专业人才培养理念的更新，应认识到翻译技术在翻译工作中的重要性与应用，如电子语料捕捉、术语管理体系、翻译记忆体系在计算机辅助翻译中的应用❶。Sager、Chan Sin-wai 与 Shih Chung-ling 等学者都在其研究中陆续强调了计算机技术在翻译教学中的重要作用❷❸❹。Quah 在其著作《翻译与技术》（*Translation and Technology*）中，也探讨了译者培训与翻译技术的重要关系❺（见图1）。

其他国内学者如仲伟合也曾指出，MTI 教育应该紧密联系翻译产业❻。根据柴明颎的说法，项目管理等职业能力对于译员提高翻译能力至关重要❼。张霄军结合英国高校的翻译技术教学指出，国内翻译专业硕士课程设置应增设计算机辅助翻译课程，增加翻译项目培训，加强语料库的学习等❽。根据经济全球化与信息技术发展发展的现实，王华树、崔启亮等学者也分别强调了木地化课程在翻译教学设置的重要❾。随着信息技术的推进，徐彬指出，不仅翻译专业的硕士研究生，学术型翻译方向的研究生也要掌握计算机辅助翻译技术，教师也应该在翻译技术的教学中，注重培养自己的项目管理能力❿。

---

❶　参见 Bowker。

❷　参见 Sager 第 121 – 128 页。

❸　参见 Chan。

❹　参见 Shih。

❺　参见 Quah。

❻　参见 仲伟合第 4 – 12 页。

❼　参见 柴明颎第 54 – 56 页。

❽　参见 张霄军第 76 – 79 页。

❾　参见 王华树第 51 – 62 页，崔启亮第 29 – 34 页。

❿　参见 徐斌第 107 – 111 页。

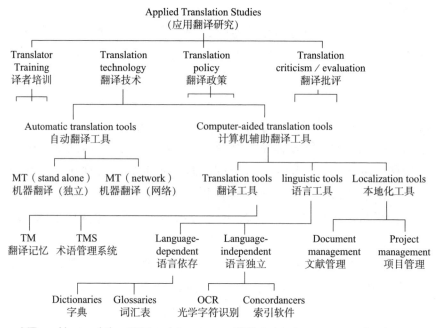

MT=machine translation; TM=translation memory; TMS=terminology management system
OCR=optical character recognition

图 1 应用翻译研究❶（Quah 2008：42）

　　由此可见，教育信息化时代的翻译教学已经从传统的语言文学的教学思路转向以注重职业导向、强调翻译技术、重视实用型翻译人才的培养理念。因此，学校应尝试提供多样化网络学习环境与多种课外实习活动，鼓励开发新的教学资源，重视信息技术在更新教学内容、培养学习自觉性、提高学生创新能力的重要作用。鼓励学生到翻译公司实习，为学生创造更多学习、交流和参与社会实践活动的机会，让学生在实习中体验信息技术的重要性。此外，通过定期的学术讲座与暑期专题培训等多种形式，极大满足翻译专业学生对知识的需求。学生则应充分利用多媒体网络学习平台、远程教育学习与社会实习机会，发挥能动性、创造性与合作精神，丰富学习经历、提升整体翻译素养。

　　另外，在翻译教育改革中，专业课程建设是重要一环。翻译专

---

　　❶ 参见 Quah 第 42 页。

业的课程建设应体现课程优化体系规则，确立信息技术课程在课程体系中的主导地位。同时，按照课程、学科、专业发展的内在规律，加强该课程与其他相关课程间的横向联系与纵向传承，最大限度地发挥信息技术翻译课程作为翻译专业教育的平台功能。此外，通过文化素养课程（如《儒学文化》《经典文化赏析》等课程），提高学生的道德素质。总之，翻译专业课程建设应遵循系统化、专业化、多元化原则，使教学培养理念、课程内容、教学资源在教学系统中更好地得到优化，从而达到整体提升翻译教学质量的功效。

现在以计算机辅助翻译硕士课程为例，2002 年香港中文大学翻译系首次设立了计算机辅助翻译研究生专业。之后，台湾辅仁大学与台湾国立师范大学也相继设立了计算机辅助翻译硕士专业，开设了相关专业课程。这一趋势也波及了许多欧洲国家，如英国的史云斯大学（University of Wales，Swansea）、伦敦大学学院（University College London）、赫瑞瓦特大学（Heriot-Watt University）、萨里大学（University of Surrey）、利兹大学（University of Leeds）和利默里克大学（University of Limerick）、美国的肯特州立大学（Kent State University）、蒙特雷国际研究学院（Monterey Institute of International Studies）、加拿大的渥太华大学（University of Ottawa）等都在课程建设方面有所建树。对此，钱多秀等学者与 2009 年对计算机辅助翻译课程设置作了系统的梳理，并指出，计算机辅助翻译主要包括以下内容：机器翻译和计算机辅助翻译史、计算机辅助翻译的原理、广义与狭义的翻译工具、语料库与计算机辅助翻译、术语与术语库、对齐与翻译记忆、主流计算机辅助翻译工具、计算机辅助翻译与全球化和本地化等内容，同时要求修课研究生学会使用主流的语料库分析工具和计算机辅助翻译工具[12]。此外，王华树在 2013 年整理和分析十所国外和中国香港地区高校的翻译技术课程，并在此基础上建议将 MTI 的技术课程分为十个子课程：计算机基础、现代信息检索、现代语言技术与实践、术语管理、机器翻译原理与应用、技术文档写作、国际化与本地化技术、多媒体翻译、本地化桌面排版、

---

[12]　参见钱多秀第 49 – 54 页。

翻译项目管理实务等❸。

　　基于以上讨论，根据翻译课程建设原则，结合当前市场对高素质应用型翻译人才的需求，笔者认为，翻译专业研究生的课程内容应作如下设置：

　　A. 文体翻译理论与实践课程：文体翻译课程的设置在于培养学生对各类文体特征的认识，掌握各类文体翻译的原则与方法、语篇翻译的交际功能与翻译策略，提高学生的翻译能力。授课内容可包括：（a）翻译专题，（b）商务翻译，（c）公关文献翻译，（d）新闻翻译，（e）文学翻译，（f）旅游翻译，（g）法律文献翻译，（h）专利翻译，（i）医学翻译，（j）合同翻译，（k）科技翻译，（l）字幕翻译，（m）艺术文体翻译，（n）财经翻译，（o）政府及公共事务翻译，（p）大众传媒翻译，（q）高级口译，（r）高级双语翻译与写作。

　　B. 计算机辅助翻译课程，其中包括新时代的翻译行业与 CAT 技术及其实战，培养学生用信息技术手段和方法去解决翻译工作中遇到的实际问题等。授课内容包括：（a）计算机辅助翻译技术原理和实践，（b）计算机辅助翻译方法（包括基于规则、实例、统计等模型与方法），（c）计算机辅助翻译的前处理和后处理技术，（d）计算机辅助翻译系统的评估、软件选择及其使用，（e）计算机辅助翻译基础问题研究（包括词语对齐、短语翻译对抽取、命名实体翻译、词法分析、句法分析、语义分析、篇章分析等），（f）计算机辅助翻译应用系统开发（包括跨语言检索、计算机辅助翻译、嵌入式翻译、多语言对话、语音翻译等），（g）计算机辅助翻译系统的术语管理（包括建立双语或多语术语库；保持术语系统一致性，利用机读术语库和其他数字参考资源解决翻译中的难题）等。

　　C. 项目管理课程：（a）相关技术管理，其中包括 IT 相关技术研讨、术语工程化管理、翻译项目管理、计算机辅助工具研讨等；（b）行业实践及发展管理，其中包括本地化项目管理与翻译实践，翻译企业管理/行业发展研究与行业内专家演讲与讨论。

　　D. 人文素养提高课程：《国家中长期教育改革和发展规划纲要

---

❸　参见王华树第 23 – 28 页。

(2010－2020 年)》强调要坚持以人为本、推进素质教育，坚持德育为先，把德育渗透于教育教学的各个环节，把社会主义核心价值体系融入国民教育全过程。因此相关素质教育课程应当融入计算机辅助翻译课程群，例如，（a）中华传统社会文化课程（《论语》《大学》《中庸》等文化经典），（b）中华传统文化经典重构课程，（c）文化百科知识课程，（d）英美社会与文化课程，（e）跨文化交际与认同等课程。

总之，根据当前教育信息化时代特点与市场需求，翻译专业研究生的课程建设应以"翻译＋信息技术＋人文素养"的特点为主，系统优化，统筹兼顾。

另外，随着培养理念和课程设置的更新，与其配套的教学手段也应进行系统改革。在教育信息化时代，翻译教学手段日益智能化、虚拟化与网络化。翻译教学应该结合计算机辅助翻译技术，采用多样化的教学手段。教师在传授知识内容时，可结合信息技术的某个具体话题进行展开，如以"翻译协作中的知识管理及其技术应用"为例，探讨内容可涉及：翻译协作的特点以及对知识管理的需求；翻译协作中的知识管理技术需求；用于翻译项目／翻译协作的知识管理工具；翻译协作中的知识管理流程。在围绕此话题展开之前，可首先对此话题进行头脑风暴训练，例如，"翻译协作中涉及的知识主要有哪些类型（翻译记忆库、术语库、翻译指南、语言知识、专业知识、项目管理经验、工具与技术、人力资源）""知识管理在翻译协作中的作用和价值（提高效率、降低成本、规范工作流程、优化人力资源、提升企业形象）""翻译协作中的知识管理所涉及角色（客户／用户、管理层、项目经理、内外部译员、内外部审校、质控、同行与领域专家）"等。

在教学过程中可以向学生展示有道云笔记与协作平台的知识管理功能，例如，以云存储技术帮助用户建立一个可以轻松访问、安全存储的云笔记空间，解决个人资料和信息跨平台、跨地点的管理问题等。教师还可以通过在课堂演示各类计算机辅助翻译工具的使用、语料库的使用以及术语库的管理等，例如，向学生演示 WinAlign 的语料对齐方法，语料库的制作过程以及实例说明术语在翻译项目管理中的作用等。

　　教师当为学习者提供真实的学习环境。学习者借助多媒体工具平台，利用社会真实项目资源和语料资源作为教学素材，个性化定制自己的训练计划，将翻译教学完全与社会实践相结合，如把专利翻译、科技翻译与商务翻译等纳入计算机辅助的翻译课堂教学中。教师也可组织学生到翻译公司实习，或者邀请企业专家到校开展研讨，让学生通过情景模拟和角色扮演（译员、审校、管理），了解和熟悉商业环境要求，提前进行职业化素质训练，为学生、老师、企业的互动提供了可能。

　　教师还可以利用云技术教育平台与 Weblearn 互动平台，实现教师与学生的互动。为了有效保证教育平台的互动效果与客观测评，实训平台必须能够提供用户管理功能、资源管理功能和评价功能，并可根据实训目标和学生特点，按照任务驱动教学思路进行实训过程设计，让学生在模拟实战的学习过程中提高实战验，增强就业竞争力。此外，教师还可以现代社会需求为导向，以实践能力与创新能力培养为核心，构筑与翻译行业"协同育人、协同办学、协同创新"的人才培养目标，加强校企互动平台的进一步完善，实现产、学、研一体化。

　　总之，在教育信息化时代，随着信息技术在翻译教育的逐渐应用，翻译教学改革也势在必行。在此情况下，越来越多高校会把教学培养理念改变、翻译技术课程建设与翻译教学手段改革视为翻译教学改革必不可少的组成部分。其中，将素质教育与翻译技术纳入翻译专业课程体系设置，对于促进翻译教师改变教学思路，提升教师信息素养，拓展学生翻译能力及拓宽职业渠道等方面发挥了重要作用。

参考文献

柴明颎. 对专业翻译教学建构的思考—现状、问题和对策［J］. 中国翻译, 2010
　　(1).

崔启亮. 高校 MTI 翻译与本地化课程教学实践［J］. 中国翻译, 2012 (2).

钱多秀．计算机辅助翻译课程教学思考［J］．中国翻译，2009（4）．

王华树．信息化时代背景下的翻译技术教学实践［J］．中国翻译，2012（3）．

王华树．语言服务行业技术视域下的 MTI 技术课程体系构建［J］．中国翻译，2013（1）．

徐彬．翻译技术教学新思考［J］．北京航空航天大学学报，2014（6）．

张霄军．英国高校的"翻译技术"教学及其启示［J］．外语研究，2010（6）．

仲伟合．翻译硕士专业学位（MTI）及其对中国外语教学的挑战［J］．中国外语，2007（4）．

Bowker, L. Computer-aided Translation Technology：A Practical Introduction. Ottowa：U of Ottowa P, 2002.

Chan，Sin-wai，ed. A Dictionary of Translation Technology. Hong Kong：The Chinese University Press, 2004.

Quah，C. K. Translation and Technology. Shanghai：Shanghai Foreign Language Education Press, 2008.

Sager，J. C. "Quality and Standards." The Evaluation of Translations. Ed. C. Picken. The Translator's Handbook，London，Aslib，1983：121 – 128.

Shih，Chung-ling. Helpful Assistance to Translators. Taipei：Bookman Books，Ltd. , 2006.

以学生为主体的交互性翻译教学模式

李 婧[*]

ABSTRACT

With the development of economy and the frequency of international exchanges, the society has had both quantitative and qualitative requirements for translation professionals. And colleges, as an important sector of training of translators, are bound to make a positive reform to traditional translation teaching to meet the needs of the market and the era for translators. Meanwhile, since the 1980s, with the advent of multimedia applications and the global network, the traditional translation teaching gradually began to deliberate this problem from the perspective of the Internet followed by the "Internet + Education" era. Translation combination of Internet and multimedia teaching can improve students'classroom activity, forming a student-centered interactive translation teaching mode. According to the social professional and complex translation requirements for translation professionals, this article will analyze the student-centered interactive translation teaching mode under the digital area from the three perspectives of translation teaching theory, translation teaching pattern and evaluation of students'performances to explore innovative and merits of translation teaching under the digital age as to prove the feasibility of this method of translation teaching.

KEY WORDS: interactive translation teaching, the internet age, innovation

---

* 中国政法大学外国语学院。

摘　要

　　随着我国经济的发展，国际交流的日渐频繁，社会对翻译人才既有量的需要，也有质的需求。而高校作为翻译人才培养的重要环节，必需对传统的教学积极做出改革，以适应市场和时代对翻译人才的需求。同时，从 20 世纪 80 年代以来，随着多媒体的应用和全球网络的出现，传统的翻译教学逐渐开始从互联网的角度思考问题，开启了"互联网＋教学"的时代。结合互联网与多媒体的翻译教学能够有效提高学生课堂活跃度，形成以学生为主体的交互式翻译教学模式。根据社会对翻译人才的专业型和复合型要求，本文将从教学理论、教学方式与考核三个方面对互联网技术支撑平台下的以学生为主体的交互式翻译教学模式进行分析，探索其创新与可取之处，从而证明这种翻译教学方法的可行性。

　　关键词：交互性翻译教学，互联网时代，创新

　　从传统的翻译教学转化为互联网下的翻译教学，其变革需要强大的理论支撑。自 20 世纪 90 年代起，无论是社会建构主义翻译理论还是后现代主义教学思想，都对翻译教学的变革与创新产生了实质性的影响。关于社会建构主义理论，凯拉里认为，传统教学向建构主义教学模式要实现学生的让权增能，也就是从以教师为中心向学生为中心的合作性学习转变、从传统的"传送"知识向"能力迁移"转变、从培养学生翻译能力向译者能力转变。总之，译者教育的目的是培养具有职业能力在反思实践中实现自主发展的翻译职业人才❶。在后现代主义教学思想中，认为知识不是单一的传输过程，而是动态的、开放的自我调节系统，是学习者在与环境交互作用的过程中逐渐建构的结果，而绝非简单的终极真理❷。如今，互联网信息技术的发展给个人能力的展示提供了一个巨大的平台。《世界是平的》的作者托马斯·弗里德说过：互联网形成了一个"扁平的世界

---

❶　参见桑仲刚第 83 页。
❷　参见杨柳第 58 页。

平台"，使得每个人能够以"个体"的形式采取全球行动，这就是这个时代的新鲜事物。多亏了互联网和这个扁平的世界平台，个人被赋予了强大的力量。不难看出，这一时代中的技术正是契合了社会建构主义翻译理论与后现代主义教学思想中的译者能力也就是学生翻译能力以及真实翻译环境的问题，给予了教学中的主角色"学生"以强大的自主和创新能力。在课堂上，教师可以利用声音、动画、图像和视频、音响及记录设备等营造交流环境和气氛，进行真实语境下的教学，互联网可以提供翻译教学所需要的各种形式的教学资源，拓宽学生翻译实践的渠道，提高翻译教学效果。

传统的翻译教学多以教师为中心，以教材和文本材料进行课堂和课外的练习，受课堂时间和课时任务的限制，翻译课程设置不足、无法切实提高学生翻译能力等一些问题，教学中心和主体常常出现偏离，已经很难满足社会对翻译的真实需求。不仅师生之间缺乏互动，学生与学生之间的交流也不多见。由于缺乏真实环境下的实践机会，教学效果就大打折扣。多媒体网络由于突破了时空限制，使得教师与学生、学生与学生、师生与计算机之间进行更为充分有效的网络化的互动交流，真正实现人机互动、交互作用，打破了单一或分离的"主 – 客""主 – 主"单向的交流形式，形成了相互对话、反馈的网际关系。❸ 在如今的互联网环境下，通过 E-mail，Online Forum，weibo 等形式，把交互性的翻译教学模式贯穿于整个教学过程的始终，让教学的主导者和主体实现随时随地的交流与协作。

传统的翻译教学采取的终结性评价的考核方式，即考核通过测试来进行的，其中包括单元测试、期中和期末测试，试题内容一般都是根据作者主观意志选题，随意性比较大❹。学生在有限的考试时间内无法对译文进行认真的反复推敲，再加上一些人为因素的干扰，学生的真实水平往往不容易完全发挥出来。而互联网下的翻译教学考核则采取形成性评价和终结性评价结合的考核方式。❺ 这种考核方

---

❸ 参见赖妍莉第 140 页。
❹ 参见王占斌第 32 页。
❺ 参见李留涛第 73 页。

式，注重对学生学习过程的监督和考察。所谓形成性评价，是对学生日常学习过程中的表现、所取得的成绩以及反映出的情感、态度、策略等方面的发展做出的评价，是基于对学生学习全过程的持续观察、记录、反思而做出的发展性评价。目的是激励学生学习，帮助学生有效调控自己的学习过程，使学生获得成就感，增强自信心，培养合作精神。基于此，学生可以利用互联网展开网上在线考核，而教师可以从学生的参与度、日常记录、自我考核及同学评价中最后完成对该学生的一个考核。终结性评价则可以采取开卷的方式，让学生有足够的时间和资源来思考和理解原文，从而完成源语言到目标语言的一个高质量的转换。

另外，根据《中国翻译服务业分析报告 2014》显示，我国的翻译服务业已成为一个颇具可持续增长的新兴服务行业，而且随着我国"走出去"战略力度的进一步加大，我国已经从侧重对内译介西方文化与文明转为侧重对外译介中国文化和文明，翻译在推动对外传播中国文化的过程中发挥着越来越重要的作用。由此可见，我们的翻译教学除了注重提高学生外语翻译能力，更要注意自身中国文化和汉语功底的加强。充分利用互联网技术和网络资源来加强自身的汉语及翻译能力。

近年来，互联网技术在我国经历了前所未有的快速发展，也揭开了高校教学信息化时代的大幕。与此同时，在 2001 年中国成为 WTO 成员之后，国内外的交流也日渐增多，因此对高素质翻译人才的需求也愈发加大，不仅要求量的增多，更要求质的提升。因此对高精尖翻译人才的高校教育就显得极为重要与必要。总之，互联网时代的到来给传统翻译教学带来了机遇，也让其面临不小的挑战。传统的翻译教学以教师讲授为主、学生听课为辅以及各个教学角色之间互动交流稀少的模式在互联网的发展之下出现了明显的改观，逐渐形成了以学生为主体的交互式教学模式，在教学方式和考核评价方面也力求创新与高效的结合，为实现专业型和复合型翻译人才的培养打下坚实基础。不过，面对时代的发展，技术的不断更新，互联网的不断发展和优化，当今翻译教学如何很好地对传统翻译教学"取其精华去其糟粕"仍然是我们要不断思考和解决的一个问题。

参考文献

赖妍莉、李亦凡. 网络环境下的翻译教学模式构建 [J]. 内蒙古农业大学学报，
　　2010，2（12）：140.

李留涛. 传统翻译教学和基于计算机辅助翻译教学的对比研究 [J]. 沙洋师范高等
　　专科学习学报，2010，11（5）：73.

桑仲刚. 翻译教学研究：理论与困境 [J]. 中国外语，2012，9（4）：83.

王占斌. 关于英语专业翻译教学的调查研究 [J]. 上海翻译，2005（1）：32.

杨柳. 信息化翻译教学的图景 [J]. 外语与外语教学，2005（11）：58.

流行语汉英翻译研究的 ICM 模式

刘松涛[*]

ABSTRACT

Buzzword translation has not been paid due attention by the linguistic circle for a long time. Traditional translation methods tend to ignore imagery, metaphor and metonymy, and fewer have mentioned the contribution of translators and reader's subjective cognition to their understanding of the English translation. Based on the theory of ICM and on the conventional vocabulary translation methodology, this paper explores buzzword translation methods, interprets the thinking process of translation, highlights translator's cognitive context as is constructed in the process of translation and translator's subjectivity.

KEY WORDS: buzzwords, English translation, ICM mode

摘　要

流行语的英译长期以来没有受到语言学界应有的关注，传统词汇翻译方法忽视了流行语中大量的意象隐喻和转喻等现象，更少有论及译者和读者头脑中主观认知对其英译理解的贡献。本文以认知语言学中的理想化认知模型（ICM）为理论基础，结合常规词汇翻译方法，探讨拓展流行语的翻译方法，解读译者翻译时的思维运作，凸显译者在翻译过程中所建构的认知语境，挖掘译者的翻译主体性。

关键词：流行语，汉英翻译，ICM 模型

---

* 黄冈师范学院外国语学院。

　　前沿词汇的流行语反映中国社会体系各个方面的最新发展和变化，流行语同时也是典型的中国特色新概念，它们从语言的角度反映了中国在与国际接轨的过程中社会各个领域所发生的独特变化，它们的出现也丰富了汉语的语言文化，使汉语呈现出一种前所未有的全新面貌。作为一种语言现象，流行语带有明显的时代性和前卫特征，因此，对汉语流行语的准确翻译，能在语言层面向世界展示中国社会的时代特征❶。流行语的英译在展现中国最新社会形态窗口的同时，其准确性也肩负着把中国社会文化的最新信息有效地传递给世界的重任。然而，让世界了解中国绝不仅仅是一句口号，必须在具体的实际工作中得到体现。因此，面对层出不穷的流行语，翻译工作者有责任及时将它们译成准确、地道的目标语，可见，翻译的道路艰难而漫长。

　　流行语长期以来没有受到语言学界的应有关注，原因在于译界对流行语的性质缺乏正确的认识，对流行语的定性要么过宽，与俚语、黑话、谚语乃至新词术语混为一谈，于是，它们失去了分类的意义和研究的价值，要么过窄，把流行语局限于某个地域范围，等同于某种社会方言，使得流行语的研究实际上与地域方言或社会方言研究重叠于一处，因此失去了其独立性❷。

　　就整体而言，流行语的英译往往缺乏直接对应的英文词汇，其英译是对外宣传的一大难点，如同其他形式的翻译，汉语流行语的英译目的也是要把原语的意思用译语尽可能正确地表达出来，以便让国外读者了解今日中国的国情及发展。但是，流行语的创造性、时效性和不易求证性，这些特性叠加起来大大增加了汉英新词新语翻译的难度。再者，流行语英译的受众大多是国外读者，这在客观上制约了译者及时了解译文读者对译文的反映或接受情况，很难在语言文化上达到认知共识。最后，新词语不仅量大，涵盖面也十分宽泛，而译者的精力和能力总是有限的。

　　通过对第 8 届中国认知语言学大会（ICLC）论文的分析，我们

---

❶　参见包惠南。

❷　参见劲松第 22 页。

发现，目前认知语言学界的研究热点（参见表 1）主要集中在语义和形式，传统的热点问题诸如"范畴""原型理论""概念及概念化"等方面，而宏观上用认知语法视角探讨翻译研究的几乎没有。认知语言学是研究语言的一种方法，而"有思想的言语其本身就是翻译"❸，因此，将认知语言学中的一些语法理论运用到翻译研究中，是一个非常有趣的课题。值得注意的是，国内认知语言学的研究仍然处于起步阶段，理论介绍不足，其介绍也缺乏系统性，学界对已引进的理论囫囵吞枣，实证研究所占比例尤其低，其范围相当狭窄。

表 1　第 8 届认知语言学大会论文的主题分布❹

分　　类	主题词和数量	在 337 篇中的比例（%）
（1）SYNTAX & GRAMMAR	153	45.4
（2）SEMANTICS	96	28.5
（3）DISCOURSE	60	17.8
（4）METAPHOR	43	12.8
（5）CONCEPTS& CONCEPTUALIZATION	29	8.6
（6）SPACE& TIME	28	8.3

当然，我们知道，从认知语言学理论中的理想化认知模型（ICM）探析汉语流行语的英译，可为流行语的翻译提供一个新的理论视角，通过 ICM 在流行语翻译中的运用，可以进一步了解译者在翻译实践中的思维操作过程以及人的思维对语言形成的影响。

众所周知，汉英翻译是中国与英语国家文化融合的桥梁，由于中英文化差异很大，一些在汉语语境中通俗易懂和已被汉语读者普遍接受的新词汇，很可能对于英语读者来说变得隐晦难懂，所以，需要译者进行调整，这样一来，译者能否对语料处理得体，便直接关系着译语读者对原语文化的理解和接受。目前在网络、报刊中甚至一些文学著作中，流行语层出不穷，不是所有人对流行语都了解，因此，读者往往无法把握文章的精髓所在，甚至产生沟通障碍。中

---

❸　参见 Sallis 第 18 页。

❹　参见李福印第 3 页。

国人之间的交流尚且如此，中外交流中的流行语翻译就更是一个急需解决的问题。应如何翻译这些极具"中国味"和"中国特色"的新词新语，选择哪种译法可以做到一方面使目的语读者容易理解和接受，另一方面又能把中国文化的发展及在中国人们思想随之发生的一些变化介绍给译语读者？在此过程中，尤为关键的是译者能否对汉英两种语言正确认知阐释。

传统的客观语义学分析方法注重探讨语义的客观逻辑关系，并不十分关注语言中大量的意象、隐喻、转喻等现象，更鲜有提及作者和读者头脑中主观认知对翻译理解的贡献。而流行语又极具创造性和映射性，这就需要调动较多的认知运作，才可以使其内容得以充分理解。作为认知语言学理论家族的一员，ICM 理论对许多流行语的翻译具有解释力，因此，将认知语言学和翻译研究相结合，便能拓充翻译研究范畴，并为流行语的翻译提供一个新的分析视角。

就认知语言学而言，其核心包括雷科夫、兰格克、菲尔莫（C. Fillmore）、约翰逊（M. Johnson）、杰拉茨（D. Geeraerts）、福科尼耶（G. Fauconnier）以及塔尔米（L. Talmy）等人的语言学理论或方法。而语言作为人类认知的一个领域，与其他认知领域密切相关，并且本身也是心理、文化、社会、生态等因素相互作用的反映。语言结构依赖并反映概念的形成过程，而概念的形成过程又以我们自身的经验为基础，即语言不是一个由任意符号组成的系统，其结构与人类的概念知识、身体经验以及话语的功能相关并以它们为理据。语言单位（如词、短语、句子）是通过范畴化来实现的，而范畴化通常以典型（prototype）为基础，并且涉及隐喻和转喻过程。语言单位的意义以身体经验为基础，其描写需参照相关的认知结构，如通俗模型（folk model）及认知模型（cognitive model）❺。其中在认知模型里面较为重要的一个模型就是理想化认知模型。理想化认知模型（Idealized Cognitive Mode，ICM）是雷科夫（Lakoff）在 *Women*, *Fire*, *and Dangerous Things*：*What Categories Reveal about the Mind* 中提出的认知理论术语。Lakoff 认为，ICM 是特定文化背景中说话人对某领域中

---

❺　参见文旭第 91 页。

的经验和知识所做出的抽象的、统一的、理想化的理解，是建立在许多认知模型上的一种复杂的、整合的完型结构，具有格式塔形性质❻。它的哲学基础为体验主义，其产生以人的身体经验为基础，通过概念化升华为民俗理论（folk theory），是当代体验哲学的主要内容，也是对传统客观主义哲学在一定程度上的扬弃。认知语言学家认为，人对世界的概念化，概念化导致范畴化、图式化和语法化，在"世界—经验—概念化—范畴化—语言形状化"的思辨模式中，关键的概念化结局是 ICM❼。以客观主义哲学为基础的语言学理论在解释模糊的语言结构时，特别是对边缘语言形式，如流行语、独白、诗歌，往往显得力不从心，而以体验主义哲学为基础的 ICM 理论，由于其概念化的特征，更能现实地揭示语言使用的本质。

认知语言学的一个基本原理是：人们的"认知"存在于现实世界与语言之间，即"现实—认知—语言"这样的顺序❽。人类在认知语言时有这样的认知过程，如图 1 所示。

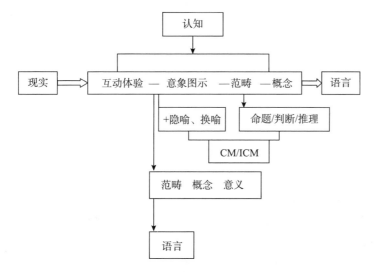

图1　CL 的基本法则"现实—认知—语言"图解❾

---

❻　参见 Lakoff。

❼　参见熊学亮。

❽　参见王寅。

❾　参见王寅第 54 页。

　　经验主义的一个重要观点是，我们要通过 ICM 来构建知识，在范畴内部结构中所观察到的原型结构及各种原型效应都是 ICM 的副产品。雷科夫提出转喻相邻性是通过 ICM 实现的，每一个 ICM 都是一个有内在结构的复合体，一个完形，其内在结构一般为下述四种，即（1）命题结构，（2）意象图示结构，（3）隐喻投射，（4）转喻投射❿。人的认知模型是以命题和各种意象的方式贮存在大脑中，它在人与世界的交往中起着重要的作用，不仅贮存信息，而且还对输入的信息进行重组。ICM 的价值在于它对我们生活的经历和行为方式高度概括，为我们认知世界提供了一个简约的、理想化的认知框架。也就是说，它能为我们的言语活动和行为提供一个参照，告诉我们世界是什么样，我们要怎样行事。交际双方只有拥有相同或相似的 ICM，交往才能顺利进行，如图 2 所示⓫。

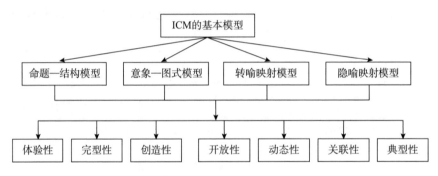

图 2　ICM 模型及特性

　　在国内有诸多学者曾经在该理论方面作出了很多探讨。熊学亮指出以体验哲学为基础的带有人的因素的 ICM，能更现实地揭示语言使用的真谛。王寅在《解读语言形成的认知过程——七论语言的体验性：详解基于体验的认知过程》一文中对 ICM 作出了清晰的解读，随后，王寅对感知体验、范畴化、认知模型（包括 CM、ICM、ECM、心智空间）、意象图式、隐喻转喻、识解等认知方式，曾逐一展开论述，语言知识与非语言知识之间不存在明确界限，人的语言

❿　参见 Lakoof 第 84，74，68，287 页。

⓫　参见李勇忠第 53 – 57 页。

能力与人的一般认知能力是不可分离的，基于体验的语言研究方法，雷科夫提出的 ICM 理论可以解释那些非边缘的、核心的语言结构。吴迪龙和赵艳围绕认知语言学中 ICM 理论所包含的四种认知模型，详细论述了该理论对语义省略理解的解释力。

以雷科夫的"理想化认知模型为视点阐释了汉英两种语言中隐喻习语构建存在同与异的成因，探究了汉英隐喻习语在内在认知机制方面的异同。针对认知语言学与翻译的关系，周红民在翻译中认知的观照指出，对认知意义的描写是建立在理想化的基础之上的，即假设人类具有基本相同的世界知识，然而认知模式并不具有同一性，它随着人的成长环境不同而表现出差异性。周雪婷、穆玉苹、潘卫民指出在认知语言学中，对认知规律的把握往往以 ICM 理论最为有效，ICM 理论本身就是关于人的认知加工规律的理论。翻译时，译文的词汇与原文的词汇所激活的认知模型不尽相同，机械地复制原文的词汇衔接形式往往并不能达到语篇的连贯，在翻译实践中应该从词汇衔接所激发的认知模型关联本质着手，再现认知模型关联性，唯有这样才能从根本上准确地再现语篇的连贯。柏杰通过对译者主体性的进一步挖掘，认为译者在翻译过程中所构建的认知语境决定其理解认知，并重点探讨了翻译的理解认知过程，及认知语境是如何构建的。胡茶娟则指出翻译过程中，译者这一翻译主体因素对译文的影响举足轻重，并进一步从译者的认知模式着手，通过对译者信息处理模式的介绍，探讨译者方面引起的翻译困难和翻译的可译性问题。

流行语是一种语言现象，代表特定时期的社会心理文化，映照了社会生活和人民大众的价值取向、心态变化，见证社会更新，变化的步伐，它本身具有较大的语言学价值和研究特定历史时期、社会百态的价值，流行语的文化含量和文化价值，要比一般词汇丰富和高得多，通过对流行语的研究，可以从一个侧面揭示社会观念以及社会文化价值取向的某些变化和发展❷。而流行语的英译是完成跨文化、不同社会制度、异种语言交际的手段及桥梁。

---

❷ 参见劲松第 22 页。

　　语言是思维认知的载体，因此，语言的表达方式反映了思维的认知方式。认知语言学家认为语言不是一个自治的系统，它是客观现实、身体经验、人类认知、生理基础等多种因素综合的结果，对语言的描写必须参照人的一般认知规律，才具有较大的解释力和说服力。他们还强调意义的重要性，并认为语言的意义不限于语言内容，而是来源于人与客观世界互动的认知，来源于使用者对世界的理解。本文从 ICM 的角度探讨流行语的英译，旨在尝试将认知语言学和翻译研究相结合，拓充翻译研究范畴，并为流行语的翻译提供一个新的分析视角。

参考文献

柏杰．从译者认知语境看翻译的理解认知过程［J］．烟台师范学院学报，2004
　　（2）：82 - 83.

胡茶娟．译者认知框架下翻译的可译性［J］．成都大学学报，2005（9）：33 - 34.

劲松．流行语新探［J］．语文建设，1999（3）：22 - 26.

李福印．当代国外认知语言学研究的热点—第八届国际认知语言学大会论文分析
　　［J］．外语研究，2004（3）：1 - 3，9.

李勇忠，方新柱．理想化认知模型与转喻的语用功能［J］．山东外语教学，2003
　　（3）：53 - 57.

王寅．解读语言形成的认知过程 - 七论语言的体验性：详解基于体验的认知过程
　　［J］．四川外语学院学报，2006（6）：53 - 58.

王寅．认知语言学［M］．上海：上海外语教育出版社，2007.

文旭．认知语言学的研究目标、原则和方法［J］．外语教学与研究，2002（2）：
　　90 - 97.

吴迪龙，赵艳．ICM 视域下语义省略的认知解读［J］．外语电化教学，2010（5）：
　　70 - 73.

熊学亮．语言的 ICM 和语言研究的 ICM［J］．复旦学报，2003（2）：134 - 140.

周红民．翻译中的认知关照［J］．外语与外语教学，2004（4）：49 - 52.

周雪婷，穆玉苹，潘卫民．从认知角度看词汇衔接的翻译［J］．长沙理工大学学
　　报，2010（3）：111 - 114.

Kramsch, Claire. Language and Structure[M]. Shanghai：Shanghai Foreign Language Edu-
　　cation Press，2003.

Lakoff, G. , M. Johnson. Philosophy in the Flesh—the Embodied Mind and Its Challenge to Western Thought[M]. New York: Basic Books, 1999.

Lakoff, G. Women, Fire, and Dangerous Things: What Categories Reveal about the Mind [M]. Chicago: U of Chicago P, 1987.

Sallis, John. On Translation[M]. Bloomington: Indiana UP, 2002.

将互联网工具带进翻译课堂

蒙永业[*]

ABSTRACT

This paper summaries the author's interactive translation teaching conducted in Hebei University with various internet tools the translation classroom. QQ group (a chatting application of QQ) is used as interactive translation teaching platform to realize real-time interaction, query and verification between the teacher and his student, and one student and the other. Moreover, the author applies internet thoughts in his teaching practice to deal with teacher's translation mistakes, openly point out student's translation mistakes, publish students' translations via internet tools, and score students' performance on spot in a translation class.

KEY WORDS: interactive teaching, translation teaching, internet, QQ group

摘　要

本文回顾国内交互式翻译教学研究成果，认为这种教学方式效果好，但只限于课外互动，占用教师大量时间与精力。笔者在本文中总结其在河北大学所进行的互动式翻译教学创新实践，综合应用各种互联网工具，把互联网思维带入课堂，直接用 QQ 群作为交互式翻译教学平台，实现师生、学生之间即时互动、即时质疑、即时验证，达到了激发学生课堂互动的目的。笔者还运用互联网思维分析教师翻译错误、对学生翻译错误点名指正、综合应用互联网工具

　＊　对外经济贸易大学。

发表学生翻译习作及学生成绩随堂评估等。课堂互动式翻译教学比课外交互翻译教学、传统课堂翻译教学节约教师时间与精力，但授课效果良好，学生翻译水平提升快，学生接受程度高。

关键词：交互式教学，翻译教学，互联网，QQ 群

针对传统翻译教学的不足，国内专家学者们提出了不少解决方案，其中一项就是交互式翻译教学。比如，伍小君认为，交互式翻译教学模式"应强调学生的主体作用。教师作为课堂教学的引导者，要充分利用学生的能动性，引导他们积极解读所要翻译的文本，与教师、同学进行交流。在每个交流环节，教师应该给学生提出不同的学习侧重点，并在翻译实践中不断地强化它们，让学生逐渐养成良好的翻译思维习惯，培养翻译技能意识"。叶苗也曾提出。全程交互性翻译教学模式分为译前交互活动、译中交互活动、译后交互活动、课内交互活动、课外交互活动、供需交互活动及交互性评估，在课外交互活动中尝试建立翻译网络课堂来进行翻译教学。随着互联网技术的发展，有学者尝试将 BBS、网络论坛引入翻译教学当中。比如，贺莺就利用网络免费空间创建了"译海无涯"笔译教学论坛，针对翻译专业学生开设了服务与笔译实践教学，力图对课堂教学进行拓展和延伸，以解决传统教学中的难题，并实现笔译实践教学的突破，其实践在很大程度上解决了翻译实践作业问题。刘明悦等人则创建了网络翻译课堂，教师在教室里向学生导入翻译任务，然后，学生带着获取的信息进入网络论坛讨论和作业完成过程，最终带着翻译成果、翻译心得及翻译问题回到传统教室，各小组将成果汇报给全班，教师则讲解讨论的源信息来自于小组，讨论中产生的问题可能来源于单个学生。因此，"网络论坛教学模式中课堂不再是教师的一言堂，学生为中心得到体现"。对基于 BBS、网络论坛的交互性翻译教学，王勍、彭志洪等人也有相关论述。随着社交媒体的兴起，翻译教师们开始考虑将社交媒体引入翻译教学活动当中。比如，戴建春利用 QQ 网络平台构建交互式课外翻译教学模式，作为课堂翻译教学的延伸与补充，在教学内容选择、课外翻译实践、答疑解惑、译文评估时，师生、学生之间互动交流，不管是学生反馈评价还是

培养学生翻译能力方面均效果良好。万兆元也利用微博互动将轮值小组作业发布到教学博客上供学生讨论交流，老师参与或引导，轮值小组最终将网上讨论成果做成多媒体课件带到课堂演示，面对面讨论网上没有解决的问题，老师辅导轮值小组引导讨论，答疑解惑。出于同一思想，王丽构建了基于微信的交互式翻译移动教学模式，作为课外教学的补充。在上述论文中，基本上都提到一个事实，就是在课外交互式翻译教学中，教师需要大量时间与精力。

在这一大背景下，笔者作为兼职教授于 2014 年秋学期在河北大学外国语学院讲授了翻译实践课程。在上述方法论及实践的基础上，笔者在交互式翻译教学方面进一步创新，互联网工具不只用于翻译教学的课外作业、答疑解惑及译文评估等方面，在课上课下翻译教学中可综合运用 QQ 群、微信群、QQ 空间、博客、微博、微信朋友圈、百度贴吧等互联网工具。其中课下教学主要是利用百度贴吧、QQ 空间、博客、微博、微信朋友圈等自媒体平台将自主翻译作品分享出来，让校外导师、网友、同学们对译文进行评论与纠错，督促学生保质保量进行自主翻译练习，通过量变实现质变。与既往论文相比，这部分内容只是综合利用多种工具，未能实现创新，因此不再进一步阐述。本文仅就将 QQ 群与微信群（效果与 QQ 群类似，不单独阐述）在翻译课堂中的直接应用及其意义作扼要阐述。

QQ 群是群体即时通信工具，通过在线会议方式能让多人同时表达自己的观点。在现有论文中，戴建春已将 QQ 群用于课外翻译教学活动之中，其成效主要体现在师生、学生之间互动交流之上，而笔者在翻译教学过程中，通过语言实验室的多媒体设备，让学生在课堂上直接上网，登录 QQ，通过 QQ 群发言讨论，是其在投影屏幕上看到教师实时修改讲评译文，实现师生、学生之间即时互动，即时质疑，同时又得到即时验证。这种实施方法，一方面让学生针对同一句原文，看到几十种不同的译文，这些译文各有千秋，各有代表性，或代表典型错误，或代表出色译文，另一方面教师在课堂上能够对所有同学的译文进行直接修改与讲评，分析错误的发生原因与共性，提供不同解决方案，改变传统翻译教学只能一对一指导的做法，节约批改翻译作业的时间，同时又能在有限的课堂教学时间内解决所有学生作业中的问题。

笔者的翻译教学共计 12 周，36 学时，其教学任务安排如下：第一周以课堂教学为主，介绍翻译实践所涉及的翻译理论、翻译工具（搜索引擎、在线字典、纸质字典、语料库等），以及作业要求。布置课后作业时进行 5 分钟讲评，对作业中的背景知识、涉及的行业领域、可能用到的翻译工具、可能存在的翻译难点等进行事先指导，让学生有所准备，以更好地进行独立翻译。学生们在第二周上课时，将翻译好的译文带入课堂。所有作业均来自翻译市场上的真实语料，其中有些地方可能存在打字错误、语义含糊不清等问题，这些问题涉及中译英、英译中两个方面，所涉及的内容包括公司介绍、项目说明、合同文本、操作手册、楼书、产品手册、媒体文章等。

笔者在第二周开始利用课堂教学对学生的翻译作业进行讲评与指导。笔者在课前没有看过任何学生的译文，只是把原文翻译一遍作为备课，从学生角度考虑可能会碰到的翻译问题，并准备课堂对策。所有学生在课前均已独立完成作业，他们熟悉原文，并带着自己在翻译过程中碰到的问题进入课堂。课前五分钟，笔者重复上节课最后 5 分钟的内容，强化学生对相关知识点的掌握。随后开始以句子为单位收集学生们的译文。具体做法是，把一句原文发布在 QQ 群上，要求学生们在 1 分钟内迅速将各自译文发布出来。笔者在 1 分钟内，快速浏览学生译文，判断学生译文出现的共性问题、创新之处、不足之处，迅速寻思解决方案。1 分钟后，笔者将学生发布的所有译文复制到 Word 文件，打开修订功能，开始对不同版本的译文进行具体讲评、直接修改到大家满意。在笔者讲评、修改过程中，课代表（由于课堂任务重，一共委任了四名课代表）对讲评意见进行记录整理。由于时间限制，笔者不可能在几分钟内对四五十条译文逐一点评。但针对每一句原文，至少挑选四五条译文进行讲评，一节课下来，全部上课同学至少被点名指导一次。

具体例子如下表所示。

学生	初译	课堂修改	课代表记录
A	我们之所以决定进入美国市场，是因为我们是一家在本行业处于领先地位的老牌企业，我们对自己有十足的信心	当我们决定进入美国市场，充满信心进入美国市场，我们是一家在本行业处于领先地位的企业	"之所以"与"是因为"是译者自己过度演绎
B	GreenFields 带着行业领导者的自信进军了美国市场	—	when、knowing、established等关键词都没有翻译出来，要重新翻译
C	当我们决定进军美国市场，我们充分相信我们是一个存在已久且行业领先的企业	当决定进军美国市场，我们已是一个业界知名的领先企业，充满信心	With confidence knowing 不是充分相信，而是知道……而有信心
D	我们有信心进军美国市场，因为我们是本行业的知名领军企业	—	得到表扬，分享经验为"充分理解到位，然后按照自己语言组织表达"
教师	GreenFields 决定开拓美国市场时，我们信心满满，因为我们是业界闻名的领导者		
原文：When we at GreenFields decided to expand into the U. S. market, we did so with confidence knowing that we are an established and leading player in the industry.			

　　针对同一原文，数十种翻译表达同时呈现在教师与学生面前，促成积极的课堂交流互动。译文有问题讲问题，译文有精彩讲精彩。笔者选出存在问题的译文，让同学们各抒己见，找到错点，然后提出改正意见（由于课堂时间关系，只能够针对具体某个知识点讲评，无法结合上下文讲评），所改正内容直接在 QQ 群里展示，所有人均能看到。综合大家的意见，结合笔者的知识，在 Word 文件中对问题直接进行修改，保留修改标记，呈现出修改后译文，对老师的纠正，学生能够一目了然。对于精彩译文，笔者让译者与大家分享，介绍经验与教训，打破学生单一思维模式，拓展翻译思路，丰富学生对中英文预制语块储备，以备将来翻译之需。

　　笔者在讲评过程中，根据不同情况，将给学生分别介绍背景资料、原文理解、技术要点、翻译技巧、强化知识点等，通过多次重复讲授改变学生的习惯做法。比如刚开课时，大概有三分之一的学生在中文中不会使用顿号，跟英文一样以逗号代之。笔者每次碰到这样的问题，都予以强调，期末考试只有个别同学尚不区分顿号、逗号的用法。对于机构名称的中英文不规范表达，笔者每次均用搜索引擎去验证，强化学生采用规范化机构名称表达，而非自己闭门造车、胡翻乱译。对于采用在线机器翻译软件翻译、只进行简单译后处理的译文，笔者对其中前后矛盾、语句不通、机械造词等问题，一方面跟学生分析机器翻译对提高效率的帮助，另一方面强化学生的质量意识，不被机器翻译牵着鼻子走，学生要有能力判断机器翻译的质量，修改其中不足，最终让修改后的译文能够代表自己的翻译水平。

课堂教学结束后，笔者将保存所有学生译文、教师译文及修改情况的文件上传群共享文件，供学生下载重复学习。随后一两天内课代表整理出课堂记录，也上传群共享文件，供学生进一步细化知识点与改错点。

通过 11 次课后作业、课上点评，学生们翻译水平进步很快。很多同学能够将上一节课讲过的知识点应用到下一节课作业当中，尽可能呈现出代表自己最高水平的译文来。通过交互式翻译教学，学生对 QQ 群这种创新课堂教学方式高度认可。笔者在撰写本文时，时隔半年在学生组建的微信群中让同学们对教学效果评估，49 名同学中有 34 名同学参与评估，所有参与评估同学均认为这种交互式教学"方式新颖，对自己翻译能力提高有很大帮助"，在参评中好评率为 100%。考虑到公开场合有些同学不便发表消极反馈，不参评的 15 名同学视为弃权，则本次评估的好评率也达到 70%。不少学生在课下均对笔者表示，非常期待自己在课堂上被点名，被点名意味着自己的译文将得到老师的指点，有错改错，比自己课下琢磨、对比参考译文直接得多，效果也最好。还有学生表示，这种直接过招的教学方法确实能够直接截到痛点，痛定思痛，对翻译能力提升帮助很大；虽然被老师点名时有点不好意思，但看到那么多同学犯下跟自己一样的翻译错误，知道是共性问题，是翻译新手知识欠缺、能力不足所致，也就看开了，会更用功做好下一次翻译。

虽然教师的职责是传业授道解惑，需要精心准备每一次教学内容，但在翻译实践中，仁者见仁、智者见智的现象比比皆是，甚至会有分歧，会有讲错的时候。笔者认为翻译实践教学不是语言知识点的灌输，不在于一词一句的翻译得失，而在于打开学生这个翻译新手群体的翻译思路。对于拘泥于原文、过于保守的同学要让他明白简单进行词义置换跟机器翻译一般无二；对于过度演绎、根据关键词编故事的同学要矫枉过正，回归对原文切实理解的道路上来。就算是老师在课堂上出现了理解错误，学生直接指出，作为师者要有肚量接受学生批评指正，一句"常在河边走哪有不湿鞋"便可一笑而过，通过学生的进步带动老师的进步。交互式翻译教学就是要以学生为中心，实现师生、学生之间直接对话与交流，通过群策群力，达到更好的译文。

在传统翻译教学中，学生课后作业只有老师一个人看，老师在批阅学生作业后再汇总学生翻译错误，一般在课堂上进行匿名讲评，充分照顾到学生的面子问题。在交互式翻译教学过程中，某个学生有错，所有人都能够看得出来。此时，如何照顾学生个人情绪？笔者以为，翻译硕士群体是成年人群体，能够认识到作为翻译新手均会犯一些普遍性错误，也愿意承认这些错误，及时纠正错误才能够得以快速提升技能。翻译学习过程中犯错就像习武时摔倒一样，摔倒后爬起来继续被摔倒，为的是下一次不再被摔倒，百炼才能成钢。笔者在第一节课就把这个问题跟学生讲透，并且跟学生分享自己几个翻译错误导致损失的故事，从错误中吸取经验教训。笔者每节课至少把全班同学点名一遍，被点名意味着其译文将得到重点指导，学生对此充满期待，希望能够得到跟老师多次过招的机会。当然，在讲评过程中，只对事不对人，哪怕学生多次重复犯机器翻译这样的错误，不挖苦，不讽刺，讲评时只讲机器翻译译后编辑不到位的问题，以及在社会上犯这种错误可能带来什么样的后果。

笔者虽然只负责翻译实践教学任务，但作为翻译行业长期从业者，很清楚翻译练习对译员培养的重要性，没有充足数量的练习，培养不出合格的译员。长期练习，通过量变才能实现质变。在长期练习过程中，闭门造车的结果便是出门不合辙。因此，学生的练习译文需要有多方指点，最便捷的途径就是充分利用互联网工具。翻译实践教学 QQ 群成为同学们交流翻译心得的互动平台，课上课下经常进行各种互动交流。为了激发学生的学习兴趣，笔者还提出一个加分环节，由课代表在百度贴吧上创建"应用翻译学"贴吧，所有同学均在贴吧上发表自己的翻译作品，由同学们进行相互点评；另外，笔者发动翻译公司员工以网友身份参与点评，通过公众参与，一方面强化学生翻译质量意识，另一方面使学生的翻译错误得以指正，能力得以提升。在人人都是自媒体时代，笔者鼓励学生通过 QQ 空间、博客、微博、微信朋友圈分享其翻译作品，也有不少践行者。

作为翻译实践课程，必需认识到的一点是学生翻译时所犯的错误不应该作为成绩评估的核心指标，让学生知晓翻译错误的代价、培养学生知错后改错的能力更为重要。笔者在倒数第二周布置的课后作业作为期末考试题，任由学生通过各种翻译工具、各种渠道去获得代表自己水平的译文。最后一周进行试题讲评，现场评分，课代表统计分数，便得出学生的期末成绩。笔者对所有正常出勤的同学给出 85 分作为起点成绩；缺勤 1 次，扣 1 分。在百度贴吧、QQ 空间、博客、微博、微信朋友圈发表自己翻译作品 1 篇加 1 分，最高加 4 分。在期末考试讲评过程中，发现译文句子中出现翻译错误时，根据错误的影响程度每次扣 1~3 分；发现译文出彩给予表扬，加 5 分，累计表扬不加分。通过随堂打分，尤其是对翻译错误的扣分，让学生们认识到市场对翻译错误的评价机制，也清楚了自己被扣分的原因，并欣然接受这种做法，由此，他们更加强烈地期待得到老师的直接指点。

笔者采用 QQ 群这种交互式教学模式，让学生直接与老师过招，得到一对一指点，也看到所有同学呈现的数十种不同的译文表达，丰富自己的预制语块内容，为其未来翻译提供储备。根据现有交互式翻译教学论文所述，此类教学方式占用教师大量课外时间给学生进行指导，与之相比，笔者将指导时间浓缩为备课（代入学生角色翻译原文、思考翻译问题）与课堂教学两部分，甚至把学生成绩评估也放到课堂上完成，节约了大量时间。与备课 + 作业批阅 + 课堂讲评的传统讲评相比，笔者的交互式翻译教学实践也节约了不少时间。另外，鼓励学生通过 QQ 空间、博客、微博、微信朋友圈、百度贴吧等互联网工具作为自媒体平台，发表其翻译作品，提高学生积极性，也让学生的作品更大范围曝光，发现问题、解决问题乃至更进一步的提升。更重要的是，将互联网工具与思维带进翻译实践课堂，学生对这种新颖的上课方式充满期待，通过交互式教学方式愿意跟老师和其他同学们分享自己的翻译经验教训，并且在讲评他人译文时，也能完全代入思考，有则改之、无则加勉。课堂积极性很高，也乐于接受批评指正，使其翻译水平得以快速提升，最终给这种翻译实践教学模式高度肯定。

参考文献

戴建春．基于 QQ 网络平台的交互式课外翻译教学模式的构建及应用［J］．外语电教化，2011（3）．

贺莺．网络论坛与笔译实践教学研究［J］．中国翻译，2007（6）．

刘明悦，熊宜春，陈勇．创建网络翻译课堂，推进翻译教学改革——以一堂翻译课为实例［J］．外语界，2011（1）．

彭志洪．基于 BBS 的交互式翻译教学模式研究［J］．江西师范大学学报（哲学社会科学版），2011（10）．

万兆元．基于多媒体与博客（圈）的交互式翻译教学模式探索［J］．电教化研究，2012（4）．

王丽．基于微信的交互式翻译移动教学模式的构建与应用［J］．外语电教化，2015（3）．

王勃．基于网络工具的交互式翻译教学模式初探［J］．科教导刊，2011（5）．

伍小君．"交互式"英语翻译教学模式建构［J］．外语学刊，2007（4）．

叶苗．翻译教学的交互性模式研究［J］．外语界，2007（3）．

信息化背景下的法律翻译教学

毋菲菲[*]

ABSTRACT

With globalization and expansion of English speakers, English for specific purposes (ESP) focusing on certain fields becomes one helpful way for English learners and workers, and the foreign affairs on legal issues as well as the communication of China with others also draw much more attention to legal translation skills and legal translation teaching. What's more, various information technologies in the information age offer much more possibilities and larger space for legal translation teaching. Therefore, it is helpful to further explore how to improve legal translation teaching and study in the information age. This thesis summaries aspects and difficulties in legal translation teaching and explores how information technology improves legal translation teaching from the perspective of educational psychology.

KEY WORDS: ESP, legal translation, teaching, information age

摘　要

随着全球化的加强和英语使用者增多，与特定领域相结合的专门用途英语（ESP）成为英语学习者和工作者的最佳出路；高等教育国际化的推进和我国涉外法律事务的剧增，使法律翻译教学引起了更广泛的关注。而信息技术和大数据的发展为法律翻译教学提供了更大的发展空间，探讨如何在信息化背景下加强法律翻译教学尤

---

[*] 中国政法大学外国语学院。

为重要。本文基于信息化大背景，从教育心理学角度对法律翻译教学进行研究，指出法律翻译教学的重点和难点，并对微课、慕课、影视资料等教育新形式在法律翻译教学中的运用进行探讨，这对高校法律翻译教学及译者法律翻译水平的提升有一定启发意义。

关键词：ESP，法律翻译，教学，信息化背景

当前，全球化进一步发展，国际交流与合作日益加强。英语作为广泛使用的交流语言，其使用者急剧增加，专门用途英语（ESP）的学习和运用也已成为高校公共英语教学和很多英语学习者的最佳出路，这点在翻译领域也有一定体现。同时，我国涉外法律事务的比重明显提升，法律翻译技能和法律翻译教学也因此引起了更为广泛的社会关注。

在信息化时代背景下，以计算机和互联网为中心的信息技术突飞猛进，这给法律翻译教学提供了更为广阔的发展空间。可见，在法律翻译教学中恰当融入新技术显得尤为重要。就当前法律翻译教学现状而言，完全推翻传统的教学模式是不现实也是不科学的，为"新"而"新"的做法当然不可取，以学生为出发点、充分利用信息技术逐步增添适当的教学形式才是较好的选择。从教育心理学的角度出发，以学生为中心探讨法律翻译教学，对高校法律翻译教学和学生法律翻译技能的培养都有一定的启发意义。

在很大程度上，法律翻译实质上是对法律体系、法律文化的认知以及对法律语言的解构和重组的过程。认知能力和语言重组能力是翻译必不可少的两大技能。认知能力是指人脑加工、储存和提取信息的能力，是人们成功完成所从事的活动最重要的心理条件❶。在法律翻译中，与认知能力关系最密切的是译者的法律知识存储量，而与语言解构和重组相关的还有对双语技能和翻译技巧的掌握、翻译工具的使用等。

根据上述分析，我们可以归纳出，在法律翻译教学和法律翻译技能的培养中，当有如下侧重点：

---

❶ 见陈传显第 2 页。

（1）熟练掌握普通法体系以及中国法律体系；

（2）加深理解中外法律思维与法律文化的差异；

（3）培养扎实的双语基本功；

（4）加强中外语言对比研究；

（5）掌握翻译技巧和翻译工具；

（6）大量练习法律翻译。

由此可见，影响法律翻译工作者翻译质量和翻译技能的因素主要有：译者对原语和目标语的法律知识存储量、对法律文化的感悟力、对原语和目标语的掌握程度、翻译技巧的熟练程度、翻译工具的使用情况等。由于法律体系庞大深奥，对学生来讲，法律知识存储量的扩大、法律术语和法律制度的理解和把握，是提高法律翻译技能的主要难点。因而，在法律翻译教学中，教学活动的每一个环节都要结合教学内容的重点和难点，增加学生法律知识存储量、加强其对法律文化的感悟力，进而提升学生法律翻译技能。

毫无疑问，信息化时代为法律翻译教学提供了更大的发展契机，因而，法律翻译教学活动要充分利用日新月异的信息技术，以有效推进教学新思路的合理实现。针对法律翻译教学的重点和难点，结合学生学习活动中的心理发展过程，笔者认为，作为法律翻译教学新形式的慕课，可有效拓展学生法律知识视野。

鉴于法律翻译技能的提升离不开广阔的法律知识视野，法律制度和文化的学习在法律翻译教学中地位显著。在传统教学活动中，学生法律知识量的提升主要依赖于教师的课堂讲授和学生对相关书目的阅读，但课堂讲授时间有限，对学生阅读的书目又缺乏引导性，因此，在信息化背景下，扩展学生法律视野的新形式便应运而生，慕课的发展和应用即如此。

"慕课"（MOOC，Massive Open Online Course）兴起于 2011 年，其基本特征在于大规模、在线、开放、成体系和实时互动，相比既往任何在线视频公开课程都更能体现出学习中心的转移❷。Ken Masters 认为慕课具有"大规模"特点，可以指大量的学习者参与课堂，

---

❷　见吾文泉第 58 页。

也可以指大规模的课程活动范围❸。这种大规模的网络课程可供大量人同时在线使用，并为学习者提供交流讨论平台，有效保证学习质量。慕课除了提供传统标准课程之外，还大量提供适合个性化需求的创新型教学，这一举措极易实现教育成本的降低和教育质量的提升❹，可在扩展学生法律视野的同时提高其自主学习能力。此外，目前全球慕课大多为英语授课，学生通过慕课学习还可以显著提升英语水平。

将慕课作为教师课堂讲授的补充手段，可以满足学生对英美法律知识的大量需求，能有效增加法律翻译学习者的相关知识储备。根据建构主义学习理论，学生对语言知识的学习主要依赖于学生的主动性。而关于法律英语的大量网络课程不仅可以扩充学生法律相关知识进而提高法律翻译速度和质量，同时，还可以培养学生主动学习的能力，促进其法律翻译技能的快速提升。这样一来，慕课不仅在极大程度上为学生提供了便利，而且是教师教学与研究的强有力支撑。一方面，教师可利用以法律为主题的慕课充实教学内容，增强教学效果，另一方面，教师还可以通过基于海量慕课资源的研究，进一步推动我国法律翻译教学的发展。

另外，中外法律制度体系庞大，承载特殊法律文化内涵的知识点是学生提高法律翻译技能的重点和难点，教师课堂讲授难以将其全部覆盖。而在信息化背景下，微课的发展可作为传统教学的有效补充。微课围绕某一个知识点，或者一个例题、一个案例或一个现象来展开讲述，是"碎片化"后又有序组织起来的知识点，因此，它天然地为辅助教师的课堂教学创造了便捷条件❺。教师可根据教学内容制作不同的微课：课前使用的微课可用法律现象引发若干问题，启发学生对学习内容的思考；讲课过程中使用的微课则可围绕讲授范围的重难点进行形象直观的剖析；微课还可供学生课下在线使用，辅助学生课后复习，对教师课堂讲解进行适当补充，帮助学生查漏补缺。

---

❸　见 Masters 文第 37 页。

❹　见吾文泉第 57 页。

❺　见杨慧第 194 页。

　　在具体的教学中，教师围绕一个教学目标设计不同难度层次的微课，作为学生分层自主学习的资源，以期在固定的时间内扩大教学的容量，使每位学生都能获得个性化的发展，最终提高学习的时效性❻。微课的应用不仅能扩大学生法律视野、加深学生对重点难点的理解掌握程度，还能有效培养学生的自主创新能力，进而促进学生法律翻译技能的长期发展。

　　随着网络的快速建设和发展，互联网已经成为一个海量知识库❼，为教学活动提供了丰富资源。与传统教学方法相比，在课堂上利用诸类法律主题影视资料可显著促进法律翻译教学质量的提升。一方面，由于法律知识体系庞大、法律文化丰富多样、法律语言深奥难懂，学生难以长时间高度集中注意力。根据讲授内容融入特定的相关影视资料，可有效吸引学生注意力，调动学生的积极性。例如，在进行中外庭审制度对比的教学时，可截取视频中最能反映两种庭审模式特点的片段，让学生通过视觉和听觉模态直观地感受两种庭审模式的差异和中国庭审制度的变迁❽。教授其他法律文化时，教师可根据授课内容选取蕴含大量法律文化信息和相关法律词汇的电影，如 *Find Me Guilty*，*Philadelphia*，*Silk*，*Witness for the Prosecution*，*Boston Legal* 等均能调动学生积极性，契合教育心理学规律。另一方面，在法律翻译教学的重点和难点中，法律术语占据较大比例。法律术语往往蕴含大量法律文化内涵，抽象难懂，不易翻译。因此，教师可利用特定法律影视资料为法律词汇设定一定情境，使讲授内容更加生动直观，并可在观看法律类影视资料时让学生练习翻译视频中出现的法律词汇，以加深学生的理解力和记忆力。教师在讲授新内容之前，也可鼓励学生查找、收集及整理相关影视资料并进行初步学习，这样可提高学生课堂上对教师讲授内容的吸收率，同时能培养学生自主学习的能力。

　　另外，在信息化时代，互联网及各种翻译工具的普及使法律翻

---

❻　见田爽第 93 页。

❼　见肖维青第 68 页。

❽　见袁传有第 15 页。

译更为方便快捷，翻译的速度和质量均有显著提升。首先，法律体系庞大，知识点繁多，学生难以全部掌握，电子词典和法律双语数据库等翻译工具可供学生即时查阅，为法律翻译提供极大便利。其次，法律翻译的严谨性要求译者保证译文每一处均精确到位、避免纰漏。在线搜索软件可使译者免于广泛查找纸质书籍，能大大缩短译者查阅资料的时间，节约大量精力。再次，除了扩充法律知识储备、提高语言水平和翻译技巧外，翻译还是一个熟能生巧的过程，大量的法律翻译练习对学生来说必不可少。计算机、互联网以及各种软件的普遍使用可以使学生将法律翻译过程快速记录并长期保存下来。根据保存的翻译记录，学生可随时查看自己初稿和定稿的差异，并据此在日后的翻译过程中改善，教师也能有针对性地引导学生进行翻译练习。此外，对学生进行法律翻译能力的考核时，除了传统纸质闭卷测试外，教师还可依靠互联网将开放式的在线测试作为补充，运用多元化评估系统，综合考查学生法律翻译水平。

总而言之，信息化时代在线工具的使用可有效促进法律翻译能力的提升，教师在法律翻译教学中要有意识地引导学生恰当使用翻译工具和相关软件。基于信息技术的新思路为法律翻译教学注入了新鲜空气和活力。因此，法律翻译教学要以学生为根本出发点，综合考虑学生学习现状及学习规律，并充分利用信息技术促进学生法律翻译技能的提升。显然，利用慕课等新形式作为补充来扩大学生法律视野，通过微课来加深学生对法律翻译重点和难点的理解，融入法律主题的影视资料以加强法律翻译的生动性和情境化，以及合理利用在线工具等，都对高校法律翻译教学和译者法律翻译水平的提升有一定启发意义和实践价值。

参考文献

陈传显. 翻译能力培养的认知视角［J］. 海南广播电视大学学报，2015（1）.
田爽. 微课支持下的学习策略研究—基于支架式教学法［J］. 中小学信息技术教育，2015.
吾文泉，周文娟. 基于"慕课"现象的 ESP 教学思考［J］. 现代教育技术，2014

（12）.

肖维青. 学术性·职业性·趣味性——"影视翻译"课程教学探索［J］. 外语教
  学理论与实践，2010（3）.

杨慧，丁正生，宋艳娥，李俊兵. 微课教学对高校教学模式改革的影响［J］. 科技
  展望，2015（15）：194.

袁传有. "多模态信息认知教学模式"初探——复合型课程"法律英语"教学改革
  尝试［J］. 山东外语教学，2010（4）.

Masters，Ken. A Brief Guide to Understanding MOOCs［J］. The Internet Journal of Medical
  Education，2011.

云端翻译记忆库的发展与应用

张　井　陈　件[*]

ABSTRACT

Computer-Aided Translation（CAT）software is a tool for assisting translation in the information era. However, it cannot effectively function and its application is difficult to be extended due to the smaller volume of translation memory. Cloud-based translation memory, born in the big data era, is capable of breaking through the bottleneck of translation and CAT technology. This paper introduces the current status of the advanced platform, analyzes the actual application scenarios with CAT software and cloud-based translation memory combined, and finally proposes the solution for its management. Besides, the large-scaled, high-quality and classified translation memory accumulated in cloud-based translation memory platform is capable of supporting dictionary compilation, natural language processing and corpus training of machine translation. Therefore, the cloud-based translation memory has its promising application prospects and great practical value.

KEYWORDS：CAT, Cloud-based translation memory, API Plugin

摘　要

计算机辅助翻译软件是信息化时代翻译领域的有效辅助工具，但受翻译记忆库规模较小的影响，一直以来不能发挥其应有的作用且应用面也较难拓展。云端翻译记忆库是大数据时代的产物，能够

---

[*]　上海一者信息科技有限公司。

有效解决翻译领域及计算机辅助翻译技术领域面临的瓶颈。本文从云端翻译记忆库的特点出发，介绍了国内外先进的云端翻译记忆库平台的发展现状，同时分析了 CAT 软件与云端记忆库结合的实际应用场景，最后提出了针对企业的云端记忆库管理解决方案。此外，通过云端翻译记忆库平台积累的大规模、高质量、分类记忆库还能为词典编纂、自然语言处理、机器翻译训练引擎提供支持。因此，云端翻译记忆库有着广阔的应用前景和极高的价值。

关键词：计算机辅助翻译，云端翻译记忆库，API 插件

随着全球一体化进程的逐步推进，翻译市场的规模迅速增长了起来。同时为了适应翻译市场新的需求，翻译流程和辅助工具也在信息化技术的助力中实现了较大转变。在这些针对翻译行业的信息化技术中，最为核心的是计算机辅助翻译（CAT）技术。CAT 技术的出现，有效地提高了翻译的速度和质量。不过受翻译记忆库规模的限制，不仅 CAT 软件的发展遇到了瓶颈，而且自由译员和翻译企业从开始使用 CAT 软件到从中获益的过程也极为漫长❶。

为了解决这一发展瓶颈，国内外的翻译协会及 CAT 软件公司先后投入云端翻译记忆库的建设中，其中最具代表性的就是国外的 Tausdata 和国内的 Tmxmall 大型云端翻译记忆库检索与交换平台，这类平台的出现为积累大型云端翻译记忆库奠定了基础。而这类平台针对 CAT 所开发的接入插件，则使 CAT 接入云端大型翻译记忆库成为可能，二者的结合也成为未来计算机辅助翻译技术发展的趋势。

目前，云端翻译记忆库已经开始应用到翻译实践中。但是，由于其出现的时间短，还未得到较好应用，因此还未有针对云端翻译记忆库提出的标准定义。鉴于我们对云端翻译记忆库的理解和实际应用，在现阶段我们将其定义为"包含大量已分类的高质量人工翻译句对且能够向 CAT 软件提供接入服务的大型平行语料库"。

从现阶段云端翻译记忆库的现状和发展趋势来看，云端翻译记忆库具有四个方面的特征：①语言大数据。云端翻译记忆库是语言

❶ 参见任远。

大数据时代的产物，它是伴随着信息科学技术的发展而出现的。人们在翻译实践活动中，积累了大量的原文和译文数据，通过信息技术，可以将这些双语数据建设成语言数据库，从而帮助人们在翻译实践活动中减少重复劳动、参考所积累资源、提高翻译质量以及降低翻译成本。②以句为单位。云端翻译记忆库中存储的双语数据以句为单位。这种存储是以目前主流 CAT 软件的翻译记忆库存储方法为基础，不过为了使云端翻译记忆库的功能最大化，将来也可能会出现以语言片段为单位的存储。③高质量人工翻译句对。云端翻译记忆库中存储的翻译句对，必须均为高质量的人工翻译句对，只有这样，才能为用户提供最为准确的词汇、术语、语言片段及句子的译文作参考。这也是云端翻译记忆库与机器翻译的最大区别。④可接入 CAT 软件。CAT 软件最大的缺点就是自身不具有翻译记忆库，云端翻译记忆库能够帮助弥补其自身缺陷，真正地辅助译员进行翻译。而要实现这两者的结合，就必须通过云端记忆库 API 接口技术来实现。

具有大量语言数据的云端翻译记忆库，可以就自身资源发挥作用，从目前与翻译记忆库相关的应用面来看，它具有四个方面的功能。

（1）相关信息的检索。在翻译领域，由于文本类型多、涉及专业广、文件用语的不标准等原因，造成译员在翻译过程中需要查询大量的词汇、术语、短语、表达方式及句式，而目前的词典远远不能满足这一需求，这就导致译员在翻译过程中只能频频向有经验的译员请教，而实际上老译员的这些隐性知识是存储在过去的翻译文件中的，那么通过将过去的翻译文件导入翻译记忆库，就可以有效帮助译员对这些知识进行检索，从而提高翻译质量、提升翻译速度、缩短自身成长时间。而自由译员及小微翻译企业由于缺乏翻译记忆库，则很难满足自身在这方面的需求，云端翻译记忆库则可以帮其实现翻译过程中相关信息的检索。

（2）预翻译。在当下的翻译流程中，企业或译员为了降低成本，一般会在正式翻译前使用翻译记忆库对稿件进行预翻译。目前，大多数翻译公司已经积累了大量的翻译记忆库，个别大型翻译公司的翻译记忆库已经达到上千万句对的量级，但是受目前 CAT 软件本地记忆库检索技术和单机性能的限制，很难使用大型翻译记忆库对文件进行预翻译。而云端翻译记忆库的存储机制及技术则可以帮助企业使用大型翻译记忆库进行预翻译，从而可以帮助企业有效利用自身语言资产，切实降低企业成本。

（3）术语及语言规则的抽取。在词典编纂及自然语言处理领域，往往需要大量的语料来抽取术语和语言规则，而云端翻译记忆库的大量自然语言翻译数据，为词典编纂及自然语言研究提供了大数据支撑。可以预见，随着云端分类翻译记忆库规模的不断扩大，词典编纂及自然语言研究领域会在其基础上取得长足的发展。

（4）为机器翻译训练引擎提供大数据支持。众所周知，谷歌翻译系统是机器翻译领域的佼佼者，其机器翻译效果是目前各类机器翻译系统中最好的。而谷歌翻译系统正是利用大量优质平行语料库，以数据统计法通过数据关联来形成目标译文❷。因此，未来机器翻译要想取得更大的发展，就目前的发展趋势来看，需要大量平行语料作支撑。云端翻译记忆库的大数据，可以用于基于统计的机器翻译引擎训练。通过对大量高质量人工翻译句对的训练，可以有效地对基于统计的机器翻译进行研究。因此云端翻译记忆库的出现，为提高机器翻译的质量提供了可能。

Tausdata 是翻译自动化用户协会（Translation Automation User Society，TAUS）建设的云端翻译记忆库平台。该平台通过自身的云端翻译记忆库，向用户提供语言信息检索、翻译记忆库上传及下载、API 接入、CAT 插件接入服务。Tausdata 云端翻译记忆库平台面向多语种，以行业领先的理念和技术，向翻译用户提供服务，旨在实现翻译领域在诸多方面的融合。

在 CAT 软件与云端翻译记忆库的结合方面，该平台已经开发了针对 SDL Trados 计算机辅助翻译软件的插件，通过该插件，用户在使用 SDL Trados 时，可实时检索 Tausdata 中的双语句对，应用效果良好。但是对于中文对外文或外文对中文的服务方面，由于该平台

---

❷　参见褚东伟。

是国际化平台，涉及的翻译记忆库主要以外文为主，因此目前在中文对外文或外文对中文方面的效果不是很理想。

另一个是上海一者信息科技有限公司开发的云端翻译记忆库平台 Tmxmall，该平台专注于翻译记忆库的建设、应用及相关技术的开发，平台汇集了多专业、已分类、高质量、大规模的人工翻译句对。Tmxmall 平台提供语言信息检索、翻译记忆库上传及下载、API 接入及 CAT 插件接入服务。为了将大型云端翻译记忆库应用到 CAT 软件，该平台不仅提供 API 接口，还针对一流 CAT 软件（如 SDL Trados）开发了接入插件。此外，相较于 Tausdata 平台，Tmxmall 平台主要专注于中英及英中翻译记忆库，支持国际标准的翻译记忆库交换文件格式 TMX（Translation Memory eXchange），中英及英中翻译记忆库的质量更高且规模更大，能够更好地发挥此类翻译记忆库的规模效应，且因其服务器在国内，速度更快，应用效果更佳。

在翻译领域，云端大型翻译记忆库除可作为例句库供广大翻译人员进行检索外，还可以通过 API 接入技术和插件技术，将 CAT 软件与云端翻译记忆库结合起来，从而使其能够真正发挥大规模翻译记忆库的巨大作用。

目前的 CAT 软件有两种，即开放型和非开放型。非开放型 CAT 软件是指不能安装第三方插件的计算机辅助翻译软件，如迪悟、wordfast 以及国内的 transmate 等。此类软件要想接入云端翻译记忆库，可以开发集成云端翻译记忆库 API 接口，其原理如图 1 所示。

图 1　非开放型 CAT 软件接入云端翻译记忆库方案

目前，市场上绝大多数的 CAT 软件均为非开放型，此类软件自身较为闭塞，虽然也在发展自身的语言资产，但是在积累语言资产的大数据面前实在无能为力。因此，此类软件要想在市场上占有一席之地，其自身在发展上可加入内容元素，从而在增强自身用户体验的基础上，为自身留住并发展更多的客户。云端翻译记忆库自身一般都提供 API 接口，非开放型 CAT 软件，仅需针对记忆库的 API 开发自身接口即可。通过 CAT 软件端查询后，云端翻译记忆库会自动将查询结果返回到 CAT 软件端，从而实现 CAT 软件对大型云端翻译记忆库的使用。

开放型 CAT 软件是指能够安装第三方插件的计算机辅助翻译软件，如 SDL Trados Studio 2014 等。此类软件开放云端翻译记忆库插件平台后，在实现上更为灵活，无需软件开发商自身开发 CAT 接口，第三方就可针对各种云端翻译记忆库开发插件。开放型 CAT 软件接入云端翻译记忆库的原理如图 2 所示。

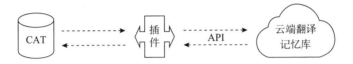

图 2　开放型 CAT 软件接入云端翻译记忆库方案

目前，针对 SDL Trados 软件第三方云端翻译记忆库插件有国外的 Tausdata Plugin 和国内的 Tmxmall Plugin。由于 Tausdata 云端翻译记忆库平台中对外或外对中翻译记忆库数量和专业的限制，以及服务器在国外的限制，访问速度和查询匹配率不是很理想。相比之下，Tmxmall 云端翻译记忆库插件，以 Tmxmall 平台优质的记忆库为基础，针对 SDL Trados 软件的使用，从目前的测试效果来看，速度在 Tausdata 的 2~3 倍，同时查询匹配率也要比 Tausdata 高很多。

CAT 软件与云端翻译记忆库的结合，可以说是 CAT 领域的一次伟大变革。二者的结合使辅助翻译技术真正进入翻译大数据时代。有了云端翻译记忆库，使用 CAT 软件的译员在翻译过程中随时可以在大量句库中查找词典上无法找到的词语、术语、语言片段，可实时参考数以亿计的双语语料，从而真正实现 CAT 软件的最初设计目标，有效提高翻译速度和翻译质量；而翻译公司或机构，则可以在翻译前使用大型云端翻译记忆库进行预翻译。有了这项技术，企业的成本定会降低，且随着近几年翻译记忆库在数量上不断增大，在质量上不断提高，其作用将会日益凸显。

目前，为了适应市场需求，基本上翻译公司、涉及翻译业务的企事业单位等都在使用 SDL Trados 等 CAT 软件。随着此类软件的不断应用，这些企业自身也积累了一定的翻译记忆库，但是随着其规模的不断增长，受技术限制，企业虽然有着大量的翻译记忆库，但是很难对其进行高效利用，究其原因就是 CAT 软件在本地库达到一定数量，尤其是多位译员同时访问同一翻译记忆库时，查询速度会急速下降，当翻译记忆库中翻译单元达到千万级时，基本无法使用。

目前，采用云端翻译记忆库则可以解决这一诸多企业所面临的难题。企业可以通过两种方案来应用云端翻译记忆库，即租用或自建云端服务器。

租用云端服务器方案是指企业可以通过租用云端服务器供应商的云端服务器，将翻译记忆库放在该服务器上，通过供应商提供的云端翻译记忆库存储技术、算法、接入 CAT 技术，来实现对企业自身大型翻译记忆库的使用。

租用云端服务器的方案适用于翻译工作室及小型翻译公司，他们可以通过此方案在短期内以很低的成本实现对云端翻译记忆库的应用，从而可以有效降低译员翻译难度，提高译文质量，降低翻译成本。

自建云端服务器方案是指企业可以通过搭建自身的云端服务器，将翻译记忆库放在该服务器上，Tmxmall 等技术服务商提供翻译记忆库云端存储技术、算法、接入 CAT 技术，来实现对企业自身大型翻译记忆库的利用。

自建云端服务器的方案适用于大型翻译公司，具有大量翻译任务或需要与互联网进行隔离的企事业单位，这些单位可以通过此方案实现对大型翻译记忆库的应用。从而可以有效推进企业自身的知识管理建设，语言资产建设及利用，可切实降低企业在语言业务方面的成本。

目前，CAT 技术在翻译领域的应用得到了业内越来越多人的认同，其应用规模也越来越大。但是受用户的翻译记忆库规模为零或较小的影响，CAT 软件的推广也遇到了极大的瓶颈。随着该问题的日益突出及大数据时代的到来，云端翻译记忆库随之出现。它的出现，不仅能够提升 CAT 软件的用户体验感，真正实现 CAT 软件的主要作用、提高译员及企业的翻译速度及质量、有效降低翻译成本，且能够积累下大规模的翻译记忆库，从而能够促进 CAT 技术的进一步发展，为词典编纂、自然语言处理研究以及机器翻译提供支持。而伴随云端翻译记忆库所出现的新兴技术，在将 CAT 软件与云端翻译记忆库结合的基础上，还能为企业提供有效利用大型翻译记忆库的解决方案。可以说，云端翻译记忆库无论是在翻译领域的应用上还是在相关科学领域的研究上，都具有广阔的应用领域和价值。

参考文献

褚东伟. 常规对应、数据关联与"谷歌翻译"评价 [J]. 广东外语外贸大学学报，2010（4）.

任远. 翻译资源全网共享的实现构想 [J]. 管理工程师，2014（5）.

翻译教学平台 CATTP 与学生翻译作用互评

俞敬松*　　韩林涛**　　赵玉涛**

ABSTRACT

This paper focuses on the application of Computer Aided Translator Training Platform (CATTP) in the teaching of translation at the undergraduate level, and introduces the Internet-based translation teaching through peer review. By employing questionnaires and contrastive experiments, this paper gives a statistical analysis based on the results of questionnaires as well as the translation grades of experimental classes and control classes. The author firstly reviews the previous research on the internet-based translation teaching and composition teaching through online peer review, followed by the analysis of the necessity and feasibility of such teaching method. Then the author gives a detailed description of the experiment conducted among the junior students of Xi'an International Studies University. Based on the experiment, analysis is given in terms of the feedback, analysis of mistakes, revision, students' grades, etc. In addition that students' passion is sparked by this new teaching method, the internet-based translation teaching through peer review can better improve the translation capacity of students than the traditional group-based translation teaching. The analysis of the quantitative learners' corpus information obtained from the platform will provide the teacher with details in students' learning process, thus guiding the teaching of translation better.

KEY WORDS: mutual evaluation of translation, peer review,

---

* 北京大学软件与微电子学院。

** 北京语言大学高级翻译学院。

process-focused teaching approach, mistake analysis, Computer Aided Translation (CAT)

摘　要

　　本文将北京大学研发的计算机辅助译员训练平台（CATTP）应用于本科翻译教学，引入在线同伴反馈翻译教学法，采用问卷调查和对比实验，并对问卷调查结果和实验班、对照班的翻译成绩进行统计分析。作者首先回顾了网络翻译教学和在线同伴反馈作文教学的研究情况，在此基础上分析了开展基于网络的同伴反馈翻译教学的必要性和可行性，然后详细描述了在西安外国语大学本科三年级实施的基于网络的同伴反馈翻译教学实验设计。实验结果从反馈行为、翻译错误、修改行为和学生成绩等方面分析了实验数据。除了这种新的教学形式引发多数学生的学习热情之外，与传统的小组翻译教学相比，基于互联网的同伴反馈翻译教学活动可以提高学生的翻译学习水平；从平台得到的定量化的学习者语料库分析信息可以准确告诉教师学生学习的很多细节，从而更准确地指导教师的翻译教学工作。

　　关键词：翻译互评，同伴反馈，过程教学法，错误分析，计算机辅助翻译

一、引言

　　将信息技术引入翻译教学领域是当前翻译教学研究的潮流，杨柳认为"信息化翻译教学"是指"在翻译教学中运用以计算机和网络为主要特征的现代信息技术广泛地开发和整合信息资源，开放性地优化和活化教学内容，从而达到培养学生信息素养和翻译能力目标的教育过程。❶"

　　近年来国内学者也在信息化翻译教学领域做了许多研究，蔡静❷

---

❶　参见杨柳第 62 – 64 页。
❷　参见蔡静第 8 – 18 页。

在介绍信息化翻译教学中关于教学环境的研究时，将研究范围限定在计算机教室或网络平台这样的微观物理教学环境下。许罗迈❸口译基本功训练教学平台系统和段自力❹基于 Blackboard 电子教育平台的翻译网络辅助课都对研究有一些非常初步的探索。陈奇敏❺用 Transn 翻译实训平台进行了笔译教学实验研究，在混合式学习理论的基础上提出了基于网络翻译实训平台的笔译教学混合学习模式。这些研究结果表明，"信息化教学环境可以较好适应翻译教学的需要"，能够帮助培养学生的翻译能力。

苗菊❻（2007）在谈及翻译教学模式时，认为"翻译教学以分析能力以及在翻译过程中的作用为出发点，理解认识译者在翻译过程中的思维活动、行为表现、运用的知识、采取的策略、发挥的创造力、遇到并解决的问题、决策过程和影响因素，确定了过程教学法在翻译教学中的重要地位。"以交际理论为理论基础的过程教学法产生于 20 世纪六七十年代，与之前流行的重结果轻过程的结果教学方法不同，过程教学法强调过程对学习的重要作用。

反馈与过程教学法联系紧密，是过程教学中的一个基本环节。过程教学法在语言教学领域的最早应用体现在写作教学中。多数写作教学中都将反馈可以定义为读者对作者的输入，作用是为作者修改作文提供信息，以产生"基于读者的散文"。埃利斯（Rod Ellis）❼认为在语言活动过程中，"反馈"一词指提供给学习者的用于修改其中介语的信息。反馈可以依据不同的标准进行分类：（1）依据反馈来源对反馈进行分类，反馈可以分为教师反馈和同伴反馈；（2）依据反馈的手段可以将反馈分成口头反馈、书面反馈、机辅反馈。

同伴反馈写作教学研究表明，同伴反馈能够改善学生的写作状况，对学生写作成绩提高有着促进作用。伦德斯·特朗（Lunds-

---

❸　参见许罗迈第 49 – 53 页。
❹　参见段自力第 44 – 49 页。
❺　参见陈奇敏第 56 – 60 页。
❻　参见苗菊第 47 – 51 页。
❼　参见 Ellis R.

trom）和 Baker❽ 发现，学生在评阅的过程中能够从同伴的作文中学到一些写作技巧并且能够在写作中应用这些技巧提高写作水平。评阅同伴的作文比接受同伴的反馈更有利于提高写作水平。

鉴于同伴反馈对写作教学的积极影响，有必要尝试将同伴反馈教学方法迁移到翻译教学中来，对同伴反馈翻译教学进行深入的探索和研究。

北京大学软件与微电子学院语言信息工程系从 2007 年开始使用 Moodle 课程管理系统组织翻译教学活动，实践证明，Moodle 课程管理系统能够真实记录课程内容，传递教学资料和课程信息，为师生提供沟通交流的平台和渠道。2011 年，该系对 Moodle 课程管理系统进行二次开发，将 Moodle 课程管理系统与语言服务器整合起来，开发出专门针对翻译教学的集课程管理、翻译教学资源管理、笔译教学功能、口译教学功能、语料分析工具于一体的计算机辅助译者训练平台（Computer-aided Translator Training Platform，CATTP）。CATTP 包括管理中心、翻译案例、翻译互评任务、作文互评任务、翻译实践、写作实践、口译实践、批注体系八大工具模块，可以实现课程管理、资源管理、交流互动、案例学习、笔译教学、写作教学、口译教学、作业批改等多个活动。从 2012 年至今已经应用于 10 余所院校，几十门课程的教学活动中。

CATTP 平台有专门的同伴反馈模块，既有用于写作教学的作文互评模块，又有用于笔译教学的翻译互评模块，为此类问题研究提供了一个有利的支撑。

本研究使用的在线同伴反馈工具为 CATTP 中的翻译互评任务模块。用于笔译教学的翻译互评任务工具和用于写作教学的作文互评任务工具共同组成了 CATTP 同伴反馈工具体系。以 CATTP 同伴反馈工具体系为依托开展的笔译和写作互评任务活动一般由以下五个阶段组成：设置阶段、提交作业阶段、评价阶段、成绩核定阶段、关闭。

翻译互评任务活动在以上五个阶段的基础上，还可以多设置一

---

❽　参见 Lund Strom 等。

个"二次提交作业阶段"。二次提交作业阶段设置在评价阶段之后，成绩核定阶段之前。学生在评价阶段完成同伴互评后，教师将作业切换至二次提交作业阶段。在二次提交作业阶段，学生可以根据其他同学的评价修改初稿，提交修改稿供教师批阅。本研究使用的是有设置、提交作业、评价、成绩核定、二次提交作业、结束六个阶段组成的翻译互评任务二次提交模式（见图 1）。

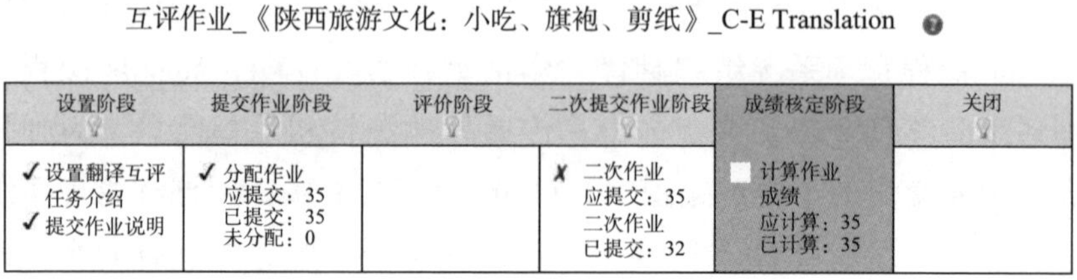

互评作业_《陕西旅游文化：小吃、旗袍、剪纸》_C-E Translation

设置阶段	提交作业阶段	评价阶段	二次提交作业阶段	成绩核定阶段	关闭
✓ 设置翻译互评任务介绍 ✓ 提交作业说明	✗ 分配作业 应提交：35 已提交：35 未分配：0		✗ 二次作业 应提交：35 二次作业 已提交：32	■ 计算作业成绩 应计算：35 已计算：35	

图 1　翻译互评任务二次提交模式流程

在二次提交作业阶段，学生根据同伴的反馈修改初稿，提交终稿。在修改过程中，学生可以看到同伴对初稿的反馈。反馈是匿名的，学生只能看到同伴的批注和批语以及同伴对初稿的编辑操作。学生根据反馈信息重新编辑初稿并保存提交。教师在成绩核定阶段批改的是学生的终稿，而不是初稿。二次提交完成后，教师将互评任务切换至成绩核定阶段，对学生的终稿进行批改。

西安外国语大学曾使用 Moodle 课程管理系统开展精品课建设，教师熟悉 Moodle 课程管理系统的操作过程。CATTP 是对 Moodle 课程管理系统进行的二次开发，保留了 Moodle 课程管理系统的功能，因此，在引入 CATTP 进入翻译教学活动中，其教师使用 Moodle 课程管理系统的操作经验可以顺利迁移过来，非常便利系统的顺利部署和运用。

本文以西安外国语大学高级翻译学院 2010 级本科翻译专业三年级学生为研究对象。本科翻译专业三年级共有两个班，一班有学生 34 人，二班有学生 36 人。选取人数相对多的二班为实验班，使用 CATTP 进行在线同伴反馈翻译教学。选取人数相对少的一班作为对照班，采用小组翻译教学。

二、实验过程

实验从 2012 年 10 月 15 日开始到 12 月 3 日结束共用了八周时间。第一周至第三周完成资料准备及相关培训。第四周对全部学生进行实验前测验。根据实验设置，实验班和对照班的测验试卷由两位任课教师评分，每个学生得到两个分值，将两个分值的平均分作为学生的最终测验成绩。

实验班和对照班都要对学生分组。对照班在实验开始前已经采用随机方式划分了小组，为了保证教学秩序，在实验时对照班的学生分组未发生变化。实验班在对学生进行分组时采用"同伴反馈组"的形式，每个组保证至少有 3 名学生。

教师批改完成学生的前测试卷后，根据前测成绩对实验班参与测验的 34 名学生排名。由于实验班在上一阶段使用 CATTP 工具完成翻译互评作业的同伴反馈练习环节，有 1 名学生未参与同伴反馈练习，在同伴反馈正式开展环节，1 名学生初稿不完整。为了降低实验风险，保证同伴反馈活动顺利开展，保证每位同伴反馈组都有完成的数据，不对这 2 名同学进行匹配分组。另外，考虑到学生人数和研究的需要，在剩下的 32 名学生中随机抽出 2 名学生，也不纳入匹配分组范畴。之后，将余下的 30 名学生依据成绩排名划分成高、中、低三个水平，高、中、低水平上各有学生 10 名，1 ~ 10 为高水平，11 ~ 20 为中水平，21 ~ 30 为低水平。使用抽签的方式将 30 名学生分成 10 个组，每组有 3 名学生。其中，高水平 1 组，中水平 1 组，低水平 1 组，由 2 个高水平学生和一个中水平或低水平组成的高水平占优势组 2 组，同理，中水平占优势和低水平占优势各 2 组，高、中、低混合水平组 1 组。

另外，为了保证教学秩序，分组时剔除的 4 名学生和未参与前测的 2 名学生也使用 CATTP 互评工具完成翻译作业，只是在作业文本分析环节不再对这 6 名学生的作业进行分析。

前测结束后，实验班学生填写《翻译反馈调查问卷（1）》，对学生进行态度调查，了解学生对同伴反馈活动的认识及对教师反馈的看法，调查内容主要包括以下几个方面：（1）学生作为评价者时如何看待同伴反馈；（2）学生作为被评价者时如何看待同伴反馈；（3）学生作为被评价者时如何看待教师反馈；（4）学生对参与同伴反馈活动的预期感受。

之后，实验班学生在CATTP上完成一次翻译互评任务，练习使用CATTP进行同伴反馈。在实验的第五周，按照教学安排，两个班级进入旅游文化单元学习。两个班级的单元教学目标、教学任务、教学资料完全相同。在完成小组作业时，对照班学生采用面对面的小组讨论方式完成教师布置的翻译作业，实验班学生采用在线同伴反馈方式完成小组作业。两个班的小组作业相同，是一篇由西安外国语大学教师编制的旅游文化主题文章，要求是汉译英。作业在两周之内完成。

实验班学生完成小组翻译作业需要经历完成初稿、同伴反馈、反馈修改并提交终稿三个环节。这三个环节需要在CATTP翻译互评任务二次提交模式下的"提交作业阶段""评价作业阶段""二次提交作业阶段"完成。

（1）学生在"提交作业阶段"完成初稿。学生自己独立完成初稿。在翻译时，学生不可以沟通交流，但是可以查阅相关参考资料。学生将译文填写在译文编辑区内。CATTP中除了设置译文编辑区外，还在每个编辑区下设置了翻译笔记编辑区，学生可以查阅的资料或是对作业原文和译文的思考记录下来，保存在翻译笔记编辑区中。

（2）学生在"评价作业阶段"进行同伴反馈。在评价阶段，学生对教师分配的两个同伴的初稿译文进行评价。学生在评价时不知道译文的作者，只能看到作业的内容。学生使用文化翻译错误标注评价同伴的作业。学生可以在作业上添加批注和批语，进行插入、替换和删除操作。

（3）学生在"二次提交作业阶段"进行反馈修改并提交终稿。在这一阶段，学生根据两名同伴的反馈对初稿进行修改，学生在修改初稿时看不到同伴的个人信息，但是可以看到同伴的批注和批语以及同伴对初稿的编辑操作。学生根据反馈信息重新编辑初稿并提交终稿。

对照班学生完成小组翻译作业也需要经历三个环节。这三个环节是小组讨论、完成初稿、讨论修改并提交终稿。与在线同伴反馈的双盲形式（评价者和被评价者信息未知）不同，小组讨论是面对面进行的，学生知道自己所在小组的人员组成。学生在拿到作业要求时，首先开展的环节是小组讨论，学生在讨论的过程中可以查阅相关参考资料，初稿是学生在讨论中完成的。初稿完成后，小组成员按照文化翻译错误标注内容对初稿进行讨论，根据讨论结果修改并提交终稿。

实验组学生将终稿提交到 CATTP 上，CATTP 支持翻译作业批改，教师在线批改学生的作业。对照组学生的终稿以小组为单位在课堂上展示，教师根据小组的课堂展示对小组作业进行反馈。

实验处理实施结束后，第八周对实验班和对照班进行实验后测验。实验后测验与实验前测验的试卷主题一致，内容都是旅游文化英译汉翻译。测试时间长度一致，两个班在同一时间段完成考试。测验以纸笔方式进行。调查的主要内容有：参与同伴反馈活动后，（1）学生作为评价者时如何看待同伴反馈；（2）学生作为被评价者时如何看待同伴反馈；（3）学生作为被评价者时如何看待来自同学的反馈信息；（4）学生对参与同伴反馈活动的感受。

三、实验结果分析

1. 反馈行为分析

反馈信息是同伴反馈活动中信息传递的载体，是反馈行为的数据表现，也是学生再修改译文的重要参考依据。反馈信息有着十分重要的价值，在研究反馈行为和修改行为前，需要先整理反馈信息。

进行同伴反馈时，学生需要先对译文进行标记，在标记译文的基础上再给出反馈信息。根据学生的反馈情况，反馈可分为"情感反馈""单项反馈"和"复合反馈"3类反馈信息风格。其中"情感反馈"包含"表扬""批评""质疑"和"忠告"；"单项反馈"包含"指出错误类型""提出修改理由"和"给出修改建议"。"复合反馈"则是同时涉及多种反馈风格，或是同时"指出错误类型"和"给出修改理由""给出修改理由""给出修改建议"或是"指出错误类型""给出修改理由"和"给出修改建议"等。

　　为了清晰地展示各反馈小组的反馈风格，根据相应的数据作图（见图 2）。

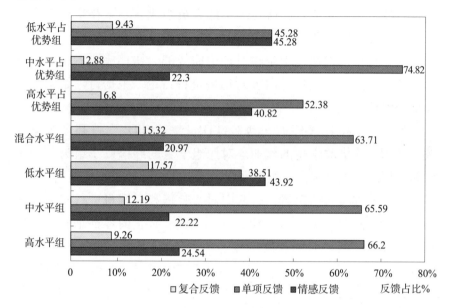

图 2　各小组的反馈分布

　　纵观各组的反馈情况，除高水平组和高水平占优势组外，在其余 4 组的反馈中占比最高的是单项反馈，其次是复合反馈，最少的是情感反馈。这说明这几组学生在进行反馈时倾向于给出"指出错误类型""提出修改理由"或是"给出修改建议"这类具体的反馈。高水平组的复合反馈和单项反馈占比相同，高水平占优势组的复合反馈数多于单项反馈，这说明水平较高的学生倾向于给出多种反馈。在各组的反馈数量上，高水平组和低水平占优势组略低，其他组别基本相同。

　　实验组的学生在实验前后需填写同伴反馈调查问卷。同伴反馈调查问卷在编制时同样采用李克特量表的形式，先是给出一条陈述，对涉及的相关问题进行描述，在每个陈述后设置五个选项"非常同意""同意""一般""不同意""非常不同意"，通过学生的回答了解实验组学生在实验处理实施前后的态度。在问卷调查开始前，教师告知学生"非常同意""同意""一般"表达肯定的态度，"不同意""非常不同意"表达否定的态度。

学生作为评价者时，对陈述问题"喜欢阅读评价同学的翻译作业"验前后代表肯定态度"非常同意""同意""一般"回答所占的比例分别为 91% 和 87%，这说明较大多数学生喜欢阅读评价同学的翻译作业。在随后的主观题问卷调查中，学生表示不喜欢阅读和评价其他同学的译文的原因在于"觉得自己能力有限，不能很好地指出错误"，担心自己的评价"误导他人的翻译"。实验后肯定态度比例稍有下降，可能是因为学生在同伴互评实践中发现了自己能力的局限性。

学生认为在评阅其他同学的译文时，更关注的焦点是译文的"用词""语法""逻辑""语言质量"。除此之外，少数学生还关注译文的"结构""句式""语句通顺"，译文是否"流畅""准确""全面""连贯"，以及译文的"文章风格"。

2. 翻译错误分析

CATTP 设有文化翻译错误标注体系。这一错误标注体系下设"文化翻译错误""语言翻译错误""语言质量问题""其他"四个大类，在每个大类下又列有多种错误项。

"文化翻译错误"标注体系既是教师批改作业的依据，又是学生进行同伴反馈的工具。

在对由学生译文组成的翻译学习者语料库进行量化分析后，发现学生在处理以下内容时容易产生翻译错误：标点、拼写、名称、用词、语法、逻辑、句子结构、信息、表述、风格。内容整理译文中的翻译错误，得出如下数据（见表1）。

表1 各小组的翻译错误分布

项目	标点	拼写	名称	用词	语法	逻辑	结构	信息	表述	风格
低水平占优势组	0.54	0.54	20.00	20.54	16.22	2.70	3.78	11.89	23.24	0.54
中水平占优势组	0.82	4.53	11.93	14.40	13.58	3.70	7.00	7.00	36.21	0.82
高水平占优势组	2.72	2.72	13.23	15.56	16.34	4.28	7.39	8.17	27.63	1.95
混合水平组	0.98	3.92	15.69	17.65	13.73	3.92	2.94	11.76	29.41	—
低水平组	2.34	3.13	10.16	17.19	17.97	1.56	8.59	5.47	31.25	2.34
中水平组	0.95	9.52	15.24	3.81	24.76	2.86	6.67	3.81	32.38	—
高水平组	—	5.38	10.75	17.20	13.98	—	—	8.60	39.78	—

从表1可以看出学生在翻译文化类文章时对"表述""语法""用词""名称"处理不好，容易产生错误，对"风格""标点"处

理较为得当，产生错误较少，在"表述"问题上处理得最差。

由于学生和教师均是通过基于 CATTP 的错误批改器对文本的错误进行标注，而错误批改器本身是对 Moodle 原有功能的二次开发，这在极大程度上为实现翻译作业量化分析做好了技术准备。以本文的翻译错误分析为例，基于错误批改器获得批改结果，教师可以对不同组别学生的错误进行细致分类和统计，并从量化统计结果中分析不同组别学生的错误倾向，在教学中有针对性地给予讲解和辅导。

3. 修改行为分析

在研究学生的修改行为时，首先从反馈风格入手，分析各组的修改偏好。其次，从翻译错误着眼，分析译文的修改效果。

根据实验结果得出各小组的"修改"和"不修改"行为分布（见表 2 和表 3）。

表 2　各小组的"修改"行为分析

项目	批评和质疑	一般性建议	指出错误类型	给出修改理由	给出修改建议	多角度反馈
低水平占优势组	1.49	4.48	13.43	14.93	43.28	22.39
中水平占优势组	5.71	2.86	22.86	10.00	34.29	24.29
高水平占优势组	9.09	61.30	6.49	11.69	25.97	45.45
混合水平组	—	5.71	25.71	5.71	31.43	31.43
低水平组		19.18	—	—	28.77	52.05
中水平组	1.54	9.23	7.69	—	53.85	27.69
高水平组	3.45	10.34	—		48.28	37.93

表 3　各小组的"不修改"行为分布

项目	批评和质疑	一般性建议	指出错误类型	给出修改理由	给出修改建议	多角度反馈
低水平占优势组	7.32	2.44	17.07	19.51	24.39	29.27
中水平占优势组	7.58	1.52	27.27	16.67	25.76	21.21
高水平占优势组	10.00	1.67	13.33	15.00	13.33	46.67
混合水平组	7.41	3.70	14.81	13.58	41.98	33.85
低水平组	1.54		20.00		44.62	33.85
中水平组		1.39	23.61	5.56	51.39	18.06
高水平组	1.45		7.25	2.90	34.78	53.62

从表 3 可以看出，各组学生对"给出修改建议"和"多角度反馈"进行修改的比例较高，这说明学生更倾向于修改给出具体修改建议的反馈或是信息详细的反馈，而对"批评和质疑"及"一般性反馈"做出修改的较少。但同时可以看出水平越高的学生对"批评和质疑"做出修改的越多。

从表 3 可以看出，各组学生不修改比例较高的仍是"给出修改建议"和"多角度反馈"。较少的是"批评和质疑"以及"一般性建议"。

以翻译错误和修改效果为分类依据整理译文修改数据，得出修改效果（见表 4）。

表 4　修改效果

翻译错误＼修改效果	标点	拼写	名称	用词	语法	逻辑	句子结构	信息	表述	风格
成功修改	60.00%	71.43%	18.18%	47.14%	36.27%	48.04%	37.88%	20.88%	30.18%	18.18%
不成功修改	20.00%	4.76%	52.73%	10.71%	12.95%	9.50%	19.70%	18.68%	15.09%	27.27%
未修改	20.00%	23.81%	29.09%	42.14%	50.78%	42.46%	42.42%	60.44%	54.73%	54.55%

由表 4 可以看出，在"成功修改"中，"拼写"所占比例最高，其次是"标点"和"逻辑"，"风格"成功修改的比例最少；在"未修改"中，"表述"的比例最高，其次是"风格"和"语法"；"不成功修改"中占比最高的是"名称"。这里的"名称"包括："称谓""人名""地名""物名""饮食"和"服装饰物"。

实验结束后，调查学生对反馈信息的态度。关于问题"你会认真地阅读同学的反馈"，代表肯定态度的"非常同意""同意""一般"回答所占的比例为 97%。这表示大多数学生愿意参与同伴反馈活动，愿意认真地阅读来自同学的反馈信息。

关于问题"你会根据同学的反馈修改译文"，代表肯定态度的"非常同意""同意""一般"回答所占的比例为 94%。这说明大部分学生会认真对待同学的反馈修改建议，会根据反馈修改建议完善译文。并且学生表示在"小语法、词语、技巧""语法错误、拼写错误""理解错误""自己难发现的错误"等方面的反馈对自己修改译文有帮助。

4. 学习成绩分布

为更为直观地显示学生成绩分布，对实验班和对照班学生的测验成绩进行统计，列出学生成绩分布表，画出对照班和实验班前后测成绩分布如图 3 所示。

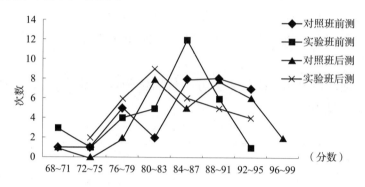

图 3　两个班的前后测成绩分布

从学生的成绩分布曲线可以看出，实验班的后测成绩分布曲线比前测成绩分布曲线更为匀称，最低组数据区间取值相对较高，在 92～95 的数据区间内的数据更多。与对照班的后测成绩分布相比，实验班的后测成绩分布集中，离散程度小。但受制于样本量、实验周期等因素，前测和后测数值大体一致。

在问卷调查中，关于问题"同伴反馈帮助你提高了翻译水平"代表肯定态度的"非常同意""同意""一般"回答所占的比例为 94%。大多数学生认为同伴反馈能够帮助自己提高翻译水平。原因是评阅其他同学的译文能够"获取不同翻译的视角""接触多种翻译方式"，促使学生"思考自己的译文""学习他人的长处"，可以帮助"考虑用词是否恰当，结构是否合适"，帮助"把学习到的理论结合到实践中，提高自己对于好/不好译文的敏感度"，还可以帮助"改正一些小错误"。

关于问题"同伴反馈提高了你学习翻译的积极性"，代表肯定态度的"非常同意""同意""一般"回答所占的比例为 81%。这表明大部分学生认为同伴反馈提高了他们学习翻译的积极性。

四、结论

教学实验的研究结果表明，基于由北京大学开发的计算机辅助翻译教学平台（CATTP）的学生翻译互评教学研究设计合理，与科学的翻译教学理论相符，实施流程与教学实践紧密结合，能有效引发多数学生的学习热情。与传统的小组翻译教学相比，基于互联网的同伴反馈翻译教学活动，学生的翻译学习水平有提高；从平台得到的定量化的学习者语料库分析信息可以准确地告诉教师学生学习的很多细节，从而更准确地指导教师的翻译教学工作。

在"教"的方面，CATTP 为翻译教师提供了在线管理翻译课程的新途径，实验过程中教师通过该平台控制作业流程，实时观察学生的作业完成进展。本文在反馈行为、翻译错误分析、修改行为分析和学生成绩分析过程中均以 CATTP 平台导出的数据为基础，学生进行同伴反馈时由于参照了 CATTP 平台提供的有详细分类的文化错误标注体系，使得教师能够根据学生的错误标注结果对学生的翻译错误种类和数量进行定量分析，并研究不同水平的学生的犯错情况。

在"学"的方面，研究证明，与面对面的小组翻译教学相比，在线同伴反馈翻译教学能够帮助学生提高翻译成绩，缩小学生间的水平差距。在翻译学习方式上，CATTP 平台在提供互评功能的同时，简化了学生之间互相交换和评阅翻译作业的流程。在同伴反馈过程中，错误标注体系引导了学生依据错误分类判断反馈内容，有助于促使学生在评阅译文时深入思考翻译错误，做出准确的判断。

参考文献

蔡静. 新世纪以来国内信息化翻译教学研究述评［J］. 外语界, 2010（2）: 8 – 18.

陈奇敏. 基于网络翻译实训平台的笔译教学混合学习模式研究［J］. 外语电化教学, 2011（2）: 56 – 60.

段自力. 基于网络"译审模式"的交互式翻译教学实验研究［J］. 中国翻译, 2009（3）: 44 – 49.

苗菊. 翻译能力研究——构建翻译教学模式的基础［J］. 外语与外语教学, 2007

（4）：47 – 51.

许罗迈. 数字训练与多语种口译训练系统 ［J］. 外语电化教学, 2007 （2）：
  49 – 53.

杨柳. 信息化翻译教学的图景 ［J］. 外语与外语教学, 2005 （11）：62 – 64.

Ellis, R. *The Study of Second Language Acquisition*［M］. Oxford：Oxford UP, 1994.

Flower, L. Writer-Based Prose：A Cognitive Basis for Problems in Writing［J］. *College*
  English 41. 1 （1979）：19 – 37.

Lundstrom, K, et. al. To Give Is Better than to Receive：The Benefits of Peer Review to
  the Reviewer's Own Writing［J］. *Journal of Second Language Writing* 18. 1 （2009）：
  30 – 43.

Y. J. Introducing CATTP System, a Computer-aided Translator Training Platform［EB/OL］.
  http：//www. tac-online. org. cn/n/tran/2009 – 10/13/content_3183297.

征稿启事

　　《译界》是"博雅翻译文化沙龙"主办的全国性系列出版物。本系列出版物以应用翻译学为理论基础，汇集国内外翻译教育界及语言服务行业的最新研究与实践成果，弘扬产学研相结合的业界理念，以期促进我国语言服务行业更有序更健康地发展。

　　《译界》是基于"博雅翻译文化沙龙"的语言服务行业常态高端交流平台，其主要阅读群体为参与翻译教育的学者、教师、语言服务企业管理者、对语言服务事业有兴趣的高校学生，以及与语言服务相关的各行各业从业者。

　　《译界》欢迎相关专家、学者、企业家将自己所学所思所做的最新成果以论文或评述的形式及时投送给本编辑部，我们将通过专家匿名评审的方式筛选出具有前瞻性的优秀文章并收录于《译界》中陆续发表，为繁荣我国应用翻译学研究，促使中国翻译教育适应中国国情和市场需求，为国家语言服务产业多做一些我们力所能及的基础工作。

　　《译界》常年征稿，稿件所用文字不限，文章细节参照"博雅翻译文化沙龙《译界》行文体例规范"，请撰稿朋友以电子版形式把稿件投至中译出版社有限公司（北京市西城区车公庄大街甲 4 号物华大厦 6 层），编辑部将在三个月内与作者联系。

《译界》编辑部

2015 年 12 月 26 日

博雅翻译文化沙龙

博雅翻译文化沙龙《译界》

(*Translation World/Le Monde de la Traduction*)

行文体例规范

2015 年 8 月 28 日制定

1. 总体要求

《译界》刊登多语言撰写的应用翻译学领域研究性或报道性专题文章。特邀主旨文章长度 6000～8000 汉字，一般性文章长度 4000～6000 汉字。西语文章与汉语文章的字数比例为 1：1.6。

用汉语撰写的文章要配有英语摘要，用其他语种撰写的文章要配有汉语摘要。

2. 西语文章的汉语摘要

汉语摘要长度约 250 字。内容包括：研究目的和意义，研究方法，研究过程，结论或主要观点。

汉语摘要部分的标题为"摘要"，用宋体小四号字，居中。摘要正文用宋体小四号字，两端对齐，段落首行空两个汉字符，单倍行距。

汉语摘要中的关键词为 3～5 个，按词条的外延层次排列（外延大的排在前面）；关键词之间用逗号区隔，最后一个关键词后不打标点符号。关键词放在摘要下方，另起一行书写，以"关键词:"开始。

3. 汉语文章的英语摘要

英语摘要的内容与汉语摘要一致。

英语摘要的标题为"ABSTRACT"，英语摘要的关键词（KEY

WORDS）为 3~5 个。

英语摘要的题目"ABSTRACT"用 Times New Roman 体小四号字，大写，居中。摘要内容和关键词（KEY WORDS）用小四号字书写，两端对齐，单倍行距，用英语标点符号。

4. 文章正文

正文采用小四号字，汉字用宋体，英语字用 Times New Roman 体，两端对齐，单倍行距，段落首行左缩进 2 个汉字符。

文章注释采用脚注。在正文中需要注释的句子结尾处用①②③……"上标"数字编排序号，序号放在需注释句子结尾处的标点符号前。在当前页下部书写脚注内容。脚注采用通行内容规范，通常为"见张文第 20 页"；如所引书目为同一作者的多部著作之一，脚注为"见张文《中国史》第 20 页"。

脚注内容用宋体小四号字，两端对齐，单倍行距，脚注首行缩进 2 个汉字符。脚注的序号按全文编排。

5. 参考文献

著录参考文献时必须实事求是，文章中引用过的文献必须著录，未引用的文献不得出现。避免过多引用非专业性的商业期刊或出版物，避免引用不实的网络信息，汉语文章的参考文献页应包括一定比例的英语文献。

文献使用的方法为：汉语文章采用脚注加参考文献页，英语文章采用 MLA 通用体例，即 Parenthetical Documentation，加 Works Cited 页，两者不得混用。汉语文章的参考文献页汉语文献在前，英语文献居后。汉语文献体例参照"示例一"，按作者姓氏汉语拼音顺序排列，著录同一作者的多部著作时，按著作名首字母排序。英语文献体例参照"示例二（MLA）"。

示例一：

陶杰编：《美国文学选读》。北京：北京大学出版社，2006。

王继辉：《古英语〈创世纪〉》，载于《观海登山集》，北京大学英语系编。北京：北京大学出版社，1998。

张晓梅：《旧约笔记》。上海：上海人民出版社，2009。

止庵：《夏至清的未竟之功》，载于《读书》，2014 年第 3 期。

示例二（MLA）：

Allen, Judson Boyce. *The Ethical Poetic of the Late Middle Ages.* Toronto：U of Toronto P，1982.

Hamilton, Marie P. "The Meaning of the Middle English Pearl." *PMLA* 70（1955）：805 – 24，

…. "The Modernity of Medieval Literature." *NLH* 10（1979）：181 – 229.

参考文献页的标题为"参考文献"，宋体小四号字，居中，单倍行距。参考文献的正文部分用小四号字，汉字用宋体，英语用 Times New Roman 体，单倍行距，标点用半角符号。

6. 原创性声明和授权使用说明

作者应在由《译界》定制的原创声明书上亲笔签名，作者个人对文章全部内容的原创性负全部责任。